MARCO POLO



# INDIEN

MARCO POLO AUTOREN

**Edda und Michael Neumann-Adrian, Gabriel A. Neumann**

Eine Staubpiste voller Schlaglöcher diente als Landebahn, als Michael Neumann-Adrian 1966 das Dorf Khajuraho besuchte. Gemeinsam mit Ehefrau Edda veröffentlichte er viele Bücher zu Indien. Der Journalist Gabriel A. Neumann studierte Hindi und die Geschichte des Subkontinents. Er schreibt heute gemeinsam mit seinen Eltern über Südasien.

# REIN INS ERLEBEN

**Mit dem digitalen Service von MARCO POLO sind Sie noch unbeschwerter unterwegs: Auf den Erlebnistouren zielsicher von A nach B navigieren oder aktuelle Infos abrufen – das und mehr ist nur noch einen Fingertipp entfernt.**

# Hier geht's lang zu den digitalen Extras:

http://go.marcopolo.de/ind

## Touren-App

Ganz einfach orientieren und jederzeit wissen, wo genau Sie gerade sind: Die praktische App zu den Erlebnistouren sorgt dank Offline-Karte und Navigation dafür, dass Sie immer auf dem richtigen Weg sind. Außerdem zeigen Nummern alle empfohlenen Aktivitäten, Genuss-, Kultur- und Shoppingtipps entlang der Tour an.

HTTP://GO.MARCOPOLO.DE/IND

## Update-Service

Immer auf dem neuesten Stand in Ihrer Destination sein: Der Online-Update-Service bietet Ihnen nicht nur aktuelle Tipps und Termine, sondern auch Änderungen von Öffnungszeiten, Preisen oder anderen Angaben zu den Reiseführerinhalten. Einfach als PDF ausdrucken oder für Smartphone, Tablet oder E-Reader herunterladen.

**SYMBOLE**

- INSIDER TIPP Insider-Tipp
- ★ Highlight
- ●●●● Best of ...
- Schöne Aussicht
- Grün & fair: für ökologische oder faire Aspekte
- AC bedeutet Klimaanlage

**PREISKATEGORIEN HOTELS**

| | |
|---|---|
| €€€ | über 100 Euro |
| €€ | 50–100 Euro |
| € | unter 50 Euro |

Preise für zwei Personen im Doppelzimmer, meist ohne Frühstück

**PREISKATEGORIEN RESTAURANTS**

| | |
|---|---|
| €€€ | über 20 Euro |
| €€ | 5–20 Euro |
| € | unter 5 Euro |

Preise für eine Mahlzeit aus drei bis vier Gerichten

 Titelthemen: Bootstour in den Sunderbans S. 115 | Kailash-Tempel in Ellora S. 89

**GUT ZU WISSEN**


**KARTEN IM BAND**
(186 A1) Verweis auf den Reiseatlas
(0) Ort/Adresse liegt außerhalb des Kartenausschnitts



(A–B 2–3) verweist auf die herausnehmbare Faltkarte

**UMSCHLAG VORN:**
Die wichtigsten Highlights

**UMSCHLAG HINTEN:**
Karten von Delhi und Mumbai

# Die besten MARCO POLO Insider-Tipps

**Von allen Insider-Tipps finden Sie hier die 15 besten**

INSIDER TIPP **Design *hindustani*-Style**
Der Name ist hier Programm, denn die Designläden von *Play Clan* spielen mit überkommenen Indien-Klischees. Sehr bunt, sehr cool, sehr indisch → S. 126

INSIDER TIPP **Kreative Landleute**
*Adivart Tribal and Folk Art Museum* in Khajuraho: eine der landesweit besten Sammlungen voll farbiger und origineller Volkskunst erwartet Sie → S. 53

INSIDER TIPP **Schmuck vom Schönsten**
Juwelenglanz von königlicher Güte im Showroom von *Bhuramal Rajmal Surana* in Jaipur: Die Nachkommen der Hofjuweliere der Maharajas von Jaipur stehen ihren Ahnen in Sachen Kunstfertigkeit in nichts nach → S. 77

INSIDER TIPP **Silent-Noise-Strandparty**
Der Club Neptune Point bietet die Lösung für Tanzwillige in Goa trotz Sperrstunde: *Partys mit Funkkopfhörern* → S. 130

INSIDER TIPP **Blütenfülle**
Mehr als 600 verschiedene Orchideenarten zeigt die prächtige alljährliche Schau in Sikkims Hauptstadt. Im *White Hall Flower Exhibition Center* werden Samen seltener Pflanzen zum Verkauf angeboten → S. 62

INSIDER TIPP **Vor Sonnenaufgang**
Entzünden Sie ein kleines Öllämpchen auf dem Ganges und beobachten Sie vom Boot aus, wie die heilige Hindu-Stadt Varanasi von der Morgensonne in leuchtendes Goldgelb getaucht wird. Der Anblick entschädigt auch Langschläfer für das *Aufstehen vor Sonnenaufgang* (Foto o.) → S. 63

INSIDER TIPP **Orientpalast-Ambiente**
Im *Hotel Castle Mandawa* in Shekawati fühlt man sich wie zur Zeit der Karawanen → S. 73

INSIDER TIPP **Abseits der Zivilisation**
Beim Ritt in die *Wüste Thar* haben Sie Sand, Steine und den Himmel um sich (Foto re.) → S. 80

**INSIDER TIPP 3300 Stufen ins Marmorweiß**

Besonders schön sind die Tempel auf dem Berg von Palitana in Gujarat *im Morgenlicht* – die Verbindung höchster handwerklicher Kunstfertigkeit mit der natürlichen Landschaft → S. 70

**INSIDER TIPP Zeitreise mit Kaffeepause**

Seit 1942 speist man im *United Coffee House* im Herzen von New Delhi unter schweren Kristalllüstern und mit kolonialem Schick → S. 48

**INSIDER TIPP Heldendrama bei Hyderabad**

Über den mittelalterlichen Mauern von Golconda beschwört eine *Sound-and-Light-Show* allabendlich das heroische Vorgestern → S. 92

**INSIDER TIPP An der Arabischen See**

Die Cottages vom Hotel *Nikki's Nest* bei Trivandrum sind wundervoll über einem herrlich breiten Strand angelegt → S. 146

**INSIDER TIPP Artenvielfalt**

Im Dreiländereck der Bundesstaaten Karnataka, Tamil Nadu und Kerala befindet sich das *Periyar Tiger Reserve*. Einen der etwa 40 dort lebenden Bengaltiger zu erspähen, ist nur mit viel Glück möglich, gut dagegen stehen die Chancen, eine Elefantenherde am Ufer des Stausees im Herzen des Parks zu entdecken → S. 139

**INSIDER TIPP Royaler Ausblick**

Shah Jahan war sich sicher: Vom Nordufer des Yamuna sieht das Taj Mahal am schönsten aus. Besuchen Sie *Mahtab Bagh*, die lange vergessene Gartenanlage aus der Mogulzeit → S. 38

**INSIDER TIPP Die Körperkunst der Krieger**

*Kalaripayattu* heißt die Artistik der springenden, fliegenden Schwerter aus Kerala, deren Beherrschung jahrelanges Training erfordert und die zu den ältesten Kampfkünsten der Welt zählt → S. 145

# BEST OF ...

## TOLLE ORTE ZUM NULLTARIF

Neues entdecken und den Geldbeutel schonen

SPAREN

### Zeitgenössische Kunst

Schwelgen Sie ruhig bei Ihrem Indienbesuch in zeitgenössischer Kunst – völlig umsonst in der *Jehangir Art Gallery* in Mumbai, der berühmtesten Kunstgalerie der Stadt, oder im *CIMA* in Kolkata, einer der renommiertesten Galerien Indiens mit wechselnden Ausstellungen → S. 95, 117

### Chowpatty Beach

In der Finanzmetropole Mumbai gibt es eigentlich nichts umsonst. Doch am beliebtesten Strand der Einheimischen unterhalten Akrobaten und Beachmusiker Sie kostenlos mit ihren Darbietungen → S. 93

### Büchsenzauber

Die Dabbawallas (Foto) von Mumbai sorgen dafür, dass täglich rund 200 000 Pendler und Schüler rechtzeitig ihr hausgemachtes Essen bekommen. Werden Sie Zeuge, wie die Essensbehälter, die Dabbas, sortiert und in alle Richtungen getragen werden: jeden Mittag z. B. an der Ostseite der *Churchgate Station* → S. 92

### Lichterzeremonie am heiligen Fluss

Jeden Abend zelebrieren Priester und Hindu-Gläubige am *Triveni Ghat* am Ufer des Ganges die *Maha Aarti*. Aus Lautsprechern dröhnt spiritueller Gesang, Priester schwenken heilige Lichter, die nach Sonnenuntergang den Fluss hinuntertreiben. Niemand fragt hier nach Geld, es geht um mehr: die Erlösung von allen Sünden → S. 60

### Kamelrennen

Festivals sind in Indien grundsätzlich kostenlos, aber hatten Sie schon einmal die Gelegenheit, sich ein Kamelrennen völlig umsonst anzuschauen? Noch nicht? Dann auf zum *Desert Fair Festival* in Jaisalmer → S. 170

### Elefantenpolo

Poloregeln zu verstehen, ist nicht einfach. Nutzen Sie das Angebot der meisten Clubs, beim Training kostenlos zuzuschauen. Der älteste Polo Club Indiens, *The Rajastan Polo Club* in Jaipur, bietet Ihnen sogar freien Eintritt zu den Turnieren → S. 77

Diese Punkte zeichnen in den folgenden Kapiteln die Best-of-Hinweise aus

# TYPISCH INDIEN

## Das erleben Sie nur hier

● ***Sari Emporium***

Jede Stadt hat mehrere „Paläste“ mit phantastischen Saristoffen, die Ihnen vor Ort gesäumt und woraus auch gleich die passenden Kurzblusen geschneidert werden, z. B. in der *Vishvanath Gali* in Varanasi. Je nach Region ist die Seide mehr oder weniger fest gewebt, auch die Muster verraten die Herkunft → S. 65

● ***Waschtag an der frischen Luft***

Wäschereien gibt es in jedem größeren Ort in Indien. Die größte *Open-Air-Wäscherei* allerdings befindet sich neben dem Mahalakshmi-Bahnhof in Mumbai (Foto). Am besten können Sie von der Straßenbrücke aus den *Dhobis* (Wäschern) bei der Arbeit an ihren Steintrögen zuschauen → S. 95

● ***Basare***

Tauchen Sie tief ein in das sinnliche Erlebnis intensiver Gerüche, leuchtender Farben und der verwirrenden Sinfonie von tausend Stimmen. Meist sind die bunten Basare aufgeteilt in verschiedene Sektionen für Früchte, Heilkräuter, appetitlich aufgeschichtete Gewürzpulver, Schmuck etc., so auch im *Sardarpura-Basar* in Jodhpur → S. 81

● ***Ayurveda***

Die uralte Heilkunst wurde bisher zwar schwerpunktmäßig in Rishikesh und in Kerala praktiziert, aber dem Trend folgend bieten jetzt auch viele Hotels und Ferienresorts in ganz Indien Ayurveda an, z. B. das Resort *Indeco Mahabalipuram* → S. 141

● ***Motorrikschas***

Sie knattern durch ganz Indien, zwängen sich durch die schmalste Gasse und können erstaunlich viele Personen und viel Gepäck befördern. Die dreirädrigen *Motorrikschas* warten an jeder Ecke. Mit einer Rikscha kommen Sie z. B. gut durchs geschäftige Chennai → S. 124

● ***Tempelrituale***

Die Tempelrituale mit Opfergaben, Gebeten und Gesängen am Morgen und am Abend sind für Inder ein fester Bestandteil des Tages. Nicht überall ist Nicht-Hindus der Zutritt ins Allerheiligste im Tempelinneren erlaubt. Im *Kalighat-Kali-Tempel* in Kolkata können aber auch Sie sich mit heiliger Asche segnen lassen → S. 111

TYPISCH

# BEST OF ...

## SCHÖN BEI JEDEM WETTER

Aktivitäten, die Laune machen

**Im Kino**

Lassen Sie sich nicht von Bollywood-Blockbustern auf Hindi abschrecken, wenn Sie Monsun oder Gluthitze im Kino überbrücken möchten. Origineller als die Dialoge sind die Reaktionen im Publikum: Im *Raj Mandir* in Jaipur tanzt man auf den Gängen mit → S. 77

**Ein Tag im Museum**

Bei einer Audiotour in den kühlen Hallen des *National Museum* in New Delhi tauchen Sie ein in den faszinierenden Reichtum von 5000 Jahren indischer Kulturgeschichte → S. 46

WETTER

**Mal in die Mall**

In den Metropolen laden riesige Einkaufszentren zum Shopping ein – besonders erlebnisreich in Gurgaon mit der *Ambience Mall* und der *Metropolitan Mall* (Foto). Greifen Sie bei Sportmarken und Kleidung aus Seide, Baumwolle und Kaschmir zu! → S. 50

**Kathakali – Maskenspiel in Madurai**

Das Spannendste am Maskenspiel? Die Schminkprozedur im Vorfeld! Sie dürfen Fotos machen, während die Darsteller auf dem Boden liegen. Bei Regen wird im Saal oder unter Laubbäumen gespielt → S. 136

**Hill Stations**

Die britischen Kolonialherren gründeten diese kleinen Orte als Fluchtpunkte für ihre hitzegeplagten Beamten. Darunter auch *Mount Abu*, wo in den heißesten Monaten nur knapp über 30 Grad herrschen, während sich die nahen Ebenen Rajasthans auf über 40 Grad aufheizen → S. 82

**Dine in Style**

Machen Sie's wie viele Inder, wenn das Wetter unerträglich wird: Gehen Sie essen! Indische Küche, genüsslich zelebriert, ist Zeitvertreib, serviert als Kostproben auf Vorspeisentellern, im Sizzler und Tontopf, z. B. im *Dum Pukht* in Delhi → S. 48

# ENTSPANNT ZURÜCKLEHNEN

## Durchatmen, genießen und verwöhnen lassen

ENTSPANNT

### *Yoga im Sivananda Ashram*

Wenn Sie den spirituellen Pfad des Yoga praktizieren und Meditation üben wollen: Das *Sivananda Ashram* im malerischen Rishikesh am Fuß des Himalaya ist ein guter Ort, um die manchmal belastende Mischung aus Gefühlen, Willen und Intellekt hinter sich zu lassen → S. 60

### *Über den Dächern Ahmedabads*

Das Restaurant *Agashiye* erstreckt sich über drei Terrassen oberhalb des dazugehörigen Heritage Hotels. Nach einem Tag in den umtriebigen Straßen Ahmedabads werden Sie die Geräumigkeit, die Ruhe und das vorzügliche Essen zu schätzen wissen → S. 69

### *Wüste unterm Sternenhimmel*

Die Weite der Wüste Thar (Foto) ist ein entspannender Anblick. Auf dem Weg nach Fort Khimsar finden Sie in einer Wüstenniederung wundersam stille Mondnächte und schlafen nach einem romantischen Lagerfeuer gut im *Khimsar Sand Dune Village* → S. 81

### *Botanischer Garten Kolkata*

In einer Megapolis wie dem früheren Calcutta sind Oasen der Ruhe kostbar. So gesehen, birgt der *Botanische Garten* der Stadt einen großen Schatz: Hier vergessen Sie zwischen Bäumen und Wasseranlagen den Smog und den Lärm der Stadt → S. 110

### *Schönheitssalons*

Lassen Sie sich in *Neomis Hair & Beauty Salon* in Panjim stundenlang und rundum verwöhnen – wie die Einheimischen nach traditionellen Methoden und von einem Team mit viel Erfahrung → S. 130

### *Backwaters*

Unvergleichlich ist eine mehrstündige oder sogar mehrtägige Tour mit einem Hausboot aus Bambus auf dem weit verzweigten Wassernetz der *Backwaters* in Kerala. Ein mitreisender Koch zaubert seinen Gästen wahre Gourmetgerichte auf die Teller und die unberührte Landschaft fließt im Zeitlupentempo vorbei → S. 135

# AUFTAKT

# ENTDECKEN SIE INDIEN!

Wer nach der Landung die neue Empfangshalle des Flughafens Delhi betritt, gerät unwillkürlich ins Staunen. Unverwechselbar haben die Designer für ein exotisches – indisches – Ambiente gesorgt. Überlebensgroß dominieren auf hohen Podesten zwei Elefanten das Erlebnis der Ankunft – ermunternd nach langem Flug! Und die Ermunterung stimmt Reisende gleich auf ein Land ein, das kein Armutsland mehr ist.

Als rückständig und arm ist Indien vom Rest der Welt jahrzehntelang bedauert und abgetan worden, heute diskutieren Wirtschaftsexperten, ob in 30 Jahren China oder Indien den Spitzenplatz bei den am stärksten ***boomenden Nationen*** erreichen wird. Die Zahl der indischen Millionäre ist sechsstellig. Mukesh Ambani, einer der rund 40 indischen Milliardäre und zugleich einer der reichsten Männer der Welt, kaufte seiner Frau einen Airbus und baute in Mumbai ein privates Hochhaus – nur für seine Familie und Gäste. Der indische Stahlmilliardär Lakshmi Mittal, angeblich sechstreichster Mann des Globus, erwarb den europäischen Arcelor-Konzern und besitzt jetzt den größten Stahlkonzern weltweit. Narendra Modi, als Junge Teeverkäufer und heute Premierminister Indiens, erhält von US-Präsident Obama Komplimente: Sein Lebensweg stehe für die ***Dynamik*** und die Möglichkeiten des indischen Aufstiegs.

Bild: Goldener Tempel in Amritsar, Punjab

In Metropolen wie Bangalore ist Indiens Hightechzukunft längst angebrochen

Der unbestreitbar gigantische ökonomische Sprung nach vorn beeinflusst vorerst kaum das Leben der rund 300 bis 400 Mio. Inder, die unter der Armutsgrenze leben. Aber jeder, der schon vor fünf oder zehn Jahren in Indien herumgereist ist, spürt die ***Veränderung***: Viele Inder blicken heute zuversichtlich in die Zukunft und erfreuen sich an den ersten Zeichen neuen Wohlstands.

Der Aufschwung zeigt sich auch an besseren Straßen, ersten Autobahnen, an neuen Flughäfen, exklusiven Hotels, ***hochkomfortablen Resorts*** und familiär geführten *homestays.* Außer dem Urlaub an Palmenstränden und den Exkursionen im Kamelsattel finden Ayurvedakuren, Trekkingtouren und Gleitschirmfliegen im Himalaya, Hausbootferien auf den Backwaters von Südindien, Wildwasserfahrten im Gebirge, Reiterferien in Rajasthan oder Fahrten im historischen Luxuszug großes Interesse.

Die ***Vielfalt der Landschaften*** ist einzigartig – von den majestätischen Himalaya-Gipfeln über die Wüste Thar bis zu den kilometerlangen, meist noch unverbauten

**Um 2800 v. Chr.**
Harappa-Kultur im Industal. Schrift, künstliche Bewässerung

**Um 1400 v. Chr.**
Arische Einwanderung aus afghanischem und persischem Gebiet. Entstehung des Hinduismus

**Um 500 v. Chr.**
Buddhismus und Jainismus, wenden sich gegen Kastengesellschaft

**Um 270–236 v. Chr.**
Kaiser Ashoka dehnt das erste indische Großreich *(Maurya)* nach Süden aus, fördert Buddhismus

**4.–8. Jh.**
Gupta-Dynastie. Neue Blüte indischer Kultur

tropischen Stränden. Faszinierend auch, wie eine Milliarde Inder die Lebensformen uralter Kulturen bewahren und gleichzeitig ein enormer ***Modernitätsschub*** das Land verändert. In Tempeln und Palästen, Dörfern und Nationalparks erleben Sie das ursprüngliche Indien, in den boomenden Megastädten die Hightechzukunft. Abenteuerlustige finden auf den Lakkadiven-Inseln mit ihren Korallenriffs oder auf den Andamanen ihr Traumdomizil. Die indische Tourismusindustrie hat einen neuen Trend ausgerufen: Urlaub auf dem Land. Immerhin gibt es mehr als 500 000 Dörfer in Indien. Unverwechselbar indisch sind Meditations- und ***Yogakurse*** in einem Ashram. Und so zählt Indien mittlerweile zu den attraktivsten Reisezielen weltweit.

Der wirtschaftliche Aufschwung ermöglicht immer mehr Indern, das eigene Land zu bereisen. Doch die meisten Bürger können von solchem Luxus nur träumen. Im Bundesstaat Bihar haben Misswirtschaft und korrupte Regierungen den Anteil der Armen auf über 40 Prozent steigen lassen. Auch wenn die Armut nicht immer offensichtlich ist: Unübersehbar sind die neuen ***Kaufpaläste*** der Juweliere, z. B. im südindischen Kerala. So ist Indien das Land mit dem weltweit größten privaten Goldbesitz.

**Das abenteuerbunte Indien ist nicht verschwunden**

Globetrotter brauchen nicht zu befürchten, dass bei all dem das alte, abenteuerbunte Indien verschwunden ist. Das bäuerliche oder ganz im Naturzustand belassene Hinterland zwischen Arabischem Meer und Indischem Ozean, zwischen Himalaya und Cape Comorin an der Südspitze ist immer noch riesig – mit seinen Dschungeln und Steppen, Wüsten und Schneegebirgen. Das Indien der ***Tiger-, Elefanten- und Leopardenpirsch*** (mit der Kamera, versteht sich) überdauert die Zeit ebenso wie das Indien der prächtigen Felsheiligtümer, mittelalterlichen Forts und Maharajapaläste, Hindu-Tempel und Mogulmoscheen.

Der Weg für Indiens wirtschaftlichen ***Aufschwung*** wurde im Jahr 1991 geebnet. Indien stand dicht vor dem Staatsbankrott, aber ein kluger Finanzminister bewirkte wichtige Veränderungen im Wirtschaftsrecht und den Abbau von bürokratischen Barrieren. Sein Name: Manmohan Singh. Heute ist er Indiens Ministerpräsident. Indische Unternehmer und ausländische Investoren haben seitdem an Bewegungsfreiheit gewonnen, aber der Kurs in Richtung Marktwirtschaft wird vorsichtig gesteuert.

**1192–93** Muslime erobern Delhi (muslimische Angriffe seit etwa 1000)

**1498** Vasco da Gama erreicht Indien, Beginn europäischer Kolonialherrschaft

**1526** Babur gründet das Reich der Großmoguln

**1698** Gründung Calcuttas, die British East India Company beginnt, Indien als Kolonialreich zu vereinnahmen

**1857–58** Aufstand gegen die Briten (*Mutiny*), die britische Krone übernimmt die Herrschaft von der East India Company

Indien ist mit rund 3,3 Mio. km² Fläche zwar kleiner als Europa oder die USA, aber im Land leben mit rund 1,3 Mrd. Menschen mehr Einwohner als in Europa und den USA zusammen. Vermutlich wird Indien in einigen Jahren noch vor China der bevölkerungsreichste Staat der Erde sein. Asienexperten sehen das Land im Vergleich mit China und Japan als aussichtsreichsten Anwärter auf den Spitzenplatz – zumindest in der Wirtschaft Asiens. An Ideenreichtum, Flexibilität und Sprachkenntnissen sei Indien überlegen, meinen sie. Die Zuwachsraten der indischen Wirtschaft gehören jedenfalls schon jetzt zu den weltweit höchsten.

Aufschwung, Zuwachsraten, ***wachsende Bevölkerung*** – das alles hat auch seine Schattenseiten: für Natur, Mensch und Tier. Delhis Grundwasserspiegel z. B. ist in mehreren Stadtteilen auf unter 60 m gesunken (10 m galten bisher als normal). Das städtische Wasseramt öffnet die Wasserleitungen nur für wenige Stunden täglich. Doch die Anwohner haben einen gefunden, wie sie zumindest in den Regenzeiten Wasser sparen können: Das Regenwasser wird gesammelt, filtriert und im Rohrsystem für jedes Haus nochmals filtriert.

Wie lebenswichtig und zugleich schwierig die Wasserverteilung im großen Maßstab ist, zeigt sich in den Verhandlungen mit China und Pakistan über das ***Wasser*** der Flüsse Indus und Brahmaputra. Diese Konflikte kommen zu den bereits bestehenden mit den beiden Nachbarn hinzu, bei denen Grenzverläufe als Anlass für Kriege herhalten mussten. Davon abgesehen, hat sich die indische Demokratie zumeist aus den kriegerischen Konflikten herausgehalten. Auch die innenpolitische Stabilität ist für die indische Bevölkerung ein kostbares Gut. In der 1947 eilig geschaffenen Republik Indien leben Menschen von ganz ***unterschiedlicher Herkunft und Hautfarbe***. An Tempeln, Moscheen und Kirchen kann jeder erkennen, dass keineswegs alle Inder Hindu-Gläubige sind. Nicht nur der Hinduismus, auch Jainismus und Sikhismus sind auf indischem Boden entstanden, ebenso der Buddhismus, der in Indien hauptsächlich in Sikkim und Ladakh seine Anhänger hat. Durch kriegerische Eroberung breitete sich schon vor bald tausend Jahren der Islam aus und mit ihm die mittelöstliche Formensprache in Architektur und Ornamentik, die im kaiserlichen Grabmal des Taj Mahal ihren Höhepunkt fand. Thomas-Christen leben seit dem 1. Jh. in Indien. Unter

**Keineswegs alle Inder sind Hindu-Gläubige**

- **1911** Hauptstadt wird von Calcutta nach New Delhi verlegt
- **1920** Mahatma Gandhi ruft zum gewaltlosen Widerstand gegen die Briten auf
- **1947** Unabhängigkeit, Teilung in Indien und Pakistan. Flüchtlingselend, Massaker
- **1962/1965–66** Krieg mit China und – wegen Kaschmir – mit Pakistan
- **2012** Grenzverhandlungen und Gespräche mit China
- **2014** Narendra Modi wird Premierminister

Im Periyar-Nationalpark: Vom Boot aus können Sie häufig wild lebende Elefanten sehen

der Kolonialherrschaft der Portugiesen, Holländer, Franzosen und Briten kamen immer mehr christliche Gläubige in die Kirchen.

Noch immer schwelt der Konflikt um Kaschmir. Der ist so alt wie die Gründung der Bundesstaaten Indien und Pakistan: Politisch hatte Mohammed Ali Jinnah, langjähriger Präsident der indischen Muslimliga, die Spaltung Indiens durchgesetzt. Unterstützung fand er 1947 bei britischen Diplomaten: Die entließen Indien aus ihrer Kolonialherrschaft in die ***Unabhängigkeit***, versuchten aber doch, die künftige Großmacht kleinzuhalten. Die Vermittlung durch die Vereinten Nationen führte zu einem offensichtlich aussichtslosen Patt. Die politisch und praktisch ungelöste Kaschmirfrage trieb Indien und Pakistan mehrmals in den Krieg.

**Queen Victoria thront monumental inmitten von Kolkata**

Im neuen Jahrtausend, das die streitenden Nachbarn als Atommächte begrüßten, ist ***Kaschmir*** noch immer auf beiden Seiten militärisch besetzt. Übergriffe wurden jedoch jüngst immer seltener. Die Anschläge in Mumbai von 2008, deren Hintermänner von Pakistan aus die Fäden zogen, trübten das indo-pakistanische Verhältnis aufs Neue, die Regierung unter Premierminister Modi scheint aber an die von seinem Vorgänger eingeleitete Politik der Annäherung anzuknüpfen.

Die meisten Inder, die heute inmitten von Kolkata auf das Bronzedenkmal der monumental thronenden Queen Victoria blicken, sind viel zu jung, um noch persönliche Erinnerungen an die ***Kolonialzeit*** zu haben. Dass sich die Queen einst zur „Kaiserin von Indien" krönen ließ, ist für die junge Generation ein Ereignis aus grauer Vorzeit. Aber schon ihre Väter empfanden das Bronzedenkmal der Queen nicht als Provokation. Sie haben die neoklassizistischen oder indosarazenischen Regierungsbauten der Briten in Delhi und Mumbai sowie die alten Markthallen und Villen der Portugiesen in Goa nicht abgerissen, sondern erhalten, so wie sie ebenfalls viel vom britischen Verwaltungs- und Rechtssystem übernommen haben – auch das von den Briten installierte Eisenbahnnetz. Noch sechs Jahrzehnte nach dem Erringen der Unabhängigkeit leben viele Familien ***portugiesischer Herkunft*** in Indien, und für Hunderttausende von Briten ist Indien ihr bevorzugtes Urlaubsziel.

**Bunt und laut werden zu Ehren der Götter die Feste gefeiert**

Im Gegenzug bevorzugen indische Auswanderer, die in ihrer Heimat keine Arbeit finden, englischsprachige Länder. So ist der Anteil indischer Ärzte im Gesundheitswesen der USA enorm hoch, in manchen Regionen liegt er bei bis zu 40 Prozent. Wer allerdings ohne Englischunterricht auf dem Land aufgewachsen und arbeitslos ist, geht meist in die Golfstaaten. Doch die meisten Inder kehren zurück, sobald es geht. Der wirtschaftliche Aufschwung schafft Arbeit in den rasant wachsenden Städten. So leben die Rückkehrer wieder in der vertrauten ***Hindu-Gesellschaft*** – zumeist abseits der touristischen Zentren. Dort stehen in den meisten Wohnungen Hausaltäre mit Götterfiguren und vor der Haustür zeichnen die Frauen in ländlichen Gebieten oft noch mit Reispulver und bunten Farben kunstfertige Muster auf die Straße – jeden Morgen neu. Bunt und laut werden zu Ehren der Götter die Feste gefeiert, die in Indien zahlreich und kaum überschaubar sind.

Von diesem Alltagsleben nehmen Urlauber aus aller Welt allerdings nur wenig wahr. Ist doch allein die Größe des Landes eine Herausforderung! Seine Ausdehnung vom

## DAS KASTENSYSTEM

Offiziell sind die Kasten abgeschafft. In den Städten setzt man sich auch oft über alte Trennungsregeln hinweg (sonst würde man Ihnen als einem kastenlosen Europäer nie die Hand geben). Dabei spielen die in der vedischen Periode festgelegten Kasten (*Varna,* dt. Farbe) – *Brahmanen* (Priester), *Ksatriyas* (Krieger), *Shudras* (Händler), *Vaishiyas* (Bauern) – weniger eine Rolle als die Unterkasten (*Jati,* dt. Geburt), die die Rangfolge der *Varnas* noch weiter untergliedern.

Das Kastensystem erzwingt, dass ranghöhere Gruppen von rangniederen getrennt leben: keine Heirat, kein gemeinsames Essen, keine Berührung. Doch das eben nicht mehr überall. Die indische Regierung reserviert Ausbildungs- und Arbeitsplätze für Angehörige niedriger *Jatis (scheduled castes)* und die große Zahl von Kastenlosen, auch *Dalits* (Unterdrückte) genannt. Zu Letzteren gehören auch viele *tribals (scheduled tribes)* aus den Stämmen der Ureinwohner.

Himalaya im Norden bis zur südlichen Landspitze beträgt 3200 km, die vom Westen nach Osten über 3000 km. Das bedeutet keineswegs Menschenleere: In Indien kommen auf den Quadratkilometer im Durchschnitt mehr Menschen (283) als im dicht besiedelten Deutschland (227). Und der so andere ***Lebensstandard*** vieler Inder, der sich in schlechten Wohnverhältnissen, mangelnder Hygiene und Straßenbettelei zeigt, schockiert Besucher immer wieder und schreckt viele von einer Reise in das aufregende Land ab. Rasantes Bevölkerungswachstum sowie Landflucht erschweren die Durchsetzung staatlicher Reformen. Existenzbedrohendes Elend entsteht dabei in den Städten unter den Kranken und Behinderten, bei den vielen Analphabeten sowie anderen ausgebeuteten Hilflosen. Die überwiegende Zahl der Inder lebt zwar sehr einfach, hat aber ein bescheidenes Auskommen, sozialen Rückhalt und den festen Willen zum Aufstieg.

Sadhu, ein Hindu-Pilger ohne Besitz

Starke Hoffnungen richten sich auf die ***Frauen***. Millionen von gut ausgebildeten Inderinnen üben einen qualifizierten Beruf aus, z. B. als Lehrerinnen, technische Assistentinnen, Angestellte im IT-Bereich oder in der Textilindustrie. Frauen auf dem Land schaffen sich und ihrer Familie mit kleinen Krediten eine Existenz. Dabei besteht jedoch zwischen den nördlichen und südlichen Gebieten ein deutliches wirtschaftliches Gefälle. Der Hauptgrund dafür ist die bessere Schulbildung im Süden, vor allem in Kerala, die dort auch den Mädchen zugutekommt.

Indien hat Fremdherrschaft und große Not ertragen. Ungebrochen ist dennoch der offene, fast überall freundliche Charakter der Völker Indiens, der sich selbst bei denjenigen, die nicht viel besitzen, in selbstverständlich geübter Gastfreundschaft äußert. Man bietet Tee oder eine Frucht an – und will den Gast ansehen, ihm Gutes tun, selbst wenn man sich mit ihm aufgrund der Sprachbarriere nicht unterhalten kann. Die ***Heiterkeit*** auf indischen Gesichtern ist schon Grund genug für einen Besuch des Landes. Hinzu kommen der Glanz der kräftigen Farben, die Paläste und Ruinen, Tempelpracht und Affenfrechheit, Urwald und Wüste: Indien ist immer das völlig Unerwartete, das gänzlich andere. Indien wandelt sich täglich – es lohnt sich, gerade jetzt dorthin zu fahren.

**Indien ist immer das völlig Unerwartete**

# IM TREND

## 1 Kunstgenuss

***Galerien*** Indien entdeckt seine Lust an der Kunstszene. Insbesondere in Delhi sprießen immer mehr Galerien aus dem Boden. Zu den renommiertesten gehört die *Anant Art Gallery (F-213-B | Lado Sarai).* Hier können Sie etablierte Künstler und Newcomer aus dem ganzen Land entdecken. Zeitgenössisches gibt es auch in der *Delhi Art Gallery (11, Hauz Khas Village).* Ein wichtiger Akteur der nationalen Szene ist die *Lalit Kala Akademi (35, Rabindra Bhavan | Ferozshah Road | Mandi Circle)*, die sich auch an der Organisation der *Triennale India* beteiligt.

## 2 Hindi Music

***Musik*** Nicht nur Bollywoodfilme erobern von Mumbai aus die Welt, sondern auch die dazugehörige Musik. Der Mix aus Tradition und Pop von prominenten Vertretern wie Altaf Raja aus Nagpur, Alka Yagnik oder Singer-Songwriter Raghu Dixit *(www.raghudixit.com) (Foto)* findet auch außerhalb Indiens immer mehr Fans. Reinhören kann man unter *www.sangeethouse.com* oder vor Ort in Mumbai im *Blue Frog Club (D2 Mathuradas Mills Compound | Lower Parel)*.

## 3 Espresso statt Chai

***Kaffeekultur*** Im Land des Tees mausert sich der Kaffee zum Trendgetränk. In Delhis *Café Turtle (N-8 | Greater Kailash Market)* genießen ihn Urlauber und Einheimische auf der Terrasse oder im angeschlossenen Buchladen *Full Circle*. Durch Buchläden stöbern können Sie auch in Delhis *Khan*-Markt: Im zweiten Stock des Gebäudes serviert das *Market Café* Mittelmeerküche und dazu den passenden Kaffee. Auch in Mumbai liegt Kaffee im Trend. Das winzige *Kala Ghoda Café (Ropewalk Lane)* brüht Biokaffee – dazu gibt es Kuchen.

## In Indien gibt es viel Neues zu entdecken. Das Spannendste auf diesen Seiten

# Festivalkultur

4

***Was auf die Ohren*** Die Auswahl an Konzertfestivals und Genres ist groß, das Line-up besteht mehrheitlich aus indischen Künstlern. Das wohl am besten organisierte Spektakel, *NH7 Weekender (meist Okt.–Dez. | www.nh7.in/weekender)*, tourt von Metropole zu Metropole und bietet auf mehreren Bühnen einen Mix aus Electronic Dance, Indie und Heavy Metal. Das zweitägige *Sula Fest (www.sulafest.net)* in Nashik, Maharashtra, steht für entspannten Reggae, Dubstep und Electro-Klänge, verbunden mit etwas Prêt-à-porter. Das *Hornbill Festival (www.hornbillfestival.com) (Foto)* von Kohima im Nordosten ist vielleicht das außergewöhnlichste Indiens. In der ersten Dezemberwoche präsentiert die Volksgruppe der Naga ihre naturverbundene Kultur. Zugleich ist das Festival der größte Rockwettbewerb des Subkontinents.

# Alles Käse

5

***Mit Aroma*** Lange tauchte Käse auf indischen Tischen nur als abgepackter Blockling oder selbst gemachter Panir (Foto), oft mit dem Geschmack von Tofu, auf. Nun bieten lokale Hersteller auch extravagante Sorten an. Viel Erfahrung besitzt *La Ferme Cheese (short.travel/ind6)* in Auroville: Seit 1988 gibt es hier eine Käserei, geliefert wird landesweit. Ein großes Käserad dreht *himalayancheese.com*: Der holländische Besitzer nutzt das kühle Klima Kashmirs für Chili-Gouda und Kalari-Käse. *The Cheese Collective (short.travel/ind7)* in Mumbai stellt außergewöhnliche Käse her und bringt ihren Geschmack in Workshops indischen Mittelklassegaumen näher. Die Camemberts und Bries der *The spotted cow fromagerie (short.travel/ind8)* reifen in einem Laden in Mumbai, der Verkauf läuft über die Facebook-Seite.

# FAKTEN, MENSCHEN & NEWS

## AYURVEDA

★ Die wörtliche Übersetzung des aus dem Sanskrit stammenden Worts Ayurveda lautet „Wissenschaft vom Leben und der Langlebigkeit". Es geht um das Gleichgewicht von Körper und Seele. Ayurvedazentren, wie sie in Südindien, vor allem in Kerala, in vielen Hotels angeboten werden, haben zwei Hauptzweige. Bei dem einen geht es um Wellnessbehandlungen, gern unter dem Stichwort *rejuvenation,* also zur Verjüngung. Der andere, nicht so weit verbreitete zielt auf die Heilung von Erkrankungen ab. In beiden Zweigen bauen die Ayurvedakundigen auf Diagnoseerfahrungen auf, die über Jahrtausende erprobt wurden.

Jeder Mensch hat demnach seine eigene Konstitution, zusammengesetzt aus den drei *Doshas* Vata, Pitta und Kapha, wobei jedes für sich in Beziehung zu den beiden anderen Doshas und zu den Elementen steht, zum Feurigen und zum Kalten, zum Flüssigen und zum Festen, zum Schweren und zum Leichten. Wenn das Gleichgewicht der Doshas gestört ist, ist der Mensch krank. Das Können des Ayurveda-Arzts besteht darin, die individuelle Konstellation zu erkennen und wiederherzustellen.

Ölmassagen, Stirngüsse und Schwitzbäder sind übliche Ayurveda-Behandlungen. Werden ernste Störungen des körperlich-seelischen Gleichgewichts diagnostiziert, hält der Arzt eine Fülle von Kräutermedizinen bereit (aus Hunderten von Heilpflanzen). Oft werden Bewegungstherapien wie Yoga empfohlen, wird die

 Bild: Ayurvedabehandlung

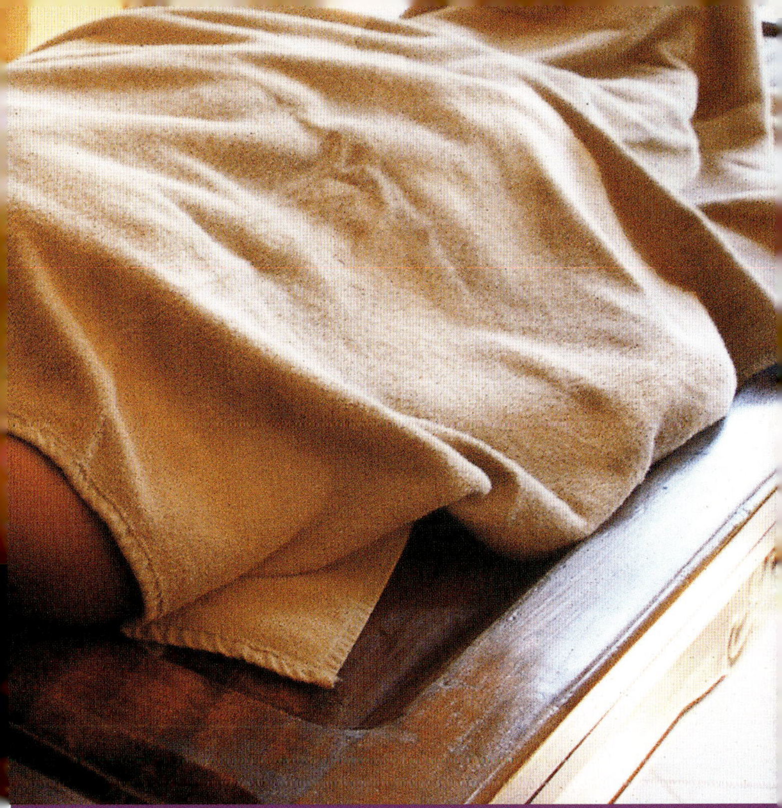

## Heilige Kühe, Mitgift und Mohn. Die Menschen im Vielvölkerstaat leben nach Regeln, von denen uns viele fremd sind

Ernährung umgestellt und ein Verzicht auf Alkoholika angeraten. Die erstaunlichen Erfolge von Ayurveda – z. B. bei rheumatischen Erkrankungen, auch bei Parkinson – erscheinen vielen unerklärlich. Aber plädieren nicht auch europäische Ärzte für ganzheitliche Medizin, für die Balance von Körper, Geist und Seele? In Indien hat man damit lange Erfahrung.

### BRAHMANEN

Sie kamen aus dem Norden, waren hellhäutig und groß und nannten sich Aryas (Edle). Das war um 1500 bis 500 v. Chr. Kein Wunder, dass die Zuwanderer faszinierend auf die Ureinwohner sowie die ebenfalls dunkelhäutigen Drawiden wirkten. Und deshalb entstanden Mythen. Lange Zeit hielt das Vindhya-Gebirge in Mittelindien den Weiterzug der Aryas nach Süden auf. Dann aber dienten Brahmanen, die Priester der Aryas mit religiösem Geheimwissen, auf dem ganzen Subkontinent, bald auch im Tempel von Chidambaram im südlich gelegenen Tamil Nadu. Es lebten Nambudiri-Brahmanen im südwestlichen Kerala, nicht weit vom Südkap Indiens. Brahmanen sind die Hüter der Orthodoxie. Ihr Name leitet sich ab vom Sanskrit-Wort Brahman, das „heilige Kraft", auch „höchste Gottheit" bedeutet. Nur Brahmanen sind Priester, aber nicht alle üben ein Priesteramt aus. Man findet sie in vielen anderen gehobenen Berufen und verantwortungsvollen Positionen. Der soziale und persönliche Zwiespalt entsteht dadurch, dass einerseits die Politik die Privilegien der Brahmanen einschränken will, andererseits für die Brahmanen jedoch wegen ihrer strikten Reinheitsgebote (z. B. beim Essen) der uneingeschränkte Kontakt mit der übrigen Bevölkerung ein Problem ist.

Warten auf den Zug: Zehn Millionen Inder sind täglich mit der Eisenbahn unterwegs

## EISENBAHNEN

Indiens Eisenbahn ist die zweitgrößte einheitlich verwaltete der Welt – und die mit den meisten Fahrgästen. Keineswegs sind alle Fahrten so atemberaubend schön wie die mit der *Darjeeling Himalayan Railway* und wenige so luxuriös wie die im Touristenzug *Palace on Wheels.* Von September bis April startet dieser rollende Palast jeden Mittwoch von New Delhi zur luxuriösen Rundreise durch Rajasthan und zum Taj Mahal – zu Preisen wie im Fünf-Sterne-Hotel. Zwei Restaurants, ein Schönheitssalon, Satellitentelefon, Butlerservice und nicht zuletzt die breiten Doppelbetten lassen keine Wünsche offen *(www.palaceonwheelsindia.com)* Kaum preiswerter sind die beiden Konkurrenzzüge *Royal Train* (durch Rajasthan und Gujarat) und *Deccan Odyssey* (von Mumbai durch Maharashtra und Goa).

Vor allem Anzahl und Tempo der Fernverbindungen nehmen zu. Der *Rajdhani Express* (klimatisiert) verbindet Delhi mit Mumbai, Kolkata, Bangalore, Chennai und nun auch mit Thiruvananthapuram. Die erst 1998 eingeweihte Strecke von Mumbai über Goa, *Konkan Railway* genannt, führt durch eine herrliche Landschaft über unzählige Brücken und durch 92 Tunnel an die tropische Südküste. Statt wie früher zehn bis elf Stunden brauchen die Züge von Mumbai nach Goa (600 km) nur noch acht.

Speisewagen sind selten, aber auf den Bahnhöfen finden sich Restaurants und fliegende Händler. Genial ist folgendes Versorgungssystem: Ein Mann steigt in den Zug, nimmt Bestellungen auf; am nächsten Bahnhof steigt er aus, übermittelt die Wünsche zur übernächsten Station; dort steigen Leute mit den bestellten Gerichten ein, bedienen, sammeln das gebrauchte Geschirr wieder ein, kassieren und steigen am vierten Bahnhof aus.

## FAMILIE

Für Inder gleich welcher Religion spielt die Familie eine lebenswichtige Rolle. Die Gemeinschaft soll Männer und Frauen in wirtschaftlichen und seelischen Nöten auffangen. Im günstigen Fall erfüllt sie diese Erwartung. Meist leben noch mehrere Generationen unter einem Dach. Aber junge Leute akzeptieren das, was für ihre Eltern meist noch selbstverständlich war, nicht mehr frag- und widerspruchslos: die *arranged marriage*, das Lebensbündnis mit einem/r Partner/in, der/die von den Eltern oft schon im Kindesalter ausgesucht wurde. Vorsichtige Eltern warten mittlerweile die Zustimmung ihrer heranwachsenden Kinder ab. Wie viele Kinder wird das junge Paar haben? „We two – our two" heißt einer der Slogans, mit denen der Staat für kleine Familien wirbt. Indiens dramatischer Bevölkerungszuwachs – binnen wenig mehr als drei Jahrzehnten wurde aus 500 Mio. Menschen eine Milliarde – konterkariert die wirtschaftlichen Erfolge im Kampf gegen die Armut. Der aufstiegsorientierte Mittelstand strebt die Zwei-Kinder-Familie schon an, auch ohne staatliche Werbung. Die ärmeren Leute aber erhoffen sich Unterstützung durch möglichst viele Söhne – sie haben keine andere Altersversorgung. Da Töchter bei der Verheiratung Kosten verursachen, versucht man, möglichst keine zu haben – grausame Mittel sind die medizinische Selektion vor der Geburt oder die Vernachlässigung weiblicher Säuglinge. Statistisch hat Indien ein Frauendefizit.

## FRAUEN

Das höchste Regierungsamt Indiens wurde von einer Frau, Präsidentin Prathiba Patil (2007–2012), ausgeübt. Indira Gandhi war Premierministerin (1966–1977 und 19080–1984). Und das in einem Land, in dem junge Frauen durch eine Kerosinexplosion in der Küche umgebracht werden, weil die Familie des Mannes sich eine weitere Mitgift durch neue Heirat erhofft? Eine tödliche Gruppenvergewaltigung in Delhi im Jahr 2012 zog landesweite Proteste nach sich. Die Zahl der Anzeigen sexueller Übergriffe und die mediale Aufmerksamkeit sind seitdem gestiegen. Die Benachteiligung von Frauen bleibt ein Problem, doch anders als zuvor wird offen darüber diskutiert. Für viele ist dies auch eine Folge des gesellschaftlichen Wandels: In den Städten sind immer mehr Frauen ausgebildet, berufstätig und daher selbstbewusster. Der Anteil der Frauen in Hightechberufen ist erstaunlich hoch und auf dem Land ergreifen sie an vielen Orten neue Möglichkeiten zur wirtschaftlichen Verbesserung.

## HEILIGE KÜHE

Auf dem Grünstreifen der Straße hat sie gegrast, sich mitten auf die Fahrbahn gestellt. Reifen quietschen, Autos fahren waghalsige Kurven, sie trottet weiter auf den Bürgersteig. Sie ist heilig, denn sie ist eine Kuh, aber fast jede Kuh ist auch Privateigentum. Ihre Milch wird als Gottesgabe angenommen, ebenso das geschmolzene, geklärte Butterfett *ghee*, dem höchste Reinheit zugesprochen wird.

Indische Kühe gelten zwar als heilig, sie sind aber trotzdem Nutz- und Arbeitstiere

Die Kuh ist Symbol des Lebens, der Güte und der Freigiebigkeit. Ihre Fladen sind rein und können, von Hand mit Stroh verknetet, an eine Wand zum Trocknen geklebt werden, bevor sie den Herd heizen. Wird die Kuh einem Inder allzu lästig, schiebt er sie beiseite oder ohrfeigt sie.

## HIV

Immer wieder sieht man großflächige Plakatwände, deren Motiv sich von der üblichen Werbung abhebt: Viel Text, der oft in der Schrift der Landessprache gesetzt ist, bis auf vier lateinische Buchstaben mittendrin: AIDS. Außerhalb Afrikas ist Indien das Land mit der höchsten Anzahl von HIV-Infizierten (2,1 Mio.). Die Regierung versucht aufzuklären: mit Plakaten oder mit Kampagnen, bei denen Schulkinder in Demonstrationszügen marschieren. Solche Aktionen brechen aber nicht die Tabuisierung von Sexualität in der indischen Gesellschaft und Infizierten droht der Ausschluss aus der Gemeinschaft. Risikogruppen wie Fernfahrer oder Prostituierte verstärken die Verbreitung der Immunschwächekrankheit, doch längst betrifft AIDS die gesamte indische Gesellschaft.

## MITGIFT

In Indien kommen auf 1000 Männer nur 940 Frauen. Dieses Ergebnis der Volkszählung von 2011 klingt banal, ist allerdings Ausdruck eines schwerwiegenden Problems, das zur gesellschaftlichen und volkswirtschaftlichen Bedrohung gerät: Viele indische Familien bevorzugen Söhne. Ein Grund dafür ist der Brauch der *Dowry*, der Mitgift, die bei Hochzeiten von den Eltern der Braut an die Familie des Bräutigams gestiftet wird. Oft sind hohe Schulden oder sogar der Ruin die Folge. Deshalb sollen seit 2000 mehr als 3 Mio. weibliche Föten getötet worden sein. Pränataldiagnostik zur Geschlechtserkennung ist daher in vielen indischen Bundesstaaten verboten, was aber ebenso wenig wirkt wie das seit 50 Jahren bestehende Gesetz gegen die Dowry-Praxis.

Nur ein höheres Bildungsniveau und Aufklärung versprechen Besserung.

## MOHN

Reist man östlich Chittorgarhs über viele Kurven von Bassi ins Hochland, sind die weiß blühenden Felder nicht zu übersehen: Mohnblüten! Aus dem Saft der Fruchtkapseln, und hier im Auftrag der Regierung, wird Opium hergestellt – zur Verwendung in der Medizin als Beruhigungs- und Betäubungsmittel. Wegen der Suchtgefahr gilt das weltweite Opiumverbot auch in Indien. Nur an einem Ort, südlich von Jodhpur im Distrikt Pali, ist es aufgehoben – weil hier schon seit Jahrhunderten das Opium ein wichtiges Requisit eines Opferrituals für die Götter und ein bedeutender Teil des Dorflebens ist. Die Opiumzeremonie, meist zu Ehren Shivas abgehalten, ist religiöse Handlung und gemütlicher Kreis der Dorfältesten zugleich. Frauen ist die Teilnahme nicht erlaubt.

## SPRACHEN

Wie viel Gutes oder Schlechtes die britische Kolonialherrschaft Indien auch gebracht hat, das indische Staatsvolk verdankt ihr die wichtigste gemeinsame Amtssprache: Englisch. Weil praktisch jeder gut oder halbwegs ausgebildete Inder sich auf Englisch verständigen kann, ist das Leben hier auch für Touristen ungleich leichter als in vielen anderen exotischen Reiseländern. Außer der englischen gibt es keine gemeinsame Sprache aller Inder, sondern 18 verschiedene von der Verfassung anerkannte Hauptsprachen und mehr als 1600 andere kleinere Sprachen sowie Dialekte. Hindi wird vor allem in Uttar Pradesh und in Madhya Pradesh gesprochen und ist die in Indien am meisten verbreitete indoarische Sprache, neben Bengali, Bihari, Punjabi und Rajasthani. Von vier Indern sprechen etwa drei eine indoarische Sprache. Die frühe indoarische Hochsprache Sanskrit, in der die heiligen Texte überliefert sind, wird von einer Brahmanenminderheit noch immer gelehrt.

Zur drawidischen Sprachfamilie gehören Tamil (in Tamil Nadu), Kannada (in Karnataka) und Telugu (in Andhra Pradesh). Heftige Opposition flammt im Süden immer wieder gegen die Amtssprache Hindi und gegen die Versuche auf, Hindi statt Englisch zur Nationalsprache zu machen.

## GEWALTLOSIGKEIT

Mahatma Gandhis Philosophie wurde weltweit zum Vorbild für Befreiungs- und Bürgerrechtsbewegungen. Er schrieb: „Ich rechtfertige vollständige Gewaltlosigkeit und halte sie für eine mögliche Form des Verhältnisses zwischen Mensch und Nation; aber sie ist kein ‚Resignieren' vor einem wirklichen Kampf gegen das Schlechte ... Gewaltlosigkeit ist keine Deckung für Feigheit, sie ist die höchste Tugend der Mutigen ... Aber ich glaube, dass die Gewaltlosigkeit der Gewalt unendlich überlegen ist, Verzeihen weit mannhafter als Strafe." Mit dieser Philosophie besiegte Gandhi die britischen Kolonialherren, die erbittert dreinschlugen und, der Unmenschlichkeit angeklagt, abziehen mussten, weil sie um ihren Ruf als Demokraten fürchteten. Gandhi wurde 1948 mit 79 Jahren von einem hinduistischen Fanatiker erschossen.

# ESSEN & TRINKEN

**Keine Lust mehr auf die verwestlichte indische Küche der großen Hotels? Trauen Sie sich ruhig in ein gut eingerichtetes Stadtrestaurant! Man wird Ihnen eine englischsprachige Speisekarte, Teller, Messer und Gabel präsentieren.**

Man erwartet von Ihnen nicht, wie die Einheimischen im Süden mit den Fingern vom Bananenblatt zu essen. Doch wenn Sie wie viele Inder ohne Besteck essen, führen Sie nie Speisen mit der linken, unreinen Hand zum Mund, das gilt als unzivilisiert! Wenn man das Essen ***mit den Fingern*** nicht gewohnt ist, sollte man, um nicht linkisch zu wirken, lieber Besteck nehmen. Auf Nachfrage werden fast überall Löffel und Gabel angeboten.

Gute Stadtrestaurants sind – außer in den Metropolen wie Delhi, Kolkata oder Mumbai – rar gesät. Das beste Essen wird in der Regel in den gehobeneren Hotels serviert, deren Restaurants zum Großteil nicht nur Hausgästen offenstehen. Selbst Inder treffen sich mit Freunden gern in ***Hotelrestaurants*** – wegen der Qualität der Küche, aber auch wegen der oft erstaunlich günstigen Preise.

In ihrer Vielfalt bietet die indische Küche sowohl raffiniert Vegetarisches als auch Fisch- und Fleischgerichte, dazu zahlreiche Süßspeisen. Gewöhnungsbedürftig ist die ***Schärfe*** der Gerichte, zu der Dutzende von Gewürzen beitragen, allen voran Chili. Curry, dieses gelbe Pulver, ist in Indien nur Exportartikel und wird in der Küche kaum verwendet. *Curry* (tamilisch: *kari*) bezeichnet stattdessen eine mit Gemüse und Gewürzen gekoch-

## Tandoor und Thali, Curry und Idlis: Indiens Küche bereitet dem europäischen Gaumen wahre Geschmacksexplosionen

te Sauce, die jeder Koch nach eigenem Rezept zubereitet.

Kräftig gewürzt sind die Snacks, die am Straßenrand zubereitet werden. Die ***Dhabas***, wie die Stände an den Autobahnen heißen, bieten oft Kebabs und Reis-Biryanis der Punjabi-Küche an.

Reis wird – auf verschiedene Art mit Gemüse gemischt – mehr in Südindien als im Norden gegessen. Ausnahme: in der sogenannten ***Mogulküche*** (auch Muglaiküche). Deren Rezepte mit Butter und Mandeln kommen aus Lucknow und Hyderabad. Der einfache Linsenbrei *dal* wird in verschiedenen Schärfegraden angeboten. Sehr scharf sind die ***vegetarischen Gerichte Südindiens***. Zum Glück verstehen die meisten Kellner das *not spicy, not too hot, please* der westlichen Gäste. Was dann serviert wird, ist für Empfindliche oft gerade noch erträglich. Schärfe wird durch Joghurt gemildert (nicht durch Wasser!), der zum Essen gereicht wird. Keine Angst vor Schärfe beim indischen Brot! Brotlaibe gibt es nicht, aber als Fladen ergänzt das indi-

# SPEZIALITÄTEN

## SPEISEN

**alu matar** – Kartoffeln und Erbsen in Sauce
**biriyani** – Reis mit Gewürzen, Rosinen, Nüssen oder Gemüse, auch mit Fleisch – Mogulküche
**chicken tikka** – marinierte, gebratene Hühnerfleischstücke in Würzsauce
**dahi** – Joghurt, auch mit Obst- oder Gemüsestücken als *raita*
**dal makhani** – Linsen, in Butter zubereitet, dazu Reis oder Brotfladen
**kebab** – Schaffleisch oder Lamm in Sauce geschmort
**kofta** – Hackfleischbälle mit Curry, Reis und Chutney
**korma** – Fleisch in Joghurtsauce mild geschmort
**murgh (chicken) masala** – Huhn mit Joghurt, Gewürzen und Nüssen
**palak panir** – Frischkäsewürfel in Spinat
**pilau (pullao)** – Reis mit Gewürzen und Gemüse, manchmal mit Fleisch
**roti** – Fladenbrot, aus grobem Mehl *(chapatti)*, aus feinem Weizenmehl *(nan)* oder als Pfannkuchen *(paratha)*
**samosa** – frittierte Teigtasche mit Gemüse gefüllt, südindisch (Foto re.)
**thali** – In kleinen Schüsseln angeordnete Speisen: *curry, dal,* Reis, *chapatti, chutney*. Meist vegetarisch (Foto li.)

## GETRÄNKE

**beer** – in Indien gebrautes Bier, leichtes Export, beste Marke: Kingfisher
**coffee** – südindische Kaffeesorten werden mokkastark serviert
**fresh pineapple juice** – Ananassaft aus zerkleinerten frischen Früchten
**lassi** – Joghurt, verdünnt (verlangen Sie ohne Leitungswasser!), süß oder salzig
**lemon soda** – Sodawasser (aus original verschlossenen Kronkorkenflaschen) mit Zitronensaft, sehr erfrischend
**masala tea (chai)** – mit Gewürzen, Zucker und Milch aufgekochter Tee

sche ***Brot*** jede Mahlzeit: Die auf heißer Herdplatte gebackenen *chapattis* aus Weizenvollkornmehl gehören zu den Hauptnahrungsmitteln in Nordindien. Angenehm schmeckt das im Tonofen gebackene *naan* aus feinem Weizenmehl mit Butter. *Parathas* sind leichtere Vollkornfladen zum Frühstück; Südindien aber liebt seine *idlis* (flache, runde Küchlein) aus gekochtem Reis, der dort

das Grundnahrungsmittel ist, und seine tellergroßen *dosas* (dünne, knusprige Pfannkuchen).
Nicht alle Inder sind Vegetarier, also gibt es auch gute **Fleischgerichte**. Allerdings nicht vom Schwein, denn das ist für Muslime untersagt und gilt auch bei Hindus als unrein (in Goa gibt es der portugiesischen Tradition wegenjedoch Schweinefleisch und -wurst). Absolut unmöglich ist für Hindus der Verzehr der heiligen Kuh, es bleiben also Lamm und Geflügel. Mariniert mit Joghurt, Ingwer und Nelkenpfeffer wird das Fleisch im *tandoor*, an den Innenwänden des Tonofens, gebraten. Liebhaber von Fisch und Meerestieren können in Goa, in Kerala und am Golf von Bengalen (hier *tiger prawns*) im Genuss schwelgen. Beliebt sind in Goa gekochter Fisch in sauer-scharfen Kokosnusssaucen oder Krabben mit Gemüse.
Erholung von der Schärfe garantieren die **Süßspeisen**. Ihre duftigen Gewürze sind Rosenwasser, Safran, Zimt, Kardamom – manchmal triefen die Desserts von Sirup oder von Fett. Auch Süßigkeiten aus eingedickter Milch sind beliebt. Geschältes Obst können Sie ohne Bedenken genießen. Geschälte Gurken nimmt man gerne als Erfrischung auf Reisen mit.
Trinken ist angesichts des heißen Klimas noch wichtiger als Essen. Inder begnügen sich mit Wasser, das ungefragt an jedem Tisch serviert wird. Doch Vorsicht! Trinken Sie stattdessen unbedingt stilles Mineralwasser, das Sie in Flaschen mit Originalverschluss (!) kaufen. In kleineren Orten ist Mineralwasser oft nicht zu bekommen, weil es für die Einheimischen zu teuer ist. Frisch geöffnete **Kokosnüsse** enthalten eine gesunde, durststillende, wenn auch manchem fade schmeckende Flüssigkeit. Reichlich im Angebot sind Limonaden *(soft drinks)*, Soda in Kronenkorkenflaschen und *lassi*, ein Joghurtgetränk mit Gewürzen und Fruchtsäften.

Fast in jedem Bundesstaat ist in den *wine shops* – kargen, meist an verkehrsreichen Ecken gelegenen Läden – Bier und Hochprozentiges, aber so gut wie nie Wein zu haben. Restaurants benötigen zum Ausschank von Alkohol eine Lizenz. Manchmal servieren sie Bier auch ohne diese – in Kaffeetassen. Einheimische Schnäpse sind der *Toddy* aus Kokospalmherzen und der in Goa beliebte *Feni* aus Cashew-Äpfeln. Das **Nationalgetränk** ist Chai: starker Assam-Tee, aufgebrüht mit Milch und viel Zucker. Am besten schmeckt er am INSIDER TIPP Straßenstand, wo er vom *Chaiwala* im hohen Bogen vom Kessel in einen kleinen Becher gegossen wird. So erhält er eine trinkfertige Temperatur. Die würzige Variante heißt *Masala Chai* und wird z. B. mit Kardamon, Zimt und Nelken verfeinert.

Hmmm! Der Gewürztee Chai ist das Lieblingsgetränk der Inder

# EINKAUFEN

Es duftet nach Zimt, Nelken und Weihrauch. Kleine Spiegel blitzen, Gold glänzt, bunte Seide schimmert: Die Basare und Juweliergeschäfte sind eine verführerische Augenweide. Vorbei sind die Zeiten, in denen Indien ein Billigland für Kauflustige war. Doch viele Preise sind wegen der niedrigen Löhne günstig. Zum Geschäft gehört das Feilschen. Ein Käufer, der mehr als nur ein Stück erwirbt, hat bessere Chancen. Aber was ist der angemessene Preis? Nie gefeilscht wird in den staatlichen Handelszentren, den Emporien. Ihre Festpreise sind meist höher als jene, die man auf dem Markt erzielen kann, aber der Vergleich erleichtert die Orientierung. Bummeln Sie beispielsweise durch *Central Cottage Industries* in Mumbai und Delhi. Achtung: Alles, was mehr als 100 Jahre alt ist, darf nur mit besonderer Genehmigung der Regierungsbehörden ausgeführt werden – bürokratisch umständlich! Neu in Indien sind die üppigen Mega-Warenhäuser mit einer Unzahl von Läden. Diese Mischungen aus orientalischem Basar und US-amerikanischer Mall locken auf mehreren Etagen mit westlichen wie indischen Edelmarken, Take-away-Restaurants und Freizeitangeboten – vom Kino bis hin zum Fitnessstudio.

## KUNSTHANDWERK

Antiquitätenläden voller Kuriositäten reihen sich zu ganzen Straßenzeilen. *Handicraft*, handgemachtes Kunstgewerbe, können Sie an allen Touristenzielen erwerben: etwa Bronzearbeiten von Götterfiguren, auch aus Kupfer und Messing, oder vielerlei Keramik, vom kleinen Schälchen bis zum meterhohen, bunt bemalten Elefanten. Volkstümliche, bäuerliche Keramik finden Sie auf dem Land. Ein Dorf voller Terrakottawerkstätten ist z. B. Molela bei Jodhpur. Kunsthandwerk mit Silber-Einlegearbeiten *(Bidri)* kann kostbar sein – ebenso wie meterhohe Sandelholzskulpturen von Göttern in altem Stil. Auch kleine Sandelholzschnitzereien werden geschätzt und sind nicht billig. Leder wird oft von Muslimen verarbeitet (unrein für Hindus!), und zwar aus Büffel- oder Kamelhaut. Lederbeutel sind ein gutes Mitbringsel. Dann gibt es noch die angenehm leichten, lackglänzenden Souvenirs aus Pappmaché, darunter Dosen, Schreibgarnituren und Tabletts.

## MINIATURMALEREI

Tausende von Malern sind damit beschäftigt, mit feinem und feinstem Pinsel

## Billig war einmal, im Basar, im Juwelierpalast oder im Sari Emporium lautet die Devise: genießen, kritisch auswählen – und feilschen

immer neue märchenhafte Götter- und Maharajaszenen auf Papier oder Seide zu bringen – oder auch auf Palmblätter. Achten Sie auf die Gesichter der Figuren: An ihnen erkennen Sie die Feinheit der Malerei. Kunsthandwerker lassen sich in Indien gern bei ihrer Arbeit zusehen, auch Malerschulen kann man besuchen.

### SCHMUCK

Indien fördert Rubine, Saphire und Diamanten aus dem eigenen Boden, importiert aber auch im großen Stil. In teils mehrstöckigen Verkaufspalästen stellen Juweliere ihren Schmuck aus. Wer auf besonders schöne Stücke feinster Juweliersarbeit aus ist, erkundigt sich in guten Hotels nach vertrauenswürdigen Adressen. Jaipur ist das Hauptzentrum.

### SEIDE

Kostbare Leichtgewichte sind die indischen Seiden – ob in hauchdünner Qualität oder als derbere Rohseide. Mit Gold- und Silberfäden brokatartig gemustert, findet man sie in Varanasi, andere berühmte Seidenzentren sind Mysore und Hyderabad. Aus Baumwoll- oder Seidenstoffen können Sie sich vielerorts auch Oberhemden, Morgenmäntel oder Blusen schneidern lassen – oder aber die fünfeinhalb Meter lange Seidenbahn eines Saris erwerben. Die Verkäuferinnen zeigen Ihnen gern das Kunststück, wie man sich mit den richtigen Handgriffen die Seide um den Körper drapiert.

### TEPPICHE

In Indien werden mehr handgeknüpfte Teppiche als im Iran produziert. In feinen Seidenteppichen – schön als Wandbehänge! – steckt mehr als ein Monat Arbeit. Die Qualität der Wollteppiche wird an der Zahl der Knüpfknoten je Quadratzentimeter gemessen. Bei manchen ist auch Seide beigemischt, das gibt den glänzenden *silk touch*.

# DELHI UND DER NORDEN

**Wie eine gigantische Schale liegt die fruchtbare Landschaft Nordindiens zwischen den lichten Dschungeln des indischen Herzlandes Madhya Pradesh und den höchsten Gipfeln der Erde.**

Aus dem Himalaya strömt Indiens heiligster Fluss, der Ganges, der mangels Tiefe nicht als Wasserstraße nutzbar ist. Die schneereichen Winter von Srinagar und Leh in Kaschmir, die üppigen Ernten im grünen Punjab, die in Delhi schon Ende April und Anfang Mai lähmende Hitze – diese Stichworte machen die Kontraste im Norden Indiens deutlich.

In Nordindien steht das berühmteste Bauwerk des ganzen Landes, das Taj Mahal in Agra. Das Mausoleum bewahrt den Glanz einer vergangenen Welt. Eine Tagesreise davon entfernt liegt Neu-Delhi, die Hauptstadt der größten Demokratie der Welt. Hier regierten mächtige Hindu-Dynastien und islamische Eroberer, hier sind noch viele Bauten aus der britischen Kolonialherrschaft erhalten.

Der heiligste Ort der Hindus und seit Jahrtausenden ein Pilgerziel ist Varanasi am Gangesufer. Hindus baden dort im heiligen Strom, um sich von allen Sünden zu reinigen, Strenggläubige wollen hier sterben und verbrannt werden. Berühmt sind auch die honiggelben Tempelskulpturen von Tänzerinnen und Liebenden in Khajuraho. Sie zeugen eindrucksvoll von der tabufreien Einstellung früher Hindu-Herrscher zur Erotik. Erst 1838 entdeckte ein britischer Ingenieur die damals vom Dschungel überwucherten Khajuraho-Tempel.


Bild: Namgyal-Tsemo-Kloster, Leh

## Erotik in Khajuraho, religiöse Waschungen im Ganges und das prunkvolle Taj Mahal: Der Norden bietet eine kontrastreiche Vielfalt

Wer sich für buddhistische Kunstwerke interessiert, wird in Sanchi, Sarnath und Bodhgaya fündig. Ein weiterer Höhepunkt ist der Goldene Tempel der Sikh-Gläubigen in Amritsar, eine märchenhafte Erscheinung über heiligem Wasser.

Bei Reisen in Teile Kaschmirs und Darjeelings sowie in den äußersten Nordosten Indiens an der chinesischen Grenze bittet das deutsche Auswärtige Amt, sich vor Reiseantritt über die Sicherheitslage zu informieren. Von Reisen in bestimmte Provinzen dieser Regionen wird abgeraten.

# AGRA

KARTE AUF S. 39
(190 A2) (F–G6) **Die 220 km-Strecke Delhi-Agra (ca. 1,7 Mio. Ew.) und zurück lässt sich an einem Tag bewältigen.** Die Schönheit des Taj Mahal erschließt sich jedoch am besten im wechselnden Licht eines ganzen Tags. Östlich vom Stadtkern, wo am Ufer des Yamuna die berühmte Kuppel mit den vier Minaretten aufragt, grünen Gärten und Buschwald.

Agra, die tausendjährige Handelsstadt, wurde unter der Herrschaft des Sultans Sikander Lodi 1511 erstmals Hauptstadt. Der gleiche Sultan gründete südlich von Agra auch die Stadt Sikander, wo bis heute der opulente Grabbau von Mogulherrscher Akbar dem Großen (reg. 1556–1605) zu besuchen ist. Akbar wählte Agra zu seiner Hauptstadt. Sein Enkel Shah Jahan (reg. 1628–58) schuf das viel bewunderte Taj Mahal und verlegte nach 1638 das Machtzentrum des Mogulreichs zurück nach Delhi. Heute ist Agra geschäftig. Insbesondere die Edelsteinauswahl der Juweliere ist verlockend.

Unüberwindbar: das fast 450 Jahre alte Rote Fort von Mogulkaiser Akbar

## SEHENSWERTES

### CHINIKA RAUZA

Bereits Jahre vor seinem Tod (1639) hatte der damalige persische Minister Shah Jahans, Afzal Khan, sein eigenes Grabmal erbauen lassen. Der in persischem Stil mit glasierten Kacheln *(chini)* verzierte Bau am Ostufer des Yamuna lässt die einstige grazile Schönheit noch erahnen. *Tgl. Sonnenauf- bis Sonnenuntergang*

### INSIDER TIPP ITMAD-UD-DAULAH

Etwa 1 km südlich vom Chinika Rauza befindet sich am Fluss das Mausoleum des Persers Mirza Ghiyas Beg und seiner Frau. Der Wesir und Schwiegervater Kaiser Jahangirs ist über die Jahrhunderte in Erinnerung geblieben, weil sein Grabbau als Miniatur-Vorläufer des wenige Jahre später errichteten, weltberühmten Taj Mahal gilt. Sehr schöne Edelstein-Einlegearbeiten!

### JAMI MASJID

1648 stiftete eine Tochter Shah Jahans die Moschee nordwestlich des Roten Forts, deren letztes Minarett 1980 zusammenbrach. Marmordekors zieren die Kuppeln, im Gartenareal trifft man auf Büffel und Affen. Nebenan liegt ein großer Markt.

**RED FORT**

Feste Mauern und Türme aus rotem Sandstein: In dieser Palaststadt befand sich drei Kaiser-Generationen lang der Regierungssitz, bis um 1640 in Delhi ebenfalls ein Rotes Fort gebaut und die Hauptstadt wieder dorthin verlegt wurde. Leider ist der Verfall an vielen Stellen zu sehen, Restaurierungen sind wegen hoher Kosten langwierig. Vom Südeingang aus sieht man links den *Palast Akbars* (offiziell *Jahangiri Mahal* genannt), nördlich schließen sich hinter den Gartenanlagen die *Goldenen Pavillons* an (das Gold ist leider abgeblättert). In ihrer Mitte steht das *Khas Mahal,* Vorbild für den berühmten *Diwan-i-Khas* in Delhis Fort. Ein achteckiger Turm mit offenem Pavillon, die Halle der Privataudienzen (mit Thronsitzen auf einer Terrasse davor) und das *Sheesh-Mahal* (Spiegelpalast) folgen nördlich. Die *Moti Masjid* (Perlenmoschee) weist drei elegante Kuppeln auf. Der Blick von den Palästen des Red Fort zum Taj Mahal ist so romantisch besetzt wie kaum ein anderer in Indien, soll der von seinem Sohn Aurangzeb inhaftierte Shah Jahan doch von hier aus zum Grabmal seiner Ehefrau geschaut haben. *Tgl. 7–18 Uhr | Eintritt ca. 5,50 Euro*

**TAJ MAHAL ★**

Märchenhaft und wie aus einem Traum erscheint das Taj Mahal, wenn man sich Indiens berühmtestem Bau nähert. Hinter den lang gestreckten Wasserbecken des Gartens – sie symbolisieren die vier Paradiesströme – scheint das marmorweiße Mausoleum zwischen den flankierenden roten Kuben schwerelos über seinem Podest zu schweben. Man hat den Traum vermessen: Die Terrasse über dem Yamuna-Fluss ist 100 mal 100 m groß, der Grabbau 56 m hoch und ebenso breit, darüber steigt die zwiebelförmige Kuppel bis zu 74 m auf.

Shah Jahan ließ das Grabmal für seine Frau Mumtaz-i-Mahal um 1632/50 in – so die zeitgenössische Überlieferung – 22 Jahren Bauzeit errichten. Mumtaz-

**MARCO POLO HIGHLIGHTS**

**★ Taj Mahal**
Grandioses Grabmal der Kaiserin Mumtaz-i-Mahal in Agra → S. 37

**★ Fatehpur Sikri**
Kaiser Akbars Siegesstadt → S. 40

**★ Goldener Tempel**
Amritsar in Pinjab bewahrt das schönste Heiligtum der Sikhs → S. 41

**★ National Museum**
Für Kunstfreunde ein Muss in Delhi → S. 46

**★ Capital Complex**
Die funktionalen Regierungsgebäude in Chandigarh stammen vom berühmten Architekten Le Corbusier → S. 42

**★ Rotes Fort (Lal Qila)**
Die Burg der Mogulkaiser in Delhi – sie war einst das Paradies auf Erden → S. 47

**★ Swaminarayan Akshardham**
Delhis neuester und größter Hindutempel → S. 47

**★ Khajuraho**
Erotische Tempelskulpturen, die der muslimischen Zerstörung entgingen → S. 52

**★ Bara Imambara**
Riesiges Grabmal in Lucknow, erbaut für einen muslimischen Heiligen → S. 56

**★ Stupa**
Die steinerne Halbkugel in Sanchi ist umschlossen von Reliefs, die Buddhas Leben erzählen → S. 61

i-Mahal hatte ihren Mann auf einem Feldzug begleitet und war im Heerlager bei der Entbindung ihres 14. Kinds gestorben. Fremdenführer helfen mit Taschenlampen, die diversen Edelsteineinlagen (Pietra dura) zu erkennen. Meist sind es sehr zierliche, zugleich klare Blumendarstellungen aus Lapislazuli, Karneol u. a.
Je nach Sonnenstand wirkt das Taj Mahal anders – glücklich, wer Zeit hat, es mehrmals zu besuchen. Von der Parkanlage INSIDER TIPP Mahtab Bagh auf der gegenüberliegenden Seite des Yamuna aus ist der Blick außergewöhnlich. Um den Marmor vor Abgasen zu schützen, sind Autoverkehr und Industrie in ca. 2 km Umkreis verboten, man benutzt Pferdekutschen und Elektromobile. *Sa–Do 6–19 Uhr und in Vollmondnächten, auch jeweils zwei Nächte zuvor und danach (Sa–Do halbstündig) | Eintritt ca. 12 Euro*

## ESSEN & TRINKEN

### DASAPRAKASH RESTAURANT

Wird von Einheimischen wegen seiner vorzüglichen südindischen Küche geschätzt, aber die nordindische schmeckt hier ebenfalls. *Gwalior Road | Meher Cinema Complex | Rakabganj | Tel. 0562 2 46 35 35 | €€*

### SHIVAKASH

Üppige Speisekarte, auf der speziell Mogulküche steht. Klimatisiert, mit kleinem Garten. *1-A Jasorya Enclave | Fatehabad Road | Tel. 0901 2 11 93 51 | €€*

## EINKAUFEN

### JEWEL HOUSE KOHINOOR

Schmuck und Edelsteine glänzen in dem Juweliergeschäft, darunter Reproduktionen von Mogul-Zierrat. *41, MG Road*

Nicht nur Edelsteine machen das Taj Mahal zu einem echten Juwel

## UTTAR PRADESH HANDLOOMS

Hier werden Edelstein-Einlegearbeiten hergestellt. Außerdem Textilien. *Sanjay Place | Hari Parbat | MG Road*

## ÜBERNACHTEN

### AMARVILAS (OBEROI)

Modernes, mit feinstem indischem Kunsthandwerk ausgestattetes Luxushotel. Das Haus hat eine grandiose Lage – mit Blick auf das Taj Mahal. Elegante Wellnessabteilung. *112 Zi. | Taj East Gate Road | Tel. 0562 2 23 15 15 | www.oberoihotels.com |* €€€

### SHEELA

Einfaches Bungalowhotel nahe am Taj Mahal. Gepflegt, ruhig, mit Garten. Sie sollten vorab reservieren! *25 Zi. (keine Schränke, aber Schließfächer) | Eastern Gate | Tel. 0562 2 33 30 74 und 2 33 11 94 | www.hotelsheelaagra.com |* €

### HOTEL SHEELA INN

Nur 800 m vom East Gate entfernt (etwas östlicher, gegenüber dem Eingang zum Taj Natur Walk). Mit Dachrestaurant und Garten, Zimmer (teils AC). Reservierungen 48 Stunden vor Ankunft. *29 Zi. | Eastern Gate | Tel. 0562 3 29 34 37 und 3 27 74 87 | hotelsheelaagra.com |* €

## AUSKUNFT

### UTTAR PRADESH TOURIST OFFICE

*64, Taj Road | Tel. 0562 2 22 64 31 | agrauptourism@gmail.com*

## ZIELE IN DER UMGEBUNG

**BHARATPUR – KEOLADEO GHANA NATIONAL PARK** (190 A2) *(🕮 F6)*
Einer der berühmtesten, meistbesuchten indischen Nationalparks. Er ist ein Mekka für Vogelkundler, die hier bis zu 370 Vogelarten antreffen, u. a. Sibirische Kraniche. Das Parkgelände umfasst 29 m², teils Dornbusch-, teils Waldgelände, vor allem aber Feuchtzonen. In letzter Zeit hatte sich der See allerdings durch Wassermangel dramatisch verkleinert, viele Zugvögel blieben bei schwachen Monsunregen aus. Beste Besuchszeit ist zwischen Oktober und März, die Sommer sind sehr heiß. Jagdverrückt hatten die Maharajas und ihre Gäste Vögel in riesiger Zahl abgeschossen, doch seit 1956 ist der Park ein Vogelschutzgebiet. Eine Gedenktafel im Park erinnert noch an enorme Jagdstrecken. Im November 1938 z. B. erlegte der britische Vizekönig Lord Linlithgow mit der Jagdgesellschaft des Gastgebers 4200 Vögel. Seit 1985 ist der Keoladeo-Nationalpark auch ein Welterbe der Unesco.
Man kann im Park im *Shanti Kutir Forest Rest House (Tel. 05644 222777 | €€)* übernachten. Außerhalb des Parks, unweit vom Parkeingang, ist das *Birders Inn (Tel. 05644 227346 | www.birdersinn.com | €€)* mit seinen 20 geräumigen und farbenfrohen Zimmern sehr empfehlenswert. Viele andere Unterkünfte, auch im etwa 3 km entfernten Bharatpur. *Von Sonnenauf- bis Sonnenuntergang | 200 Rupien | ca. 55 km westlich*

**FATEHPUR SIKRI ★** (190 A2) *(🕮 F6)*
Kaiser Akbar ließ die „Siegesstadt" 1569 als neue Residenz bauen, nachdem sich die Weissagung des Sufiheiligen Salim Chisti, Akbar werde einen Sohn haben, erfüllt hatte. Höhepunkte der Besichtigung sind das *Buland Darwaza* (Siegestor), die *Große Moschee* und dort die Grabhalle des Shaikh Salim Chisti mit hinreißend schönen Wänden aus durchbrochenem Marmor, zudem mehrere Paläste und Pavillons. Nach Akbars Tod wurde Fatehpur Sikri vermutlich aufgrund von Wassermangel bald verlassen. Heute ist die Anlage ein großartiges Architekturdenkmal. *36 km westlich*

**SIKANDRA** (190 A1) *(🕮 G5)*
Das Mausoleum Akbars des Großen wurde in feierlicher Mogularchitektur auf einem großzügigen Parkgelände errichtet. Die Untergeschosse sind aus rotem Stein gemauert, das Obergeschoss unterscheidet es von den meisten anderen Mogul-Grabbauten: Anstelle einer Kuppel wie beim Taj Mahal krönt das Gebäude ein Geschoss aus weiß leuchtendem Marmor – ein eigentlich für Paläste typisches architektonisches Element. Achtung: freche Affen! *Etwa 10 km nordwestlich*

# AMRITSAR

(186 C3) *(🕮 E3)* **Relativ wohlhabend ist Amritsar (1,1 Mio. Ew.) wegen seiner fruchtbaren Äcker und Gärten, seines Reichtums an Früchten, Wolle und Gewürzen.**

Die Stadt ist außerdem berühmt als heiliger Ort der Sikhs, deren Religion traditionell – aus dem Zwang zur Selbstbehauptung heraus – kämpferisch ist. Sikhs stellen im Punjab die Mehrheit der Bevölkerung. Mit Engagement und Organisationstalent haben sie die Region zu Reichtum geführt. Dass Frömmigkeit hier Lebensgenuss und Liebe zur Schönheit nicht ausschließt, sieht man den Straßen und Häusern, den Tempeln, Moscheen, Parks und Gärten der Stadt an.
Mindestens einmal im Leben sucht jeder Sikh den Goldenen Tempel auf. Dieser

ist heute wieder ein Ort himmlischen Friedens. Doch 1984 hatten Sikh-Separatisten, die für die Autonomie des Punjab kämpften, den Tempel besetzt, woraufhin ihn die indische Regierung auf Anordnung von Indira Gandhi unter Einsatz schwerer Panzer stürmen ließ. Die Schäden von damals sind heute beseitigt.

Im Goldenen Tempel: Ein Sikh liest aus der heiligen Schrift Granth Sahib vor

## SEHENSWERTES

### GOLDENER TEMPEL ★

Sein Standort ist symbolisch: Er steht in einem künstlichen, rechteckigen See, dem „Nektar der Unsterblichkeit", nach dem die Stadt benannt ist. Ein Brückensteg führt zum Tempel *(Hari Mandir)* hinüber. Am Ufer steht der *Akhal Takht,* der Sitz der religiösen Leitung der Sikhs. Jeden Morgen wird das heilige Buch *Granth Sahib* zeremoniell aus dem Akhal Takhat in den Goldenen Tempel getragen, wo Stunde um Stunde laut daraus gelesen wird. Meditative Musik ertönt, bunt gekleidete Pilger bestaunen das Heiligtum. Keine Götterbilder, aber Malereien, kostbare Teppiche und Vorhänge sowie Einlegearbeiten an Wänden und Pfeilern umgeben das Podest des Granth Sahibs. Willkommen sind auch Andersgläubige. Als Symbol der Offenheit hat der 1589 erbaute, nach muslimischer Zerstörung um 1800 wiedererbaute Tempel Türen in alle Himmelsrichtungen.

Tempelbesucher geben ihre Schuhe und Strümpfe in Verwahrung, ebenso Zigaretten, größere Taschen und Rucksäcke. Sie müssen den Kopf bedecken (Mützen werden ausgeliehen) und Füße und Hände in fließendem Wasser reinigen. *Tempelgelände rund um die Uhr, Goldener Tempel von Sonnenaufgang bis etwa 22 Uhr geöffnet*

### JALLIANWALLAH BAGH

2000 gewaltlos demonstrierende Männer und Frauen ließ der britische General

Dyer am 13. April 1919 in einem ummauerten Hof ohne Fluchtmöglichkeiten töten oder verwunden. Ein Museum dokumentiert das Massaker, das, ganz im Gegensatz zu Dyers Absicht, den indischen Widerstandswillen stärkte. Das Denkmal wurde im Jahr 2000 neu gestaltet. *Fünf Minuten zu Fuß nordöstlich vom Goldenen Tempel*

## ESSEN & TRINKEN

Gute Restaurants finden Sie beim *Ram Bagh* (schöner Garten). Um den Goldenen Tempel gibt es *Dhabas* – günstige, meist einfache Imbisse, die vegetarische Snacks und gebratenen Flussfisch anbieten.

### CRYSTAL

Viele Amritsaris wählen das Crystal, wenn es ein besonderer Abend werden soll – an Wochenenden reservieren! Kontinentale, chinesische Gerichte und nordindische Spezialitäten. Das Crystal serviert besonders leckere Currys. *Queens Road | Crystal Chowk | Tel. 0183 2 22 55 55 | €€*

### FRESH HEALTHY CAFE

Das klimatisierte und komfortable, etwas dunkle Restaurant im Hotel Royal Castle bietet eine reiche Auswahl an Speisen internationaler Küche. Zentrale Lage nördlich des Bahnhofs. *309, Albert Road | Tel. 0183 2 40 00 22 | €*

## ÜBERNACHTEN

Empfehlenswert und authentisch sind die Sikh-Gästehäuser *(Gurdwaras)*. *Sri Guru Ram Das Niwas* und *Sri Guru Nanak Niwas* sowie das *New Akal Rest House* beim Goldenen Tempel bieten für maximal drei Nächte Gratisplätze im Schlafsaal oder in Doppelzimmern (gemeinsame Waschräume). Alkohol, Nikotin und andere Drogen sind untersagt, eine Spende wird erwartet.

### INSIDER TIPP MRS. BHANDARI'S GUEST HOUSE

Umsichtig geleitet von der (Deutsch sprechenden) Eigentümerin. Kleiner Pool, ruhige, familiäre Atmosphäre. Frühzeitig reservieren! *12 Zi. (AC und Bad) | 10, The Cantonment | Tel. 0183 2 22 85 09 | www.bhandari_guesthouse.tripod.com | €*

### RANJIT'S SVAASA

Heritage-Hotel im Zentrum, nah der Mall. Im Innenhof und in den rückwärtigen Räumen fast gänzlich vom Parkgrün lärmgeschützt. Rund 250 Jahre alt, familiär gemütlich und mit natürlichen Materialien gestaltet. Restaurant und Café. *21 Zi. und Suiten | 47-A The Mall | Tel. 0183 2 56 66 18 | www.svaasa.com | €€*

## AUSKUNFT

### INFORMATION OFFICE OF THE GOLDEN TEMPLE

*Beim Haupteingang | Tel. 0183 2 55 39 54 | www.sgpc.net*

# CHANDIGARH

(187 D4) (F4) **Der berühmte Architekt Le Corbusier entwarf Chandigarh (60 000 Ew.) in der optimistischen Aufbruchstimmung des unabhängig gewordenen Indiens.**

Von 1951 bis 1965 entstanden funktionale Gebäude mit klaren geometrischen Linien und Formen, die die Hauptstadt der Bundesstaaten Punjab und Haryana prägen. Plätze und Straßen der rechtwinklig angelegten Wohnviertel wurden mit hohen Bäumen begrünt. Die schalen- und rampenförmigen Regierungs-, Parlaments-und Gerichtsbauten des ★ *Capital*

*Complex* sind die Hauptsehenswürdigkeiten. Viel mehr Menschen wollen heute in Chandigarh wohnen, als geplant war. Zeugnis für individualistische Kreativität ist der INSIDER TIPP *Rock Garden (tgl. 8–18 Uhr | Sector 1)*. Aus Recyclingmaterialien hat Nek Chand Saini dieses Phantasieland von 1965 bis 1976 gebaut und mit Fabeltieren und Koboldfiguren belebt.

## ESSEN & TRINKEN

### MEHFIL

Eine der besten Adressen der Stadt. Gute Multicuisine, schöne Atmosphäre. *SCO 1853–185, Sector 17-C | Tel. 0172 2 70 35 39 | €€*

## ÜBERNACHTEN

### MOUNTVIEW

Komfortables Haus mit Garten. *156 Zi. | Sector 10 | Tel. 0172 2 74 05 44 | www.citcochandigarh.com/mountview | €€€*

## AUSKUNFT

### CHANDIGARH TOURIST CENTRE

*Am Bushalt Udyog Path | im Sector 17 | Tel. 0172 2 70 38 39*

Kaufrausch unter Kolonnaden des Klassizismus: Connaught Place in Delhi

# DELHI

**KARTE IM HINTEREN UMSCHLAG**

(189 F1) (*F5*) **Die Weltstadt mit über 17 Mio. Einwohnern hat viele Gesichter: In der Altstadt drängen sich tagtäglich Menschen und Gefährte durch enge, gewundene Gassen, vorbei an Basaren und niedrigen Häusern zwischen dem Roten Fort und der New Delhi Station der Eisenbahn.**

Südwestlich schließt sich die koloniale Neustadt New Delhi an, als deren Mittelpunkt der *Connaught Place* gedacht war. Von hier aus führen breite, elegante Alleen in alle Himmelsrichtungen, hier entstehen immer mehr Hochhäuser in Glas- und-Stahl-Architektur, hier boomt das

**WOHIN ZUERST?**
**Connaught Place:** Zum kreisrunden, zentralen Connaught Place (Rajiv Chowk) mit seinen frisch geweißten drei konzentrischen Ringen kolonialer Arkaden gelangt man rasch mit der Metro (Linien 2 und 3). An seiner südlichsten Stelle beginnt der Janpath mit seinen Kunsthandwerks-Emporiums. Den die Straße kreuzenden Rajpath, Prachtboulevard des Regierungsviertels, erreicht man per Motorrikscha oder Taxi.

Geschäftsleben. Südlich davon dehnen sich das Regierungsviertel im kolonialklassizistischen Stil, der *Raj Path* für Paraden sowie die breiten Boulevards aus, an denen noble Wohnvillen, diplomatische Vertretungen, Museen, Grünanlagen und üppige Hotels liegen.

In die Ära der legendären Mahabharata-Heroen gehören die Siedlungsspuren der Fort-Ruinen von *Purana Quila,* der ältesten Stadt am Platz, östlich vom heutigen New Delhi. Archäologen fanden auch eine Inschrift Kaiser Ashokas (um 270 v. Chr.). Seit dem 12. Jh. entfalteten islamische Eroberer in Delhi ihre Macht, zuerst die der „Sklavendynastie". Ihre Siegessäule *Qutb Minar* ist noch heute ein Wahrzeichen von Delhi. Ende des 14. Jhs. eroberte der Mongole Timur Lenk die Stadt, im 15. Jh. hatten afghanische Regenten die Oberhand. Schließlich brach 1526, als der Mongole Babur den damaligen Sultan besiegte, die 300 Jahre währende Ära der Mogulkaiser an. Von ihnen stammt der Glanz des Roten Forts, der Moschee Jama Masjid und der palastähnlichen Grabbauten.

Delhi war ein Zentrum des Aufstands gegen die britische Kolonialherrschaft während der sogenannten *Mutiny* von 1857. Die Briten wählten 1911 Delhi statt Calcutta als Hauptstadt ihrer größten Kolonie. Sie ließen die breiten Alleen von New Delhi pflanzen. In die von britischen Architekten entworfenen, teils vom Mogulstil inspirierten Regierungsbauten zog die politische Elite Indiens ein, als das Land 1947 die Unabhängigkeit erlangte. Fast ein Jahrtausend lang hatten die Menschen Nordindiens fremde Herren ertragen – aus Persien, Afghanistan und England.

In den letzten 50 Jahren ist Delhi rasant gewachsen. Theater, Konzertsäle, Kinos, Galerien, Diskos und Restaurants bieten immer neue Attraktionen. Umweltschonendes Ethanol ist für Stadt-Omnibusse sowie für alle anderen städtischen Fahrzeuge Pflicht und hat die Smogbelastung der Stadt deutlich gemindert. Satellitenstädte wachsen – die derzeit ökonomisch wichtigste ist Gurgaon im Westen.

## SEHENSWERTES

### BAHAI HOUSE OF WORSHIP OF THE INDIAN SUBCONTINENT

Der Tempel ist eine religiöse Huldigung an die Schönheit der Schöpfung, an Licht und Wachstum – architektonisch symbolisiert in Gestalt einer Lotusblüte mit 27 marmornen Blättern. Fast 3 Mio. Besucher kommen jährlich und viele begegnen hier erstmals der Bahaì-Lehre des Persers Baha'u'lla (1817–92), die Elemente aus allen Weltreligionen zusammenführt. *Bahapur | 6, Canning Road*

### CHANDNI CHOWK

Unter allen bunten Basaren Indiens ist dieser in Old Delhi einer der interessantesten. Es lohnt sich, auch die Seitengassen zu erkunden und in ihre jeden Tag erneuerte Welt aus tausend Farben und Gerüchen einzutauchen. *Im Norden der Stadt*

## GANDHI-DENKMAL

Ausdrucksvolle Denkmalgruppe des Mahatma, der seine Gefährten durch zähen, friedlichen Widerstand zur politischen Unabhängigkeit führt. *Sardar Patel Marg | Willington Crescent Road*

## GANDHI SMRITI MUSEUM AND LIBRARY

Spinnrad, Schreibfeder, Sandalen, das blutbefleckte Lendentuch seines Todestags – alles Zeugnisse der Armut des großen Friedenslehrers, den ein fanatischer Hindu am 30. Januar 1948 in Delhi hier auf dem Weg zum Gebet erschoss. Als *Eternal Gandhi Multimedia Museum* sind Wohnhaus, Garten, Gebetsraum, Fotosammlung, Gandhi-Zitate und Bibliothek eine fast unerschöpfliche Gedenkstätte. *Di–So 10–17 Uhr, jeden 2. Sa im Monat geschl. | Eintritt frei | 5, Tees January Marg*

## GRAB DES HUMAYUN

Der Vorläufer des Taj Mahal gehört heute zum Unesco-Welterbe. Die Marmorkuppel über dem Grab des Mogulkaisers ragt 43 m hoch auf, das quadratische Gebäude in persischem Stil birgt eine achteckige Grabkammer. Es ist von Gartenanlagen umgeben. *Lodi Road*

## INDIA GATE

Monumentaler Blickfang am östlichen Ende des *Raj Path.* Kriegergedenkstätte für Inder, die im Ersten Weltkrieg in der britischen Armee getötet wurden (rund 70 000 Opfer). Architekt: Edwin Lutyens.

## JAMA MASJID

Die größte Moschee Indiens wurde auch als die schönste von allen gelobt. Shah Jahan, der Bauherr des Taj Mahal, ließ die imposante Freitagsmoschee um 1650 für seine neue Hauptstadt Shahjanabad (heute Old Delhi) aus schwarzem und weißem Marmor sowie rotem Sandstein bauen – mit einem 100 mal 100 m weiten Hof, doppelstöckigen Toren und einer zweischiffigen Gebetshalle mit elf Bögen. Darunter wurden muslimische Reliquien wie ein Barthaar Mohammeds bewahrt. Großartig ist der Ausblick von einem der

Jama Masjid: Gläubige in der größten und wohl auch schönsten Moschee Indiens

Rotes Fort: Im Diwan-i-Khas wurden früher die Privataudienzen abgehalten

beiden 40 m hohen Minarette – hieß die Jama Masjid doch ursprünglich „Die Moschee mit dem Blick auf die Welt". Hier beginnt der *Chwari Bazar*, die Haupteinkaufsstraße von Old Delhi. *Tgl. 30 Min. nach Sonnenaufgang bis 12.15 Uhr und 13.45 bis 30 Min. vor Sonnenuntergang | zw. Chwari Bazar und Netaj Subhash Marg*

## NATIONAL GALLERY OF MODERN ART

Die hervorragenden Sammlungen der Nationalgalerie sind bestens geeignet, um mit Klischees von Indien als rückständigem Land aufzuräumen. Die Dauerausstellungen zeigen die selbstbewusste indische Kunst des 19. und 20. Jhs., der Schwerpunkt liegt auf Werken aus der Zeit der Unabhängigkeitsbewegung. Im Erdgeschoss werden Sonderausstellungen präsentiert. *Di–So 10–17 Uhr | Jaipur House | nahe India Gate*

## NATIONAL MUSEUM ★ ●

Reich bestückte Sammlungen der indischen Kulturen, mit Meisterwerken der Bildhauerei und Malerei, aber auch der Kunst der Ureinwohner, die bis heute lebendig ist. Über 200 000 Exponate aus fünf Jahrtausenden indischer Geschichte sollen es sein: eine einzigartige Sammlung. Die Audiotour hilft, bei der Überfülle an Kunst nicht die Orientierung zu verlieren. *Di–So 10–17 Uhr | Eintritt ca. 4,50 Euro, Führungen kostenlos | 10, Janpath*

## PURANA QILA (ALTES FORT)

Auf dieser Anhöhe vermutet man die älteste Vorgängerstadt Delhis, das Indraprashtra der Mahabharata-Helden. Was man sieht, stammt aber aus dem 16. Jh., vom Afghanen-Kaiser Sher Shah. *Von Sonnenauf- bis Sonnenuntergang | zw. India Gate und Zoo*

## QUTB MINAR

Indiens höchstes Minarett ist ein Siegeszeichen der Muslime des 12. Jhs. aus rotem Sandstein und Marmor, mit arabischen Schriftbändern als Stein-Einlegearbeiten. Die (nicht rostende) Eisensäule im Hof konnte man früher mit den Armen rückwärts umfassen, um das Glück zu beschwören – heute ist das nicht mehr möglich, der Zugang ist abgesperrt. *Sri Aurobindo Marg | 13 km südlich des Zentrums*

### ROTES FORT (LAL QILA) ★

„Wenn es ein Paradies auf Erden gibt, dann ist es hier, hier, hier", steht über dem Eingang des Diwan-i-Khas, der Halle für Privataudienzen, geschrieben. Man weiß, dass diese Worte von Erbauer Shah Jahan, nicht übertrieben waren – auch wenn Besucher die heute ausgeräumten Hallen verwundern. Aber seit der Mogulkaiser das Fort von 1639 bis 1648 bauen und die Paläste darin mit Edelstein-Einlegearbeiten, Seidendächern über Terrassen und kühlenden Wasserbächen ausstatten ließ, sind kriegerische Zeiten über diesen Orientzauber hinweggestürmt. Im 18. Jh. raubten die Perser den Pfauenthron und den Riesendiamanten Koh-i-noor, darauf folgten Marathenstürme (Marathen waren Hindu-Fürsten aus dem Staat Maharashtra). Auch die Briten fügten den Palästen großen Schaden zu. So muss man die ehemalige Pracht vor allem in der Phantasie entstehen lassen.

Die wichtigsten Hallen und Paläste innerhalb der 2,5 km langen, bis zu 33 m hohen roten Umfassungsmauer: Am *Naqqar Khana (Trommelhaus)* für die Hofmusiker stiegen fürstliche Besucher von den Elefanten ab, der *Diwan-i-Am* war die öffentliche Audienzhalle. Durch Gärten geht es in nordöstlicher Richtung zum *Diwan-i-Khas,* dem Ort privater Audienzen, wo der gold- und edelsteinüberladene Pfauenthron stand. Südlich davon liegen das *Mumtaz Mahal* (heute Museum für Archäologie) und das *Rang Mahal* (Palast der Farbe – das Haus der Prinzessinnen). Nördlich schließen sich etwas abseits das *Hamam* (das kaiserliche Bad) und die elegante *Moti Masjid* (Perlmoschee) an. Wenn man zwischen der Ladengasse beim Lahore-Tor und dem Trommelhaus nordwärts abbiegt, kommt man zum *Museum of Independence,* in dem anrührende Zeugnisse vom Freiheitskampf gegen die Kolonialmacht berichten. *Tgl. von Sonnenauf- bis Sonnenuntergang, Museum tgl. 10–17 Uhr, Di–So abends das Ton- und Lichtspektakel „Son et Lumière" zur Geschichte des Roten Forts | zw. Yamuna und Altstadt*

### SWAMINARAYAN AKSHARDHAM ★

Inmitten eines weitläufigen Gartenareals liegt einer der größten Hindu-Tempel Indiens. Fünf Jahre lang bauten mehrere tausend Anhänger des Gurus Pramukh Swami Maharaj an dem Tempel. Seit seiner Eröffnung 2005 steht der Komplex jedem offen und ist zu einem beliebten Anziehungspunkt für Delhi-Besucher geworden. Toleranz, Spiritualität und Frieden sind die Motive der *Hall of Values* mit Theater und Kino im Imax-Format. Bootsfahrten und Spaziergänge können Sie im *Garden of India* unternehmen. *April–Sept. Di–So 9.30–18.30, Okt.–März 9–18 Uhr | Tempel und Garten Eintritt frei, Extras 170 Rupien | N.H. 24, bei Noida Mor | www.akshardham.com*

### TUGHLAQABAD

Das von Affen (und manchmal auch Schlangen) bevölkerte Ruinenareal der einstigen Hauptstadt, u. a. mit dem noch immer eindrucksvollen Grabmal des Gründers Ghiyas'ud-Din Tughluq (14. Jh.) liegt 13 km südlich von Delhi. Verloren ist freilich der Palast, dessen Ziegel der Sultan vergolden ließ. *Östlich vom Qutb Minar*

## ESSEN & TRINKEN

### DILLI HAAT

In einem modern-rustikal gestalteten, bunten Kunsthandwerkermarkt bekommen Sie schmackhafte Gerichte. Auch Süßigkeiten und Spielzeug für die Kleinen gibt es. Autofreies Gelände. *Gegenüber vom INA-Markt | Tel. 011 26 11 90 55 |* €–€€

### DUM PUKHT

Unter den Restaurants der Luxushotels ist dies gastronomisch sowie im Hinblick auf das Design wohl das edelste. Bei den nordindischen Spezialitäten ist z. B. das langsam gegarte Fleisch der Mogulküche der Nawabs von Lucknow zu empfehlen. *ITC Maurya | Diplomatic Enclave | Sardar Patel Marg | Tel. 011 26 11 22 33 | www.itchotels.in |* €€€

### NIRULA'S

Fast-Food-Crossover der westlichen und indischen Küche. Das Original von 1977 ist hierhin umgezogen. *Outer Circle, K14 | Connaught Place | Tel. 011 41 23 04 04 | www.nirulas.com |* €€

### PARIKRAMA REVOLVING RESTAURANT

Hier geht's rund! Auf dem sich langsam drehenden Boden im obersten Hochhausstockwerk genießen Einheimische und Touristen indische und westliche Küche. *Antriksh Bhawan | Connaught Place | Kasturba Gandhi Marg | Tel. 011 23 72 16 16 |* €€–€€€

### INSIDER TIPP UNITED COFFEE HOUSE

Als einzige der legendären Adressen am Connaught Place hat dieses Restaurant überlebt. Wie zu kolonialen Zeiten können Sie hier unter mächtigen Kronleuchtern gut und teuer speisen, sehen und gesehen werden. Empfehlenswert ist das *Chicken à la Kiev* – und vergessen Sie nicht, einen Kaffee zu bestellen! *Inner Circle, E15 | Connaught Place | Tel. 011 23 41 60 75 | www.unitedcoffeehouse.com |* €€€

## EINKAUFEN

### AMRIT BOOK COMPANY

Die Buchhandlung mit riesiger Auswahl ist seit 1936 in Familienbesitz. *N-21, Outer Circle | Connaught Place*

### CENTRAL COTTAGE INDUSTRIES EMPORIUM

Stoffe, Saris, Schmuck, Skulpturen und vieles mehr finden Sie in guter Qualität zum festen Preis. Benachbart sind die Emporien der indischen Bundesstaaten. Hier kann man ganze Tage auf der Suche nach Souvenirs und Geschenken verbringen. *Janpath | nahe Tourist Office*

## FREIZEIT & SPORT

### DELHI GOLF CLUB

Zwei Plätze mit 9 und 18 Löchern, zentral gelegen in einem Vogelschutzgebiet. Gastgebühr. *Dr. Zakir Hussein Marg | Tel. 011 24 30 71 00*

### DELHI LAWN TENNIS ASSOCIATION

Auch eine temporäre Mitgliedschaft ist in diesem Club möglich, der Rasentennis bietet. *1, Africa Ave. | Tel. 011 26 19 39 55 | Tel. 26 17 62 80*

## AM ABEND

Der Gratis-Wochenanzeiger *Delhi Diary* informiert über aktuelle Veranstaltungen.

### GHUNGROO

Disko mit Lichtorgel und gläserner Tanzfläche im *WelcomHotel Dwarka. Geöffnet Mi, Fr und Sa | Plot No. 3, Sector-10 | Tel. 011 42 22 92 22*

### INDIA INTERNATIONAL CENTRE

Indischer Tanz und Musik werden hier geboten. *40, Max-Mueller-Marg | Tel. 011 24 61 94 31*

### PARSI ANJUMAN HALL
Klassische Tänze und Volkstänze. *Tgl. um 18.45 Uhr | Bahadur Shah Zafar Marg | Tel. 011 26 23 46 89 (abends)*

### TRIVENI KALA SANGAM
Das Kulturzentrum bietet Rezitation, Theater, klassischen indischen Tanz und Ausstellungen. *205, Tansen Marg | zw. Bengali Market und India Gate | Tel. 011 23 71 88 33*

## ÜBERNACHTEN

### AMBASSADOR HOTEL
Empfehlenswertes Vivanta-Taj-Hotel ohne Extremluxus, doch mit nostalgischem Charme, Gartengrün und Top-Service. Zentrale Lage nahe dem Khan Market mit attraktiven Läden. *88 Zi. | Sujan Singh Park | Subramania Bharti Marg | Tel. 011 66 26 10 00 | vivantabytaj.com | €€€*

### INSIDER TIPP MAIDENS
Garten mit herrlichen Bäumen und großem Pool, gediegen kolonialer Stil, nördlich von Old Delhi, hübsch und preisgünstiger als das Oberoi im Zentrum. *55 Zi. | 7, Sham Nath Marg | Tel. 011 23 97 54 64 | www.maidenshotel.com | €€€*

### TREE OF LIFE
Im ruhigen Wohnviertel Saket im Süden Delhis gelegenes, tolles Guest House. Internet, Dachterrasse mit Blick auf Qutb Minar, nur fünf Gehminuten zur Metro, Richtung Connaught Circle. Angebot: Delhi Heritage Walks. *3 Zi. | 193 Saket | Tel. 011 98 10 27 76 99 | www.tree-of-life.in | €€*

### UPVAN
Bed and Breakfast im Stadtteil Greater Kailash II, gepflegte Umgebung, freundlicher Service, Internet und Lift, Zimmer teils mit Blick auf das Gartenareal. *3 Deluxe-Zi. | Haus D-52 | Tel. 011 29 21 68 86 | drschawla@rediffmail.com | €€*

## AUSKUNFT/MIETWAGEN

### GOV. OF INDIA TOURIST OFFICE
*88, Janpath u. im International Airport | Tel. 011 3 32 00 05 | www.incredibleindia.org*

Megastadt: Über 17 Mio. Menschen bevölkern Indiens Hauptstadt Delhi

**INSIDER TIPP** **METROPOLE TOURIST SERVICE**
Vermittelt Mietwagen mit zuverlässigen Fahrern für Nordindien, auch Tourenplanung und Packages für Nordindien. *244, Defence Colony Flyover Market | Tel. 011 24 31 03 13 | www.metrovista.co.in*

Gefüllt mit heiligen Texten: Gebetsmühlen in Dharamsala, dem Exilort des Dalai Lama

## ZIEL IN DER UMGEBUNG

**GURGAON** (181 F1) *(🗺 F5)*
An wenigen Orten im Land wird der Wandel Indiens zur Wirtschafts-Supermacht so greifbar wie in dieser Sonderwirtschaftszone vor den Toren Delhis (ca. 30 km). Die Wege sind kürzer als in der Hauptstadt und weniger stauverstopft. Immer weiter hinaus reihen sich die Hochhaussilhouetten. In einem Vierteljahrhundert explodierte die frühere Kleinstadt zur Millionenmetropole. Doch wer sich umschaut, nimmt auch Villen und Reihenhäuser wahr, manche von Grün umrahmt. Mehr als 30 Malls locken mit klimatisierten Glas- und Stahlfassaden zum Kaufrausch. Viele davon an der *Mehrauli-Gurgaon-Road,* an der auch die Metro aus Neu Delhi hält. Die größten bieten außer den Geschäften indischer und global agierender Marken auch Restaurants, Take-aways und Freizeitangebote. Zu den beliebtesten zählen die ● *Ambience Mall (an der NH 8 | Gurgaon-Delhi-Toll-Plaza | direkt neben dem Leela Kempinski)* und die ● *Metropolitan Mall (Mehrauli Gurgaon Road). Metro von New Delhi, z. B. vom Connaught Place in ca. 30 Min.*
Auf dem Weg von Delhi nach Gurgaon liegt der Vergnügungspark *Fun'n'Food Village (Eintritt ca. 25 Euro/2 Pers. | nahe dem Indira Gandhi Int. Airport | Gurgaon Road | www.funnfood.com)* mit Wellenbädern, Kinderbecken, Wasserrutsche.

# DHARAMSALA

(186 C3) *(🗺 F3)* **Der Ort im Himalaya heißt auch „Klein Tibet", seit der aus**

**seiner Heimat vertriebene XIV. Dalai Lama hier das von der indischen Regierung gewährte Exil bezog.**
Das war 1959. Wer heute nach Dharamsala und zum noch 600 bis 800 m höher gelegenen *McLeod-Ganj* (Ober-Dharamsala) kommt, erlebt einen ungebremsten touristischen Bauboom mit einigen tibetischen Oasen – wie der Residenz des Dalai Lama in McLeod-Ganj und dem Norbunlingka-Institut samt Tempel, Kunsthandwerk und Gästehaus am Fuß des Gebirges.
Gegenüber der Residenz des Dalai Lama lohnt der buddhistische *Avalokiteshwara-Tempel* mit einem Bildnis der tausendäugigen tibetischen Schutzgottheit einen Besuch. Im Umkreis fasziniert die oft großartig urtümliche Landschaft mit Waldtälern, Seen und silbrigen Flüssen. *Shimla, Dalhousie* und *Pathankot, Palampur*, die einstige Königsstadt *Kullu* und – nur wenige Stunden vom ewigen Schnee entfernt – *Manali* sind beliebte Erholungsorte und Quartiere für Trekker, Kletterer, Paraglider und River Rafter.
Das *Chonor House (11 Zi. | Tekchen Choeling Road | Tel. 01892 22 10 06 und 22 14 68 | www.norbulingkahotels.com/chonor-house | €€)* ist ein attraktives Hotel mit tibetischer Bilderwelt, Restaurant und einem Laden *(Di–So 9–21 Uhr)* mit tibetischem Kunsthandwerk.
Auskunft: *Himachal Pradesh TDC | in McLeod-Ganj | nördlich der Bank von Baroda | Tel. 01892 22 42 12 | www.hptdc.nic.in*

# GWALIOR

(190 A2) (*🕮 G6*) **Abseits vom Pfad der meisten Rundreisen liegt Gwalior (1 Mio. Ew.) in Madhya Pradesh.**
Einzigartig in Nordindien sind hier die riesigen, aus dem Fels gehauenen Jain-Figuren der 24 „Furtbereiter" (geistigen Führer). Mehrere Rajputen-Dynastien hinterließen auf einem Tafelberg-Plateau, das steil zur Stadt hin abfällt, ihre Paläste und die Reste des urtümlichen Forts. Ende November/Anfang Dezember findet in Gwalior alljährlich eines der großen Festivals klassischer indischer Musik statt!

## SEHENSWERTES

### GUJARI MAHAL ARCHAEOLOGICAL MUSEUM

Schöne Skulpturen und Gefäße der Gupta-Periode (ca. 320–550 n. Chr.) sind in dem Palast aus dem 15. Jh. ausgestellt. Einen weiteren Höhepunkt bilden Kopien buddhistischer Höhlenmalerei. *Di–So 10–17 Uhr | am Nordende des Forts*

### INSIDER TIPP JAIN-SKULPTUREN

In Nischen, die in die Wände einer Schlucht auf dem Weg zum Südwesteingang des Forts gehauen wurden, stehen die bis zu 17 m hohen, in ihrer ruhigen Ausstrahlung beeindruckenden Jain-Skulpturen (meist 15. Jh). Im Südosten des Burgbergs ist eine weitere Gruppe aus dem Sandstein herausgearbeitet worden. Dort sind auch Shiva- und Parvatibilder zu sehen. Die Zerstörungen an den Statuen der „Furtbereiter" gehen auf das Jahr 1527 zurück, als die Truppen unter Mogul Babur Gwalior belagerten.

### MAN SINGH PALACE

Der glanzvollste Palast des Forts wurde um 1500 erbaut. Vom Prunk der farbigen Kacheln blieben nur schmale Reste, doch die Rundtürme und Zinnen beeindrucken ebenso wie die Kellergefängnisse. Noch vier andere Palastruinen sind zu besichtigen. Das große Bassin beim Shah Jahan Palace war Schauplatz des *Jauhar*, des Massenselbstmords von Frauen mit ihren Kindern, als im 13. Jh. der Sultan von Delhi die Festung eroberte.

### SASBAHU-TEMPEL

Warum sie Schwiegermutter *(Sas)* und Schwiegertochter *(Bahu)* heißen, ist nicht genau überliefert, doch sind die beiden Tempel (11. Jh.) mit reichen Figurenfriesen ausgestattet, ein schönes Beispiel der Hindu-Architektur.

### SCINDIA MUSEUM/JAIVILAS PALACE

Großzügig dimensionierte Spielereien von überreichen Leuten aus dem 19. Jh., z. B. eine silberne Tischeisenbahn, zeugen von der vergangenen Maharajaherrlichkeit der Scindiafamilie, die noch in einem Teil des Palasts lebt. *Di–So 9.30–17 Uhr (anderer Eingang als zum Palast)*

## LOW BUDG€T

Delhis *Metro* ist um Längen besser organisiert als das Bussystem. Dazu ist sie sicher, sauber, zuverlässig und supergünstig. Tickets kosten ab ca. 12 Cent, Tourist Cards 2 Euro. Auch mit *Threewheelern* kommt man gut und preiswert im chaotischen Hauptstadtverkehr voran – ab ca. 20 Cent, die Preise sind verhandelbar.

Günstiges und schönes Kunsthandwerk, auch -gemälde können Sie im *Crafts Museum* erstehen, das wie ein Dorf gestaltet wurde. *Di–So 10–17 Uhr | Eintritt frei | Bhairon Marg | nördlich von Purana Quila*

Für weniger als je ca. 4 Euro gibt's eine Stadtrundfahrt – morgens durch New Delhi (4 Std.), nachmittags durch Old Delhi (3 Std.). Tickets z. B. im *India Tourist Office (88, Janpath)* oder bei *Delhi Tourism (DTTDC) (Baba Kharak Singh Marg)*.

## ESSEN & TRINKEN/ ÜBERNACHTEN

### SHELTER

Modernes Hotel mit gutem Restaurant. *20 Zi. | Padav (Nähe Bahnhof) | Tel. 0751 2 37 62-09, -10, -11 | www.hotelsheltergwalior.chobs.in | €–€€*

### HOTEL TANSEN

Großräumige, etwas nüchtern gehaltene Zimmer, doch komfortabel, mit Garten und Terrasse, indische Küche. Auch Auskunft (*Tel. 0751 4 01 05 55 auch Reiserat, u. a. zum Manas Nationalpark mit Tiger Project*). *36 Zi. | 6-A Gandhi Road | Tansen@mptourism.com | €*

### USHA KIRAN PALACE, WELCOMHERITAGE

Ehemaliges Gästehaus des Maharajas. Empfehlenswerte Küche: Es werden Muglai-Spezialitäten serviert! Gepflegter Luxus, umrahmt von einem prächtigen Baumgarten. *40 Zi. | Tel. 0751 2 44 40 00 | www.tajhotels.com | €€€*

# KHAJURAHO

(190 B3) *(🕮 H7)* **Die Tempelstadt der Chandelakönige war noch vor 40 Jahren ein echter Geheimtipp. Heute fliegen Jets von Delhi mehrmals wöchentlich nach ★ Khajuraho (25 000 Ew.).** In dem Kultort gibt es mehr als 20 gut erhaltene Tempel und den reichsten Schatz erotischer Skulpturen von Tänzerinnen und Liebespaaren. Offenbar wurde in der alten hinduistischen Kunst auch sinnliche Erfahrung als ein Weg zur Erlösung anerkannt und dargestellt. Da der Ort so abseits liegt, blieben die zwischen 950 und 1050 erbauten Hindu-Tempel vor muslimischer Zerstörung bewahrt.

## SEHENSWERTES

**INSIDER TIPP ADIVART TRIBAL AND FOLK ART MUSEUM**

Das kleine Museum lockt mit zeitgenössischer Volkskunst in modernem Design. Die Sammlung zeigt Malereien, verzierte Holztüren sowie Figuren aus Terrakotta und Metall. *Di–So 10–17 Uhr | Eintritt frei | nordöstlich der Westgruppe der Tempel*

**WESTLICHE TEMPELGRUPPE**

Von den drei Tempelgruppen ist die westliche in weiträumigem Parkgelände die großartigste, vor der östlichen und einigen einzelnen Tempeln abseits in felsiger Landschaft gelegen. Die Architektur ist bei fast allen Tempeln ähnlich: Über einem hohen Sockel erhebt sich eine Terrasse, auf der man den Tempel umrunden kann. Durch Vorhalle, Haupthalle *(Mandapa)* und Vorraum erreicht man die *Cella,* in die nur gedämpftes Licht auf das Kultbild fällt. Skulpturenfülle herrscht innen und außen – und der hoch aufstrebende Turm draußen ist gleichfalls umgeben von kleineren Türmen, die sich alle nach oben hin verjüngen. Dem Skulpturenschmuck begegnet man in immer neuen Variationen. Je nach Tageszeit wirkt der feinkörnige Sandstein der Tempelbauten unterschiedlich – früher Morgen oder das Spätnachmittagslicht sind besonders schön, schon darum lohnt es sich, über Nacht zu bleiben. Zum Shiva-Fest *Shivrati* wird an diesem Ort in drängender Fülle gefeiert – viele Familien kommen vom Land auf ihren Traktoren und langen Leiterwagen.

## ESSEN & TRINKEN

Gegenüber der Hauptgruppe der Tempel gibt es einfache Restaurants, manche mit Garten oder Dachterrasse.

Khajuraho: eine Fülle an erotischem Skulpturenschmuck

## ÜBERNACHTEN

**HOTEL PAYAL**

30 geräumige Zimmer, Garten, Swimmingpool. *Nördlich der Tempel | Tel. 07686 274064 | www.mptourism.com | €*

**RADISSON JASS HOTEL**

Stilvolles Hotel mit Park, Pool sowie Tennisplatz. Im Angebot für die Gäste: Tanz- und Puppentheatervorführungen. *94 Zi. | Bypass Road | südlich der Tempel | Tel. 07686 272777 | www.radisson.com |* €€–€€€

## AUSKUNFT

**MPTDC TOURIST OFFICE**

*Am Busbahnhof | Tel. 07686 274163 | tokhajuraho@mptourism.com*

# LEH

(187 D2) (F2) **Himmelhoch ragen die Gipfel des Himalaya vor der kurvenreichen Straße auf, die sich von Manali aus zum 3500 m über der Gangesebene gelegenen Leh emporschraubt.**

Sieben bis acht Monate lang ist die Region Ladakh mit ihrer Hauptstadt nur mit dem Flugzeug erreichbar – wenn das Wetter es zulässt. Ladakh bedeutet „viele Pässe" – das glaubt der Busreisende gern, der für die 485 km dieser Straße mindestens zwei Tage benötigt. Der höchste Pass ist dabei der 5326 m hohe *Tag-lang-La.* Besonders, wer mit dem Flugzeug gekommen ist, muss sich erst einige Tage akklimatisieren. Die Luft ist sauerstoffarm. Leh liegt im breiten Talkessel des jungen Indus, hier grünen Felder zwischen kahlen Bergen. Im Winter wird es kalt, bis zu minus 50 Grad, die Sommersonne erwärmt bis auf plus 25 Grad. Das natürliche Gleichgewicht ist sehr empfindlich: Jeder Tritt zerstört möglicherweise Pflanzen für Jahre. Der Gäste müssen darauf bedacht sein, die Umwelt für die Bewohner nicht noch unwirtlicher zu machen.

In der Abgeschiedenheit hat sich eine buddhistische Kultur erhalten, die lange von Tibet beeinflusst wurde. Es gibt mehrere Klöster, in denen man sich in Tibet wähnt. Die Hauptstraßen der etwa 30 000 Ew. zählenden Stadt Leh sind belebte Basare. Man bietet Fremden gebutterten Tee an, in den Imbiss-Gaststätten gibt es *momos,* tibetische Nudeltaschen.

## SEHENSWERTES

### PALAST DER KÖNIGE

Auf einem Hügel überragt er neunstöckig die Stadt. Der Palast stammt aus dem Anfang des 17. Jhs., damals war Leh eine Königsstadt. Seit die königliche Familie vor fast 200 Jahren vertrieben wurde, ist das Bauwerk dem Verfall überlassen – aber dennoch eine beeindruckende Kulisse. *Im Sommer meist tgl. 7–19 Uhr, sonst kürzer*

## ESSEN & TRINKEN

Kleine Restaurants bieten tibetische, chinesische und internationale Küche, die besten Lokale finden sich in den Hotels.

### DREAMLAND

Tibetische, aber auch indische und chinesische Spezialitäten im gleichnamigen Hotel, sehr hygienisch. *Fort Road | Tel. 01982 25 20 89 (reservieren!)* | €

## ÜBERNACHTEN

### GALDAN CONTINENTAL

Gepflegtes Haus mit Garten und freundlichem Service. *25 Zi. | Old Fort Road | Post Box No. 47 | Tel. 09419 17 88 42 | www.hotelgaldancontinental.com* | €€

### OMASILA HOTEL

Schöner Garten. Zehn Minuten vom Stadtkern im Vorort Changspa gelegen. Angeboten werden geführte Wanderungen zu Nachbardörfern *(30 Min. oder ganze Tage lang). 27 Zi. und 11 Suiten | Tel. 01982 25 17 89 | www.hotelomasila.com* | €–€€

### SHAMBALA

Familiäres, ruhiges Guest House im Vorort Skara. Mit Terrasse, Garten, Restaurant und auch Heizung. 20 Gehminuten zum Stadtzentrum. *26 Zi. | Tel. 01982 25 11 00 | hotelshambala.com* | €€

## AUSKUNFT

### TOURIST RECEPTION CENTER

*An der Straße zum Flughafen | Tel. 01982 25 22 97 | www.jktourism.org*

## ZIELE IN DER UMGEBUNG

Zum Trekking braucht man keine amtlichen Permits und spart so Zeit. Sie sollten sich aber ca. drei Tage an die Höhe gewöhnen und sich mit bequemen Bergschuhen sowie warmer, dem Klima angepasster Kleidung ausrüsten. Achtung, die extrem hohe UV-Strahlung macht Sonnenbrille, -creme und Kopfbedeckung erforderlich!

Man kann zu den tibetischen *Gompas* wandern, den Klöstern des tantrischen Buddhismus. Die *Rinpoches,* Äbte der Klöster, sind zugleich Lehrer, Ärzte und Richter. Die Klöster faszinieren durch ihre Lage an sehr steilen Felshängen. Die Freundlichkeit der Lamas ist bekannt.

### HEMIS GOMPA (187 D2) (*F2*)

Sitz des Rotmützenordens und eines der meistbesuchten und größten Klöster – mit Wandgemälden, berühmter Bibliothek und kostbar geschmückten Buddhaskulpturen. Am Abend lohnt ein Besuch am INSIDER TIPP Shanti-Stupa mit schönem Ausblick und japanischer Trommelmusik. Übernachtungsmöglichkeit. *45 km südlich*

### SHEY (187 D2) (*F2*)

Im Sommerpalast der Ladakh-Könige wohnten die Königinnen, wenn sie ihre Kinder zur Welt brachten. Die kleine Sammlung von restaurierten *Thangkas* (tibetischen Andachtsbildern) ist sehenswert, besonders aber die 12 m hohe, vergoldete Buddha-Statue. *17 km südöstlich*

### STOK (187 D2) (*F2*)

Die Choglamsar-Hängebrücke führt zum Dorf und Palast Stok, einem verfallenden Bauwerk, von dessen 80 Räumen einige als Museum zugänglich, andere bewohnt sind. Unter den Erinnerungs-

Trance durch Trommeln: buddhistischer Mönch des Rotmützenordens im Hemis Gompa

Der Geschäftigkeit von Lucknow begegnet der Rikschafahrer mit Gelassenheit

stücken der Königsfamilie sind jahrhundertealte *Thangkas* und *Peraks,* juwelengeschmückte Hüte. Dahinter ein *Gompa,* in dem Masken und Wandgemälde zu sehen sind. *Mai–Okt. 10–17 Uhr | 17 km südwestlich*

**TIKSE** (187 D2) (*F2*)
Schon im 15. Jh. Sitz des Gelukpa-Ordens (Gelbmützen). Zwölfstöckiger Hauptbau, Wandgemälde und andere Kunstschätze. Dutzende von Mönchen wohnen noch hier, zelebrieren Gesänge und Kulthandlungen. Großartig ist der Blick hinab zum Oberlauf des Indus. *19 km südöstlich*

# LUCKNOW

(190 C2) (*H6*) **In der Hauptstadt von Uttar Pradesh (2,8 Mio. Ew.) regiert ein abenteuerliches Nebeneinander von Schönheit und Geschäftigkeit.**
Auf den Spuren der märchenhaft reichen muslimischen Nawabs von Avadh (englische Schreibung *Oudh*) können Sie fernab der Großstadthektik Paläste, Alleen und Gärten entdecken. Ende des 18. Jhs., als Lucknow Residenzstadt der Nawabs wurde, erlebten Musik und Architektur eine Blütezeit, ebenso die Produktion prächtiger Textilien und die Kochkunst. Während der sogenannten *Mutiny* von 1857 war Lucknow ein Brennpunkt des Aufruhrs.

## SEHENSWERTES

**BARA IMAMBARA ★**
Das *Große Mausoleum* (*Imambara* ist die Grabstätte eines schiitischen Heiligen, *bara* bedeutet groß) wurde im Jahr 1784 gebaut. Einer der mächtigen Nawabs, Asaf-du-Daulah, ließ seine künftige Ruhestätte als Arbeitsbeschaffungsmaßnahme während einer Hungersnot errichten. Die etwa 15 m hohe Haupthalle kommt ohne Stützpfeiler aus – zur Erbauungszeit eine architektonische Meisterleistung. Über schmucklose Treppen

gelangt man zur *Bhuul Bhulaiya*, einem Labyrinth aus halbdunklen Gängen und Aussichtsgalerien. Führer bieten sich an, Sie vor dem vermeintlichen Verirren zu schützen. Münzen, die in den angeblich 60 m tiefen Brunnen geworfen werden, sollen direkt zu Shiva gelangen. Die benachbarte *Asfi-Moschee* ist nur Muslimen zugänglich. *Sonnenauf- bis Sonnenuntergang | Husainabad Road | Chowk*

### CHOTA IMAMBARA

Das *Kleine Mausoleum (Husainabad Imambara)*, 1817–42 erbaut, ist mit einer Goldkuppel gekrönt und von einer gepflegten Gartenanlage umgeben. Im Inneren sind Kristallllüster und fürstlicher Kitsch präsentiert. *Sonnenauf- bis Sonnenuntergang | westlich der Bara Imambara*

### LA MARTINIÈRE

Stein gewordene Romantik oder Zuckertortenkitsch? Als der französische Soldat, Abenteurer und Lebemann Claude Martin Ende des 18. Jhs. das stattliche Anwesen am Gomti-Fluss errichtete, vermischte er orientalische und europäische Baustile, die für ihn Glanz und Pracht verkörperten. So entstand eines der außergewöhnlichsten Gebäude Nordindiens. Auf Martins Wunsch wurde das Gebäude zum College, noch heute wird hier unterrichtet. Rudyard Kipling lässt im „Dschungelbuch" seinen Kim auf diese Schule gehen, heute ist sie eine beliebte Kulisse für Bollywoodfilme.

### RESIDENZ (RESIDENCY)

Der Ende des 18. Jhs. von den Nawabs für die britische Verwaltung erbaute Komplex erwies sich 1857 beim Aufstand der Sepoys (indischstämmiger Kolonialtruppen) zur Verteidigung als ungeeignet. Jedoch hatten die rund 3000 belagerten Menschen, darunter über 550 Frauen und Kinder, keine andere Zuflucht. Die fast ein halbes Jahr dauernde Belagerung wurde in der britischen Öffentlichkeit zum Symbol für die Grausamkeit der *Mutiny.* Im Park sind noch Einschusslöcher an den Ruinen zu sehen. Im Hauptgebäude läuft eine dokumentierende Ausstellung, der Keller, in dem Frauen und Kinder ausharrten, ist zugänglich. Auf dem INSIDER TIPP Friedhof steht auf dem Grabstein des Chief Commissioner Sir Henry Lawrence die Inschrift, er habe „versucht, seine Pflicht zu tun". *Museum tgl. 10–17 Uhr | Eintritt ca. 4 Euro | Mahatma Gandhi Road*

## ESSEN & TRINKEN

Lucknow ist berühmt für seine Mogulküche. Die typische Garmethode ist langsames Dünsten in zugedeckten Tontöpfen. In der *Mahatma Gandhi Road* im Stadtteil Hazratganj finden Sie Restaurants, die *chaat*, schmackhafte Snacks, anbieten.

### FALAKNUMA

Hier serviert man Ihnen sehr gute Mogulküche, bei bestem Ausblick über die Stadt. *Im Nobelhotel Clarks Avadh | 8, MG Marg | Tel. 0522 2 62 01 31 | €€€*

## EINKAUFEN

In den Stadtteilen *Hazratganj* und *Chowk* gibt es u. a. Silberarbeiten, Parfüms und *Chikan*, reich bestickten Baumwollstoff.

### GANGOTRI

Kunsthandwerk aus Lucknow und Umgebung. *31/29, Hazratganj*

### IZHARSON PERFUMERS

Parfüms, z. B. Duftessenzen, aus eigener Produktion werden in winzigen Flakons *(Attar)* verkauft. *Akbari Gate | Chowk*

## FREIZEIT & SPORT

### LUCKNOW GOLF CLUB

Die neun Löcher stehen gegen Gebühr auch Gästen offen. *Ab 5.30 Uhr | Kalidas Marg | auf dem Weg zu La Martinière | Tel. 0522 2 23 92 75*

## ÜBERNACHTEN

### GOMTI

Große Zimmer (die besseren klimatisiert), aufmerksamer Service. Das Restaurant mit Bar ist seit Jahrzehnten bewährt. *65 Zi. | 6, Sapru Marg | Tel. 0522 2 62 06 24 | hotelgomti@up-tourism.com | €*

### GOMTI NAGAR

Erstklassige Unterkunft: ruhig, etwas außerhalb, tropischer Garten mit elegantem Pool, zwei Restaurants. In der Bar spielen indische Musiker. *110 Zi. | Vipin Khand | Gomti Nagar | Tel. 0522 6 71 10 00 | www.vivantabytaj.com | €€€*

## AUSKUNFT

*Im Hotel Gomti | 6, Sapru Marg | Tel. 0522 2 61 22 91*

# PRAGPUR

(187 D3) *(🕮 F3)* **Das stimmungsvolle Dorf (2000 Ew.) mit Tempeln, Dorfläden, Dorfteich und kopfsteingepflasterten Gassen liegt inmitten einer grünen Garten-, Wald- und Felderlandschaft des Kangra-Tals.**

Indiens erstes Heritage Village (Kulturerbe-Dorf) erhielt 1997 seine Urkunde. Es liegt etwas südlich der alten Stadt Kangra in Sichtweite der Himalaya-Grate. Breit strömt hier der Beas-Fluss, der bei der Trekkingstation Manali im Kullu-Tal entspringt. Das Kangra-Tal, eine der hinreißend schönen Landschaften des Bundesstaats Himachal Pradesh, erstreckt sich nahe Dharamsala, der Exilresidenz des Dalai Lama, und parallel zur Himalaya-Kette mit Trekkingrouten in allen Höhenlagen.

Im *The Judge's Court (10 Zi. | District Kangra | Tel. 01970 24 50 35 | www.judgescourt.com | €€)*, einem 100 Jahre alten Landsitz mit familiärer Atmosphäre und Garten am Dorfrand, können Sie wohnen, gute nordindische Küche genießen, zudem reiten oder angeln. Hier erhalten Sie auch Auskunft.

30 km nördlich liegt in dörflicher Idylle das Keramikmuseum *Andretta* (187 D3) *(🕮 F3) (www.andrettapottery.com)* von Mansimran und Mary Singh mit einer kleinen Gemäldesammlung des Malers Sardar Sobha Singh. Ins 120 km nordöstlich gelegene *Baijnath* (187 D3) *(🕮 F3)* lockt ein Vaidynatha-Tempel (Shiva-Tempel) aus dem 8. Jh. mit hervorragenden Skulpturen. Benachbart *Tashijong Gompa,* ein Dorf und Tempel der Exil-Tibeter mit Holzschnitzer-Werkstatt, sowie das Heritage-Hotel *Taragarh Palace.*

# RISHIKESH/ HARIDWAR

(187 E–D 4–5) *(🕮 G4)* **Hier ist der Ganges jung, sauber und gilt als besonders heilig. In Rishikesh (102 000 Ew.) kommt er aus einem engen Tal und strömt mit grünklarem Wasser an Sandbänken vorbei.**

25 km weiter in *Haridwar* (225 000 Ew.) verlässt der heilige Fluss der Hindus endgültig das Gebirge.

Alle zwölf Jahre wird in Haridwar eines der größten religiösen Feste Indiens gefeiert, die *Kumbh Mela* (Messe, Ver-

Baden im heiligen Ganges: Alle zwölf Jahre wird in Haridwar die *Kumbh Mela* gefeiert

sammlung), mit dem erlösenden Bad Hunderttausender im reißenden Strom – das nächste Mal im Jahr 2022. Als heilige Städte sind Haridwar und Rishikesh ganz auf fleischlose Kost eingestellt und verbieten jeden Alkohol. Da Haridwar sehr laut und verkehrsreich ist, gehen westliche Reisende lieber nach Rishikesh. Dort hat man die Möglichkeit, in vielen Ashrams Yoga und Hinduismus zu studieren. Zudem ist die Stadt ist ein guter Ausgangspunkt für Bergwanderungen in den Garwhal Himalaya (bis auf fast 8000 m Höhe!), für Rafting und anderen Abenteuersport. Bergpilgerreisen führen nach *Gangotri, Badrinath* und *Kadarnath.* Die Ashrams liegen meist im nördlichen Teil von Rishikesh am linken Gangesufer. Manche von ihnen nehmen feste Gebühren für Unterkunft und Lehre, oft aber ist die Höhe einer „freiwilligen" Spende auszuhandeln.

## SEHENSWERTES

### HAR-KI-PAURI

„Stufen zu Gott", so heißt das Haupt-Ghat, auch *Brahma Kund* genannt, wo man einen Fußabdruck des Gottes Vishnu vermutet und wo viele Pilger von den Treppen aus ins Wasser steigen – nicht ohne sich jedoch vorher an großen Eisenketten festzuhalten oder festzubinden. Das Har-ki-Pauri ist auch der Hauptschauplatz der *Khumb Mela. Haridwar*

### LAKSHMANJULA

Die Hängebrücke für Fußgänger führt zur INSIDER TIPP Swarg Ashram Area, die man über einen etwa 2 km langen Weg am Südostufer erreicht. Hier wartet ein angenehmer, meditativer Platz, der durch die schöne Landschaft zwischen sandigen Ufern und grünen Hügeln besticht. *Rishikesh*

**SIVANANDA ASHRAM**

Der Ashram gehört zur 1936 von Sri Swami Shivananda gegründeten spirituellen *Divine Life Society*. Mit Ayurvedazentrum und Bibliothek. Auch Kurse werden angeboten. *Schriftl. Anmeldung erforderlich | Teilnahme frei | Spenden willkommen | Rishikesh | www.sivanandaonline.org*

**TRIVENI GHAT**

Nach Sonnenuntergang setzen Priester am Triveni Ghat schwimmende Lampen auf das Wasser. *Nahe bei Rishikeshs ältestem Tempel Bharat Mandir*

Außenpool über Wellnessangebote, Ayurvedatherapien und Yoga bis hin zu Squash und Trekking. 70 exzellent gestaltete Zimmer, 5 Suiten, viele mit Blick in die weite Ebene. *Narendra Nagar | Uttaranchal | Tel. 01378 22 75 00 | www.anandaspa.com | €€€*

**HOTEL GANGA KINARE**

Am Fluss gelegen, mit Terrasse und Garten. Zwei Restaurants. Yoga-Angebot. *38 Zi. (teils renoviert) | 237, Verbhadra Road | Rishikesh | Tel. 09015 54 40 00 | www.gangakinare.com | €€*

Stupa in Sanchi: Die steinerne Halbkugel fungierte als Reliquienbehälter

## ESSEN & TRINKEN

**CHOTIWALA**

Einfach, aber sehr beliebt. Mit Dachgarten. *Swarg Ashram | bei der Shivanand-Brücke | Rishikesh | Tel. 01364 2 43 00 70 | €*

## ÜBERNACHTEN

**ANANDA HOTEL**

Hier finden Sie Superluxus hoch über der Gangesschlucht: vom Baden im

**INDERLOK HOTEL**

Lage im Zentrum, Zimmer teilweise mit Klimaanlage. Yoga, Meditation, WLAN. Vegetarische indische und chinesische Küche. *52 Zi. | Railway Road | Rishikesh | Tel. 09410 39 40 55 | €*

## AUSKUNFT

**GARHWAL MANDAL VIKAS NIGAM**

Neben Infos auch sachkundige Rafting- und Trekkingtouren in den Himalaya. *Shail*

*Vihar | Haridwar By Pass Road | Rishikesh | Tel. 0135 2431783 | www.gmvnl.com*

# SANCHI

(190 A4) (*F8*) **Das Dorf (8400 Ew.), einst Hauptstadt des Malwa-Reichs, ist 46 km von Bhopal entfernt und gut mit Bus oder Bahn erreichbar. Anziehungspunkt ist der ★ *Stupa*, eine steinerne, gut 16 m hohe Halbkugel.**

Er ist kein Tempel, sondern ein Reliquienbehälter. Wofür – das ist immer noch ein Geheimnis. Errichtet wurde der *Stupa* im Kern von Kaiser Ashoka im 3. Jh. v. Chr. Was ihn zu einer der größten Schöpfungen der Weltkunst macht, sind die Reliefs auf dem großen umlaufenden Steinzaun mit vier 10 m hohen Toren, den *Toranas*, die um Christi Geburt entstanden. Das Leben Buddhas ist in Hunderten von Bildfeldern dargestellt. Im Umkreis können Sie andere Stupas sehen, Reste von Tempeln und alten Klöstern sowie ein modernes, von Mönchen bewohntes Kloster und ein kleines *Museum (Sa–Do 10–17 Uhr)*.

Rund um Sanchi ist die Auswahl an Unterkünften dürftig, doch umso einladender hat der staatliche Madhya Pradesh Tourism das einst überaus bescheidene *Gateway Retreat (Tel. 07482 266723 | grsanchi@mptourism.com | €)* gestaltet. Aus vormals nur acht wurden 22 unterschiedlich große Zimmer. Es gibt einen Garten, ein Restaurant, einen Pool und einen Jacuzzi. Gern bleibt man über Nacht und erlebt die Steintore in aller Frühe.

# SIKKIM/ GANGTOK

(192 A–B2) (*M5*) **Sikkim, das kleine indische Bundesland zwischen Tibet, Bhutan und Nepal, leuchtet bunt, obwohl seine Felsen grau sind.**

Sikkimesische, tibetische und nepalesische Buddhisten schmücken ihre Tempelfassaden und -hallen mit kräftigen, unvermischten Farben. Tausende Terrassen, auf denen Hirse wächst, überziehen die steilen Hänge, hier und da leuchten Reisfelder intensiv grün. Ebenen gibt es fast nicht, die Bergflanken sind dicht mit märchenhaft schönem Bergwald bestanden, mit Rhododendren und Farnbäumen. An höheren Baumstämmen ballen sich Orchideenbüschel und blühen in feenhaften Farben. Reihenweise wehen weiße oder farbige Gebetsfahnen. An den Tempeln heben sich die Farben von den vergoldeten Flächen ab. Und golden glänzt bei Sonnenuntergang auch der Schnee im Himalaya.

Bis 1975 war Sikkim ein Königreich, doch es verlor bereits im 19. Jh. große Teile seines Territoriums. Seine Hauptstadt *Gangtok* (ca. 100000 Ew.) ist eine übervölkerte Provinzstadt mit vielen Nepalesen und regem Betrieb auf den steilen Straßen, mit kleinen Läden und Parks. Das Bergland in der Nähe und im Norden ist einladend für Trekking- und Autotouren.

## SEHENSWERTES

### ENCHEY GOMPA

Ein Tempelbesuch ist während der religiösen Tänze im Januar (Datum im Tourist Office erfragen) besonders schön. *3 km nördlich*

### NAMGYAL INSTITUTE OF TIBETOLOGY

Das Museum mit Zeugnissen des Mahayana-Buddhismus zeigt eine faszinierende Sammlung von schönen *Thangkas* (Meditationsbildern), Skulpturen und Kultgegenständen. *Mo–Sa 10–16 Uhr | am südlichen Stadtrand*

### INSIDER TIPP WHITE HALL FLOWER EXHIBITION CENTRE
Im März ist hier eine herrliche Orchideenschau zu sehen, gezeigt werden einheimische Arten und jährlich wechselnde Neuzüchtungen aus Sikkim. *Auf dem Höhenzug am Ridge Park*

## ESSEN & TRINKEN/ ÜBERNACHTEN

### ELGIN NOR-KHILL HOTEL
Ehemaliges königliches Gästehaus beim Paljor-Stadion, das über elegante, luxuriös ausgestattete Zimmer verfügt. Mit Garten (Blick auf die Berge) und Restaurant. *30 Zi. | Tel. 03592 20 56 37 | www.elginhotels.com | €€*

### NETUK HOUSE
Gut geführtes, komfortables Haus im tibetischen Stil mit vorzüglicher sikkimesischer Küche. Nach Anmeldung können auch Nicht-Hotelgäste das Restaurant besuchen. *8 Zi. | Tibet Road | nah dem Kamm der Hügelstadt | Tel. 03592 20 47 66 und 22 67 78 | www.netukhouse.com | €€*

### SHAMBHALA MOUNTAIN RESORT
Schöne Parklage unweit vom Kloster, sehr freundlich, 16 geräumige Zimmer, meist mit schönen Holzwänden. Die vier Cottages der Anlage sind im Sikkim-Stil gehalten. Vegetarisches Restaurant, Bar. *Rumtek | Tel. 03592 25 22 40 | €€*

## AUSKUNFT

### SIKKIM TOURISM DEVELOPMENT CORPORATION
*MG Marg | Gangtok-737101 | Tel. 03592 20 39 60.* Für die Einreise ist ein Permit erforderlich, ebenso wie ein spezielles Permit für Trekking im Norden des Landes. Am besten zusammen mit dem Indienvisum zu Hause beantragen.

## ZIELE IN DER UMGEBUNG

### PELLING (192 A2) (*M5*)
Erholungsort in West-Sikkim mit hervorragendem Ausblick auf den *Kanchenjunga* (8586 m). Hubschrauberflüge zum dritthöchsten Berg der Erde werden vom Tourist Office in Gangtok angeboten. Nahe Pelling thront das *Pemayangtse-Kloster* (1705), eines der ältesten und wichtigsten Klöster Sikkims, über Bergwäldern. Im Obergeschoss ist ein hallenhohes Modell eines Götter- und Dämonenkosmos über der kleinen irdischen Welt zu sehen. Nach einer kurzen Wanderung erreichen Sie die freigelegten *Ruinen von Rabentse,* der alten Hauptstadt. Eine Übernachtungsmöglichkeit ist das *Mount Pandim Hotel (30 Zi. | Tel. 03595 25 07 56 | €€)* mit Blick auf den Kanchenjunga. Reservieren! *110 km südwestlich (ca. 4 Autostd.)*

### RUMTEK (192 A2) (*M5*)
An einem Berghang liegt das große *Rumtek Gompa* der aus Tibet geflohenen Schwarzhutmönche. Das Kloster wurde 1960 als Kopie ihres uralten Heimatschreins errichtet. *24 km südwestlich*

### TSOMGO-SEE (192 B2) (*M5*)
Der Hochgebirgssee in 3774 m Höhe ist ein beliebtes Ausflugsziel, ebenso wie der *Nathu-La-Pass* an der chinesischen Grenze (weiter auf der steilen Haarnadelkurvenstraße). *40 bzw. 60 km östlich*

# VARANASI

KARTE S. 64
(191 D3) (*J7*) **Leben und Tod, das goldene Tempeldach, glitzernde Seide und arme Kranke und Greise, die den Tod am heiligen Ort erwarten – das alles ist Varanasi (ca. 1,2 Mio. Ew.): In-**

**dien, wo es am indischsten ist und am meisten zu Herzen geht.**
Das Westufer des Ganges wird gesäumt von breiten Treppen, den *Ghats*. Hinter ihnen liegen Tempeltürme, alte Paläste und auch Verbrennungsstätten. INSIDER TIPP Feierlich ist die Stunde vor Sonnenaufgang, wenn sich der Himmel über dem unbebauten Ostufer rötlich färbt und Hunderte von Schälchen aus Blättern mit kleinen Ölflammen flussabwärts schwimmen.

Varanasi ist benannt nach den beiden Flüssen Varuna und Asi, die hier in den Ganges münden. In den Veden heißt die Stadt *Kashi*, Ort des Lichts. Schon die Legenden des Ramayana und Mahabharata erzählen von Kashis Heiligkeit: Ein falsches Opferritual des Königs von Kashi führte zu großer Dürre, bis Brahma den Fluss Ganges vom Himmel holte, wo er als Milchstraße glänzte. Die Wassermassen ließ Gott Shiva dann durch sein Haar strömen, sodass sie abgebremst in die nordindische Ebene fließen konnten.

## SEHENSWERTES

### BHARAT KALA BHAWAN

Das Museum zeigt schöne frühe Bronzen, Varanasi-Brokate und Miniaturmalerei. *Juli–April Mo–Sa 11–16.30 Uhr | Campus der Benares-Hindu-Universität*

Varanasi: Von den Verbrennungsstätten am Ufer des Ganges steigt Rauch auf

### GHATS VON VARANASI

Im Ruf der höchsten Heiligkeit steht das *Dasaswamedh Ghat* (in der Mitte der Ghat-Reihe). Hier beten die asketischen *Sadhus*, oft nackt und nur mit Asche bestreut.
Flussabwärts schließt sich das *Man Mandir Ghat* an. Dort verfällt der Palast des Maharajas Man Singh von Amber aus dem 17. Jh. Vier Ghats weiter kommt man zum *Totenverbrennungs-Ghat Jalashayi*. Aus respektvoller Distanz darf man zuschauen, Fotografieren ist verboten.
Ein nepalesischer Tempel mit vergoldetem Dach steht am *Lalita Ghat*. Ein Fußabdruck Shivas, ein Ganesh-Tempel und ein Wasserbecken, das aus den Schweißtropfen Shivas entstand, als er nach einem Ohrring seiner Frau Parvati suchte, hei-

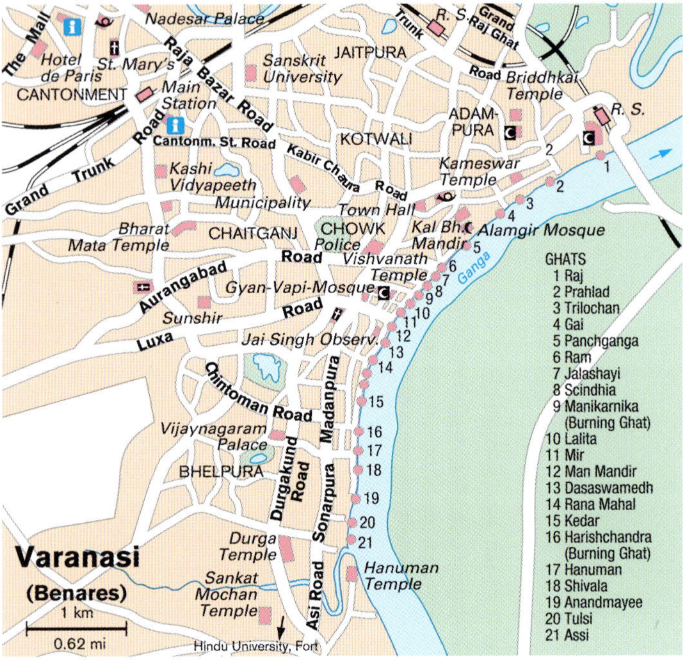


ligen das *Manikarnika Ghat.* Zwei Ghats weiter flussabwärts sollen sich der Legende nach die fünf heiligen Ströme (Ganges, Yamuna, Kirana, Sarasvati und Dhutapapa) beim *Panchaganga Ghat* unter der Erde treffen. Vom *Dasasvamedh Ghat* soll flussaufwärts das zweite, das *Someswar Ghat* (Mondschein-Ghat), Krankheiten durch ein Bad heilen. Es folgen das Shiva geweihte *Kedar Ghat* und eine weitere Verbrennungsstätte *(Harishchandra Ghat),* dann, unterhalb eines *Hanuman-Tempels,* das Ghat gleichen Namens. *Shivala Ghat* war ein militärisches Fort, *Tulsi Ghat* wurde einem Dichter und Sänger gewidmet.

### GYAN-VAPI-MOSCHEE

Mogulkaiser Aurangzeb ließ im 17. Jh. eine Moschee anstelle eines Hindu-Tempels bauen. Die Minarette sind 71 m hoch.

### VISHVANATH-TEMPEL

Nicht-Hindus dürfen nur von Nachbarhäusern aus in die 2000 Jahre alte, goldverzierte Tempelstätte blicken.

## ESSEN & TRINKEN

Zahllose Imbisse befinden sich im Altstadtgassengewirr oberhalb der Ghats, bessere Restaurants in den guten Hotels.

### CANTON ROYALE

Indische und westliche Küche, Garten. *Im Hotel Surya | The Mall Road | Tel. 0542 2508465 | www.hotelsuryavns.com |* €–€€

## EINKAUFEN

Brokat- und Seidenstoffe (Saris, Meterware) gibt es u. a. an der *Godoulia,* an der *Maqbool Alam Road,* in der ● *Vishvanath Gali.* Die Läden der Gasse führen auch Banarasi-Sari, für die die Stadt berühmt ist – feine, mit goldenen Fäden durchwirkte Seiden. Preisgünstig ist *Ali Handicrafts (C19/19A-5, Lallapura | nahe Varuna Hospital).*

## ÜBERNACHTEN

### NADESAR PALACE/THE GATEWAY HOTEL GANGES VARANASI

Die beiden Luxushotels der Taj-Gruppe befinden sich auf dem Gelände eines von den Briten errichteten Palasts. 4,5 km entfernt vom Dasaswamedh Ghat. Das Restaurant Varuna ist empfehlenswert. *10 bzw. 130 Zi. inkl. 3 bzw. 10 Suiten | Nadesar Palace Grounds | Tel. 0542 6 66 00 01 | www.tajhotels.com |* €€€

### SCINDHIA GUEST HOUSE

Einfach, in der Altstadt gelegen, viele Zimmer mit Blick auf den Ganges, Dachrestaurant. Nutzen Sie den Abholservice vom Bahnhof/Flughafen. *26 Zi. | Scindhia Ghat | beim Manikarnika Ghat | Tel. 0542 2 42 03 19 | www.scindhiaguesthouse.com |* €–€€

## AUSKUNFT

### GOV. OF INDIA TOURIST OFFICE

*15B, The Mall | neben dem Hotel de Paris | Tel. 0542 2 50 17 84 | www.incredibleindia.org*

## ZIEL IN DER UMGEBUNG

### SARNATH (191 D3) (*J7*)

Hier hielt Buddha, nachdem er in Bodhgaya erleuchtet wurde, seine erste Predigt. Im 3. Jh. v. Chr. ließ Kaiser Ashoka Schrein, Stupa und seine Herrschaftssäule mit vier Löwen errichten, die gut erhalten neben der geheiligten Stätte ihren Platz im *Museum (Sa–Do 10–17 Uhr)* gefunden hat. Das Kapitell der *Ashoka-Säule* ist Staatssymbol der Indischen Union. *10 km nördlich von Varanasi*

An den Ghats von Varanasi: hinduistische Rituale in der heiligen Stadt

# JAIPUR UND DER WESTEN

**Der Bundesstaat Rajasthan wird oft als Wüstenstaat bezeichnet. Wörtlich heißt Rajasthan „Land der Könige". Früher konkurrierten hier 23 Fürstentümer. Die königlichen Rajputen waren stolz, kriegerisch und voller Tatendrang.**

Damals hatten auch viele reiche Kaufleute ihren Sitz am Rand oder mitten in der Wüste. Ihre palastartigen Häuser *(Havelis)* mit filigranen Steinschnitzereien an den Fassaden faszinieren bis heute. Der Indira-Gandhi-Kanal verwandelt die Wüste im Westen in fruchtbares Land.

Durch Rajasthan und durch Gujarat, den westlichsten Bundesstaat Indiens, rollt der *Palace on Wheels*, der modernisierte historische Luxuszug der Maharajas. Die große Halbinsel Gujarat bietet lange Strände, herrliche Tempel und einmalige Naturreservate. In Gujarat leben als einflussreiche, wenn auch winzige Minderheit die Jains. Sie haben die Tempelstadt Palitana, das „Weiße Wunder", gebaut und prägten die Ideen von Vegetarismus und Gewaltlosigkeit, die auch für Gandhi – 1869 in Gujarat in der Hafenstadt Porbandar geboren – zur Grundlage seiner Lehre wurden. Die schönsten Palmenstrände liegen an der Südspitze, aber sie gehören nicht zu Gujarat, sondern zu Diu, einer kleinen Insel, die bis 1961 eine portugiesische Kolonie war.

## AHMEDABAD

(188 C5) *(🗺 D8)* **Prachtvolle Bauten in einem Mix aus hinduistischen und mus-**

 Bild: Tempelbesucherinnen in Udaipur

## Tausendundeine Nacht in Indien: Lagerfeuer unterm Sternenzelt in der Wüste Thar, Forts voller Legenden und herrliche Naturreservate

**limischen Stilformen zeugen davon: Das 1411 von Sultan Ahmed Shah gegründete Ahmedabad (Amdavad, sprich: Amdabad) hat eine bewegte Geschichte.** Heute ist die Stadt (5,6 Mio. Ew.) eine moderne Handelsmetropole. Leider belastet die Umweltverschmutzung viele Baudenkmäler der muslimischen Stadtgründer.

Im späten 19. Jh. erlebte Ahmedabad als ein Zentrum der Baumwollindustrie eine wirtschaftliche Blüte, die ihr den Beinamen „Manchester des Ostens" eintrug. Mahatma Gandhi lebte hier für mehrere Jahre. Sein Einsatz für die Textilarbeiter prägte seine Ideen des zivilen Ungehorsams. Bis heute spielt die Baumwollindustrie eine bedeutende Rolle. 1960 musste Ahmedabad den Status als Landeshauptstadt Gujarats an Gandhinagar (25 km nördlich gelegen) abgeben, gilt aber weiterhin als „Gateway of Gujarat". In dem sogenannten „Dry State" herrscht Prohibition. Alkohol wird jedoch in vielen großen Hotels legal an Touristen ausgeschenkt.

## SEHENSWERTES

### INSIDERTIPP CALICO MUSEUM OF TEXTILES

Im Textilmuseum Calico können Sie die traditionelle indische Webkunst bewundern: von Materialien wie Brokat und Seide über Stickereien und Saris bis hin zu Wandteppichen und Teppichen, die hier ausgebreitet sind. Das Gebäude liegt im artenreichen Gartenareal *Shahi Bagh*. Ein Besuch ist nur mit (kostenloser) Führung möglich *(Do–Di)*. *Besuch anmelden: Tel. 079 22868172 | www.calicomuseum.com*

Schneider bei der Arbeit: Ahmedabad ist bis heute wichtiges Zentrum der Textilindustrie

### LALBHAI DALPATBHAI MUSEUM/ NC MEHTA GALLERY OF MINIATURES

In einem Le-Corbusier-Bau, der den Charme eines Bunkers besitzt, wird eine einzigartige Sammlung von Miniaturen und indischem Kunsthandwerk ausgestellt. Hervorragend erhalten sind die buddhistischen Skulpturen der Gandhara-Schule aus dem 2. bis 5. Jh. Fotografieren ist hier verboten! *Di–Sa 11.30–17 Uhr | auf dem Campus der Gujarat University | L. D. Institute of Indology Campus*

### SABARMATI ASHRAM

Am Ufer des Flusses Sabarmati gründete Mohandas Karamchand Gandhi 1915 einen Ashram. Hier versuchte er, mit seinen Anhängern nach den Grundsätzen des *Sathyagraha*, des „Ergreifens der Wahrheit", zu leben. 1930 begann hier auch die wohl berühmteste Aktion zivilen Ungehorsams Mahatma Ghandis: der „Salzmarsch" an die Küste Gujarats, mit dem er gegen einen Monopolanspruch der britischen Kolonialregierung protestierte. *Tgl. von Sonnenauf- bis Sonnenuntergang | Ashram Road | 5 km entfernt*

### SIDI-SAYET-MOSCHEE
Direkt neben einer Hauptverkehrsader liegt das Gotteshaus von 1571 als Oase der Ruhe. Das Prunkfenster ist eines der schönsten Beispiele filigraner Marmorschnitzerei auf dem Subkontinent. Auch sehr schöne Gewölbedecken! *Zw. Flussufer und Beginn der Relief Road*

## ESSEN & TRINKEN

### AGASHIYE (GREENHOUSE)
Die viel gelobte Küche – Gujarati-Rezepte und westliche Kreationen – wird auf dem Dach und im Garten (dort vorzügliche kleine Gerichte) serviert. *Im MG-Hotel | Dr. Tankaria Road | Tel. 079 25 50 69 46* | €€

### GOPI DINING HALL
Vegetarisches Restaurant mit ausgezeichneten *thalis, all you can eat. Ellisbridge, Ashram Road | gegenüber dem Rathaus | Tel. 079 5 67 63 88* | €

## EINKAUFEN
Wer im Altstadtbasar *(um Relief Road und MG Road im Osten des Sabarmati)* in der Nähe der *Jami Masjid*, der 1423 erbauten Hauptmoschee, Stoffe, Süßigkeiten und Silberschmuck ersteht, kann seine Handelskünste erproben.
In der *Ashram Road* auf der Westseite des Flusses befindet sich der modernere Einkaufsbezirk. Beim staatlichen Emporium *Gurjari* wird Kunsthandwerk aus ganz Indien angeboten. Baumwollsaris *(Maheshwari)* sind Ahmedabads Spezialität.

## ÜBERNACHTEN

### GOOD NIGHT
Gut gepflegtes und geführtes Haus mit indischer Küche. Gegenüber der Sidi-Sayet-Moschee. *25 Zi. | Dr. Tankaria Road | Tel. 079 25 50 69 98 | www.hotelgoodnight.co.in* | €

### THE HOUSE OF MG ★
Das kleine, hervorragend geführte Heritage-Hotel liegt gegenüber der Sidi-Sayet-Moschee. Das Dachrestaurant gilt als das beste der Stadt. *38 Zi. | Dr. Tankaria Road | Tel. 079 25 50 69 46 | www.houseofmg.com* | €€€

## AUSKUNFT

### TOURISM CORPORATION OF GUJARAT LTD.
Im H. K. House, das sich gegenüber dem Bata-Showroom befindet. *Ash-*

## MARCO POLO HIGHLIGHTS

**★ The House of MG**
Heritage-Hotel mit ausgezeichnetem Dachrestaurant → S. 69

**★ Junagarh Fort**
Üppige Pracht mit Gold, Kristall und Spiegeln im Palast von Bikaner → S. 71

**★ Shekawati**
Wüstenstädte mit Bildkunst an den Häuserfassaden → S. 73

**★ City Palace**
Der Palast der Superlative steht auf einem riesigen Areal in Jaipur → S. 75

**★ Amber Palace**
Auf Elefanten hinauf zum fabelhaften Palastkomplex → S. 78

**★ Havelis**
Beeindruckend verzierte Häuser in Jaisalmer, die von früherem Reichtum zeugen → S. 79

Marmorböden und üppiger Skulpturenschmuck in der riesigen Tempelanlage Shatrunjaya

*ram Road | Tel. 079 26 58 91 72 | www.gujarattourism.com*

## ZIELE IN DER UMGEBUNG

**MODHERA** (188 C4) (*C8*)

Der dem Sonnengott Surya gewidmete Tempel ist mit seinen gut erhaltenen Skulpturen – teils erotische Darstellungen – eines der schönsten Beispiele für die Sakralarchitektur seiner Zeit (älteste Datierung von 1026). Wie beim Sonnentempel von Konarak in Orissa fällt bei Tag-und-Nacht-Gleiche das erste Tageslicht auf das Gottesbildnis. *102 km nordwestlich*

**PALITANA** (188 C6) (*C9*)

Wie verzaubert liegen die unzähligen weißen Schreine des Jain-Pilgerzentrums *Shatrunjaya* auf dem Tempelberg. Schon seit dem 4. Jh. ist der Berg heilig, die ältesten heute noch erhaltenen Tempel sollen aus dem 11. Jh. stammen. Feine in den Stein getriebene Skulpturen üppiger Tempeltänzerinnen schmücken mit Hunderten anderer Figuren die Wände. Im Inneren der Tempel stehen auf glatten Marmorböden die Bildnisse der *Tirthankaras*, der Jain-Heiligen.

Insgesamt sollen 863 Tempel auf dem 600 m hohen Berg stehen. Über 3300 breite Stufen führen den anderthalbstündigen Weg hinauf, INSIDER TIPP am schönsten im ersten Morgenlicht. Sollte das zu beschwerlich sein, können Sie sich auch in einer *Doli* (Bambusstangen mit festem Tuch) tragen lassen. Utensilien aus Leder – sei es ein Uhrenarmband oder eine Fototasche – sind nicht zugelassen. Für Verpflegung sorgen in der Saison fliegende Händler. In der Abenddämmerung bleibt der heilige Hügel dann den Tempelgeistern überlassen. *Tgl. 6–18 Uhr | Fotoerlaubnis am Haupteingang erhältlich*

In der Kleinstadt Palitana am Fuß des Bergs empfehlen sich zur Übernachtung das *GTDC Hotel Sumeru (Station Road | Tel. 02848 25 23 27 | €)* mit 18 winzigen und einfachen, aber sehr sauberen Zimmern über einem Kaufhaus und als kleines Heritage-Hotel der 4 km außerhalb im Dorf Gheti/Adpur-Palitana gelegene *Vijay Vilas Palace (6 Zi. | Tel. 02848 28 23 71 | vijayvilas@nivalink.co.in | €€)*. Größere Hotels finden Sie im 50 km entfernten Bhavnagar. *217 km südlich*

### INSIDER TIPP RANI-NI-VAV

(180 C4) (*C8*)

Nördlich von Modhera liegt ein Juwel hinduistischer Steinmetzkunst. Bei den *Vavs*, auch *Baori* genannt, handelt es sich um Stufenbrunnen, die Mensch und Tier mit Schatten und Wasser versorgen sollten – für die wasserarmen Bundesstaaten Gujarat und Rajasthan typisch. Der *Rani-ni-Vav,* erbaut im 11. Jh. von Königin *(Rani)* Udaymati der Solanki-Dynastie, hat sieben Stockwerke und ist mit mehr als 800 Skulpturen verziert. *134 km nördlich*

# BIKANER

(189 D1) (*D5*) **Auch das 645 000 Einwohner zählende Bikaner hat den Schritt in die Moderne getan, und zwar schon vor mehr als 100 Jahren.**

Damals ließ Maharaja Dungar Singh das erste Elektrizitätswerk Rajasthans bauen, sein Bruder und Nachfolger Ganga Singh sorgte später für Bewässerungskanäle und Krankenhäuser.

Heute kann man bei Bikaner die einzige Kamelzuchtfarm Indiens besuchen. Die Stadt ist hervorragend geeignet als Ausgangsort für Kamelsafaris und für Exkursionen zu den *Shekawati (gemalten Städten)* im Nordosten. Bis heute ist Bikaner voller Basarzauber – und reich an *Havelis*, den mit ziseliertem Steinschmuck ausgestatteten Stadtresidenzen der wohlhabenden Kaufleute (einige können auch besucht werden). Hauptattraktion bleibt das Junagarh Fort der Maharajas.

## SEHENSWERTES

### GANGA GOVERNMENT MUSEUM

Zum 50-jährigen Regierungsjubiläum Maharaja Ganga Singhs im Jahr 1937 errichtet, präsentiert das Museum u. a. archäologische Exponate, die Gemäldesammlung des Maharajas, kostbare Waffen und bunte Folklore. *Mo–Sa 10–17 Uhr | Gandhi Park*

### JUNAGARH FORT ★

Der wohl urtümlichste der großen Rajasthanpaläste besitzt eine kunstvolle Innendekoration. Für den seit dem 15. Jh. erbauten Palast wurden Blattgold und Kristallglas, Spiegeleffekte, chinesische Tapeten und holländische Kacheln eingesetzt. Höhepunkte sind *Karan Mahal*

## LOW BUDG€T

Für weniger als 2 Euro Eintritt kommen Sie in einen der schönsten Gartenpaläste Indiens (inkl. Besichtigung des Museums). Das Juwel liegt in Deeg bei Bharatpur. *Tgl. 8–17 Uhr | Deeg Palace*

Günstige Übernachtung mit Seeblick! An Udaipurs Lake Pichola liegt das kleine Gästehaus *Panorama* gleich beim bekannten *Lake Pichola Hotel* (nach diesem fragen!). Einfache, schöne Einrichtung, freundliche Farben, gutes Dachrestaurant. Auch Kochkurse. Übernachtung ab ca. 5–10 Euro. *16 Zi. | Tel. 0294 2 43 10 27 | www.panoramaguesthouse.in*

(Audienzhalle), *Chandra Mahal* (Mondpalast) und *Anup Mahal* (Wolkenpalast) mit Gemälden und Miniaturen. Ein *Palastmuseum* erinnert an das glanzvolle Leben der Rathore-Maharajas. Gegenüber der Palastfassade: das *Prachina Museum (tgl. 9–18 Uhr | www.prachina museum.org)* mit teilweise kostbarem Hausrat der einstigen Palastbewohner. Ein kleines Café ist angeschlossen. *Mo–Sa 10–16.30 Uhr*

Blattgold und Miniaturen: Pracht im Junagarh Fort von Bikaner

## ESSEN & TRINKEN

### AMBER RESTAURANT

Das Amber Restaurant bietet seinen Gästen leckere vegetarische indische sowie kontinentale Küche. *Station Road | gegenüber dem Joshi Hotel | Tel. 0151 2 22 03 33 |* €€

## SAFARIS & TOUREN

### RAJASTHAN SAFARIS & TREKS

Kompetent geführte Kamel- und Jeeptouren durch die Wüste Thar, auch Dorfbesuche und INSIDER TIPP Wohnen bei Dorffamilien. *Im Tourist Reception Centre nach Birendra Singh Tanwar fragen oder E-Mail (birendra@realbikaner.com) schreiben.*

## ÜBERNACHTEN

### BHAIRON VILAS

Historisches Haveli-Stadthaus mit Garten am Junagarh Fort. *18 Zi. | westlich des Forts, nahe der Post | Tel. 0141 3 20 00 19 | www.hotelbhaironvilas.com |* €

### INSIDER TIPP BHANWAR NIWAS

Im Altstadt-Heritage-Haveli einer traditionsreichen Marwarifamilie. Mit Arkadenhof. *26 Zi. | Rampuria Road | Tel. 0151 2 20 10 43 | www.bhanwarniwas.com |* €€

## AUSKUNFT

### TOURIST RECEPTION CENTER

Auch Vermittlung von Privatzimmern. *Goam Atithi | RTDC Hotel Dhola Maru Campus | Puran Singh Circle | Tel. 0151 2 52 96 21 | www.realbikaner.com*

## ZIELE IN DER UMGEBUNG

### CAMEL RESEARCH FARM

(189 D1) (*🕮 D5*)

Von weltweit rund 5 Mio. Kamelen ist etwa jedes siebte in Rajasthan zu Hause. Sie können die Tiere und ihre Pfleger besuchen. *Mo–Sa 15–17 Uhr | Eintritt frei | 10 km südöstlich*

### INSIDER TIPP DESHNOK KARNI MATA

(189 D1) (*🕮 D5*)

Selbst in Indien eine Ausnahme: der Rattentempel, ein Reservat für Hunderte von Ratten, in denen angeblich Dichter und Sänger fortleben. Darum trifft man in dem mit schweren Silbertüren geschmückten Tempel oft Musikanten. Merkwürdig ist, dass die täglich mit Nahrung versorgten Ratten sich nur in Maßen vermehren. *33 km südlich*

**SHEKAWATI ★** (189 D–E1) (*D–E5*)
Ruinenromantiker, Bilderbuchliebhaber und Entdeckernaturen sind in den Nordostdistrikten der Wüste Thar richtig. Eine Rundfahrt lohnt, etwa von Mandawa über Bissau, Churu, Ratannagarh, Ramgarh und Fatehpur wieder zurück nach Mandawa. Kaum übersehbar ist in den sandüberwehten Städtchen die teils naive, teils professionelle Bildkunst aus dem 19. Jh. An Hausfassaden und in Innenhöfen sind Tänzerinnen und Götter, Dampfrösser und erste Automobile gemalt. Orientalisches Palastambiente bietet das INSIDER TIPP *Hotel Castle Mandawa (51 Zi. | Mandawa | District Jhunjhunu | Shekawati | Tel. 01592 223124 | Reservierungen auch unter Tel. 0141 2374112 | www.castlemandawa.com | €€).*

# DIU

(188 B6) (*C10*) **Sandstrände und Palmenhaine, Wellenrauschen und salzige Luft: Die kleine Insel Diu an der Südküste Gujarats ist der richtige Ort, um sich für ein paar Tage am Meer zu entspannen.**

Wie Goa war Diu (50 000 Ew., knapp 40 km² groß) bis 1961 portugiesische Kolonie. Dius Hafen war wichtig, denn von hier aus ließen sich die Seewege im Arabischen Meer kontrollieren, um die sich Osmanen, Portugiesen und muslimische Herrscher Indiens stritten. Im Jahr 1535 gelang es den Portugiesen, sich die Hoheit über Diu zu sichern. Sie blieben über 400 Jahre. Die Wiedereröffnung des 1961 bei der indischen Invasion zerstörten Flughafens hat Diu seine verträumte Atmosphäre nicht nehmen können. Während Gujarat Prohibitionsgebiet ist, kann man hinter der Grenze Dius gemütlich und legal Bier und Hochprozentiges konsumieren. Auch Gujaratis machen reichlich von dieser Möglichkeit Gebrauch.

## SEHENSWERTES

**FORT**
Bereits 1541 wurde das portugiesische Fort fertiggestellt. Auf drei Seiten von Wasser umschlossen, macht es mit seinen kanonenbesetzten Mauern einen wehrhaften Eindruck. Ein Teil des Komplexes wird als Gefängnis genutzt. *Tgl. 10–17 Uhr*

**KIRCHEN**
Von den drei Kirchen Dius dient nur noch eine ihrem ursprünglichen Zweck. *St. Paul's*, geweiht 1610, ist ein leuchtend weißes Gebäude mit kunstvoll ausgearbeiteter Fassade und schönem Altar. Die nahe gelegene *St. Thomas Church* beherbergt ein Museum mit Heiligenfiguren und Kircheninventar. Die benachbarte Kirche *St. Francis of Assisi* wurde zu einem Krankenhaus umgebaut.

## ESSEN & TRINKEN

**DEW – RAM VIJAY REFRESHING**
In dieser Eisdiele werden seit 70 Jahren selbst hergestellte Köstlichkeiten verkauft. Sehr zu empfehlen: Feigen-Walnuss-Eis. *Town Square | schräg gegenüber der Post*

## STRÄNDE

Diu hat sechs Badestrände. *Ghoghla Beach* ist das Südufer des auf dem Festland gelegenen Teils Dius. Diu-Stadt mit seinen angestrahlten Kirchen im Osten der Insel ist von dort aus in der Dämmerung ein reizvoller Anblick. *Jallandhar, Chakratirth Beach* und *Sunset Point* liegen südwestlich von Diu-Stadt, von einem Fußmarsch dorthin ist in der Hitze allerdings abzuraten. Die Perle der Buchten von Diu ist *Nagoa Beach.* Am weitesten abgelegen, am Westende der Insel: *Gomtimata Beach.* Alle Strände erreichen Sie für wenige Rupien mit Autorikschas oder Bussen. An den meisten gibt es weder Restaurants noch Imbissbuden.

## ÜBERNACHTEN

**MAGICO DO MAR**

Attraktiver Adelssitz der 1930er-Jahre. 14 Cottages; die neueren Gebäude sind weniger attraktiv. Pluspunkte: ein sehr schöner Strand, Palmen und Ausblicke zur 3 km entfernten Stadt. Vorsicht beim Baden in der Brandung! *Diu Check Post, Ahmedpur Mandvi | Tel. 02875 25 25 67 | www.magicodomar.com* | €€

**SAMRAT**

Zentrale Lage, sehr saubere, klimatisierte Zimmer. Gutes Restaurant. *30 Zi. | in der Nähe des Gemüsemarkts | Tel. 02875 25 23 54 | www.hotelsamratdiu.com* | €

**UMASHAKTI**

Mit Dachterrasse, preisgünstigem Restaurant und Bar. *15 Zi. | südlich vom Gemüsemarkt | Tel. 02875 25 21 50* | €

## AUSKUNFT

**TOURISM OFFICE**

*Diu Jetty am Kai schräg gegenüber der Post | Tel. 02875 25 26 53 | www.diutourism.co.in*

Nützlich und aktuell: *www.gujarattourism.com*

## ZIEL IN DER UMGEBUNG

**SOMNATH** (188 B6) *(C9)*

Der Tempel von Somnath ist eines der bedeutenden Shiva-Heiligtümer. Er beherbergt einen der zwölf *Jyoti Lingams*

An den Stränden von Diu entspannen auch die Einheimischen bei einem Spaziergang

(von der Natur geformte Lingams), ein Symbol der Lebenskraft. Die Lage an einer Landspitze über dem Meer ist eindrucksvoll. Der Tempel wurde immer wieder aufgebaut, wenn ihn von Norden einfallende Muslime zerstört hatten. Vor der ersten dokumentierten Plünderung 1024 durch Mahmud von Ghazni soll das Pilgerzentrum 2000 Brahmanen, 300 Musiker, 500 Tempeltänzerinnen und 300 Barbiere ernährt haben. Das jetzige Gebäude stammt aus dem Jahr 1950. Relikte der alten Tempel sind im Museum an der Tempelstraße zu sehen, vor allem herrliche Skulpturen aus dem 10. und 11. Jh. können Sie hier bewundern *(Mo, Di, Do, Fr 10–12 und 15–18 Uhr)*. Jeden Abend von 20 bis 21 Uhr Sound-and-Light-Show. *90 km östlich*

# JAIPUR

KARTE S. 77

(189 E2) *(E6)* **Als Pink City ist Jaipur (3 Mio. Ew.) bekannt, als rosafarbene Stadt. Der Palast und andere offizielle Gebäude wurden schon seit dem Gründungsjahr 1727 aus dem hier vorkommenden rötlichen Gestein errichtet.** Die übrige Altstadt erstrahlt erst seit 1883 (da kam Kronprinz Edward zu Besuch) im rosigen Glanz der traditionellen Willkommensfarbe. 1948 sollten die alten Stadtmauern und die Arkadenstraßen modernen Bauten weichen. Doch Staatspräsident Nehru stoppte persönlich den Abriss. Selbst in Gassen und schmalen Passagen ist in Jaipur Platz für Teppich- und Juwelenhändler. Abseits der touristischen Einkaufspfade liegt im Südosten der ummauerten Stadt das Viertel, in dem die Elefanten hausen. Tagtäglich tragen die Tiere in Begleitung der *mahouts* (Führer) Touristen zum Amber-Palast hinauf und wieder bergab.

CITY **WOHIN ZUERST?**

**M. I. Road:** Die Hauptschlagader Mirza Ismael (M. I.) liegt zum Nordosten hin parallel zur Pink City, zum Südwesten hin schließen sich Bahnhof, Tourist Office und Hauptpost an. Parks und Museen, Hotels, Kino und Restaurants – alle wichtigen Adressen sind von hier aus zu Fuß erreichbar. Zum berühmten Amber Palace hinaus geht es per Bus vom Hawa Mahal aus (Stadtzentrum–Amber).

Die Hauptstadt des Bundesstaats Rajasthan ist längst über ihr altes Mauergeviert hinausgewachsen, wirkt mit großzügigen Avenuen und Parks erfrischend, bietet Museen und fabelhafte Ausflugsziele. Jaipur ist außerdem berühmt für seine Palasthotels. Von Delhi aus ist die Stadt mit dem *Shatabdi-Express* in etwas mehr als vier Stunden zu erreichen.

## SEHENSWERTES

### CENTRAL MUSEUM (ALBERT HALL)

Üppige Sammlung von Juwelen, Trachten, Skulpturen, Musikinstrumenten und schönen Miniaturen. *Sa–Do 10–16.30 Uhr | Ram Niwas Garden | südlich der Altstadt*

### CITY PALACE ★

Dies ist ein echter Maharajapalast, denn die herrschaftliche Familie wohnt noch heute im siebenstöckigen Hauptgebäude *Chandra Mahal*. Auf dem 5 km² (!) großen Palastgelände in der Altstadt können Sie Audienzsäle, Tore mit Pfauendekor und Säle voll mit schönster Miniaturmalerei bewundern – auch jene beiden mannshohen, massiven Silbergefäße, die exemplarisch den einstigen Lebensstil der Rajputen dokumentieren. Gefüllt

Seide oder Baumwolle, Kleider- oder Dekostoff: In Jaipur lohnt ein Basarbummel

mit heiligem Gangeswasser führte sie Sawai Madho Singh II. auf einer Londonreise 1902 mit sich. *Palastmuseum tgl. 9.30–16.45 Uhr | Eintritt ca. 3,50 Euro*

### HAWA MAHAL

Viel bewunderte Steinschnitz-Fassadenarchitektur in rötlichem Sandstein. Der sogenannte „Palast der Winde" wurde 1799 erbaut, damit die in strenger Abgeschiedenheit lebenden Frauen des Hofs Gelegenheit hatten, das Straßenleben aus einer Vielzahl von Fenstern zu beobachten, ohne dabei selbst gesehen zu werden. Durch Seitengassen gelangen Besucher zum Hintereingang des fünfstöckigen Gebäudes (auch Skulpturenmuseum). *Sa–Do 10–16.30 Uhr*

### JANTAR MANTAR

Durch das Tripolia Gate kommt man Richtung Westen zum Freilichtobservatorium des Jai Singh (18. Jh). Was aussieht wie abstrakte Skulpturen, sind exakte Messinstrumente zur Beobachtung der Gestirne. Fragen Sie beim Tourist Office nach einem sachkundigen Führer. *Tgl. 9–16.30 Uhr*

## ESSEN & TRINKEN

### CHANAKYA

Hier sind große vegetarische *thalis* die Spezialität. *4, A. B. Kashi Bhawan | M. I. Road | Tel. 0141 3 31 94 81 | €€*

### NATRAJ

Klein und gemütlich. Serviert wird schmackhafte vegetarische Multicuisine. *M. I. Road | Tel. 0141 2 37 58 04 | €*

### NIRO'S

Indische *(tandoor)* und internationale Küche, gute Auswahl. Das helle, klimatisierte Restaurant ist fast schon elegant – und darum sehr beliebt bei indischen Geschäftsleuten und Touristen aus aller Welt. *M. I. Road | Tel. 0141 2 37 44 93 und 2 21 85 20 | www.nirosindia.com | €€€*

## EINKAUFEN

In den Basaren der Altstadt können Sie tagelang stöbern. Im *Johari Basar* bieten zahllose Juweliere ihre Kostbarkeiten an, empfehlenswert sind auch Stoffe, Kleidung und Keramik. Gewarnt wird in Jaipur vor dem Bezahlen mit Kreditkarten (Missbrauchsgefahr!).

**INSIDER TIPP** **BHURAMAL RAJMAL SURANA**

Spitzenadresse für Diamant-, Rubin- und Smaragdschmuck – der Showroom ist ein Erlebnis. *D-68, J. Pragya L. N. Marg | www.suranas.com*

**RAJASTHAN CRAFT INDUSTRIES**

Teppiche und Kunsthandwerk in großer Auswahl. *45, Haji Jumma Colony | Amber Road*

## FREIZEIT & SPORT

**THE RAJASTHAN POLO CLUB**

Selbst Prinz Charles hat mit dem Maharaja von Jaipur im ältesten Polo Club Indiens (gegr. 1918) Turniere ausgetragen. Fotos in der Polobar des Rambagh Palace zeugen davon. Neben Pferdepolo wird bei Spezialbuchung auch Elefantenpolo gespielt – einzigartig auf der Welt. Turniere finden im Januar, März und September täglich statt. ● Eintritt für ausländische Besucher frei. *Ambedkar Circle | Bhawani Singh Marg | Tel. 0141 2227375 | thejaipurpolo@gmail.com | rajasthanpoloclub.co.in*

## AM ABEND

**RAJ MANDIR** ●

Einer der größten (1500 Plätze) und beliebtesten Filmpaläste Indiens. Mit Art-déco-Ausstattung der Lobby. Hier geht bei Bollywoodschinken im Publikum die Post ab. *Bhagwan Das Road | nahe M. I. Road | www.therajmandir.com*

## ÜBERNACHTEN

**ATITHI**

Das Guest House mit Dachterrasse und vegetarischem Restaurant bietet seinen Gästen einen freundlichen Service. *22 Zi. (teils AC) | 1, Park House Scheme | Tel.*

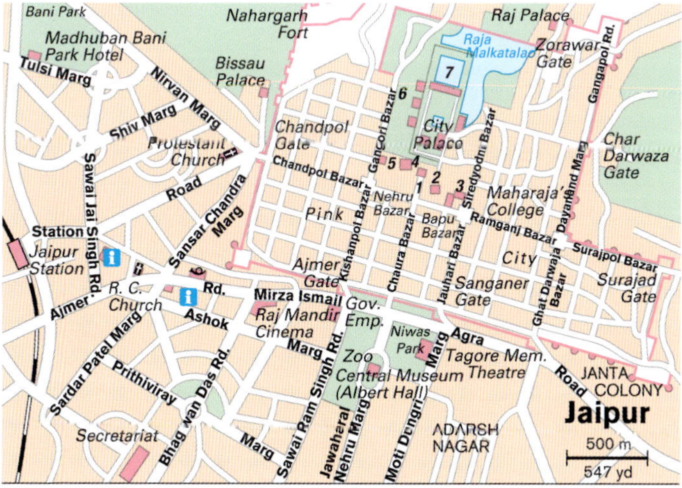


1 Tripolia Gate
2 Jantar Mantar
3 Hawa Mahal
4 Palace Museum
5 Amber Gate
6 Poor House Gate
7 Talao Katora

*0141 2 37 86 79 | atithijaipur@hotmail.com | www.atithijaipur.com | €*

**BISSAU PALACE**
Heritage-Palast in einem Garten, günstig gelegen nahe der Pink City. Bibliothek, Pool, Museum, angenehm indisch. *52 Zi. (AC) | Chandpol Gate | Tel. 0141 2 30 43 71 | www.bissaupalace.com | €€*

**MADHUBAN BANI PARK**
Gepflegtes Ambiente, Garten, sehr freundlich. Hausherr Rao Digvijay Singh Patan führt auch den Familienpalast im Aravallis-Gebirge zwischen Delhi und Jaipur als Heritage-Hotel – dieser wurde faszinierend authentisch erneuert. *23 Zi. (AC) | D-237, Bihari Marg | Tel. 0141 2 20 54 27 | www.madhuban.net | €€*

**INSIDER TIPP NARAIN NIWAS PALACE**
Verfügt über einen großen Garten und einen Pool. *37 Zi. (teils AC) | Kanota Bagh | Narain Singh Road | Tel. 0141 2 56 12 91 | www.hotelnarainniwas.com | €€*

**RAMBAGH PALACE**
Ehemaliger Sommerpalast des Maharajas. Menüs werden im goldgeschmückten Saal serviert, die *tea time* auf der Terrasse. Golf, Tennis, Pool. *79 Zi. und Suiten | Bhawani Singh Road | Tel. 0141 2 38 57 00 | www.tajhotels.com | €€€*

## AUSKUNFT

**GOV. OF INDIA TOURIST OFFICE**
*Hotel Khasa Kothi | M. I. Road | Tel. 0141 2 37 22 00 | indtourjpr-rj@nic.in*

## ZIELE IN DER UMGEBUNG

**AMBER PALACE ★**
(189 E2) (F6)
Faszinierend ist der Kontrast zwischen dem kahlen Bergrücken und der Palastarchitektur mit Marmor, Spiegeln und Säulen. Stilgerecht reitet man auf einem Elefanten zum Palast hinauf (beim Aufsteigen hilft ein Podest). Seit 1592 wurde hier gebaut und ergänzt. *Ganesh-*

Säulenarchitektur in luftiger Höhe: die Siegeshalle des Palasts von Amber

*Pol* (Tor), *Audienzhalle, Sukh Niwas* (mit raffinierter Luftstromkühlung) und *Shish-Mahal* (Spiegelpalast) sind die Hauptattraktionen. Auf dem Berggipfel steht das leere, aber trutzige *Fort Jaigarh. Tgl. 9–16.30 Uhr | 11 km nördlich*

### GALTA (189 E2) (*🕮 F6*)

Das viel besuchte Pilgerzentrum mit renovierten Tempeln und Palastbauten liegt in einem steil ansteigenden Tal mit Naturbad. Hier hat sich auch eine Kohorte von Languren angesiedelt. *11 km östlich*

### SARISKA NATIONAL PARK (189 E2) (*🕮 F6*)

Beliebtes Ziel von Wildtier-Beobachtern. Antilopen, Leoparden, sogar Tiger und zudem viele Vogelarten leben in dem 480 km² großen Park. Unterkunft: 5 km entfernt vom Busstop im *Sariska Tiger Heaven (Tel. 0144 22 48 15 | €€)* mit zehn luxuriösen Zimmern (mit AC), Restaurant, Exkursionsangebot. *110 km nördlich*

# JAISALMER

(188 B2) (*🕮 C6*) **Die Stadt bezaubert mit ihren vielen steingeschnitzten Fassaden, mit Ladengewölben wie aus Tausendundeiner Nacht und Kamelreitern, die zu Expeditionen in die Sanddünenweite animieren.**

Von Jodhpur aus fährt man 300 km durch die mit kärglichen Büschen bewachsene Halbwüste Thar. Bevor die von gelben Mauern umgebene Stadt Jaisalmer (89 000 Ew.) auftaucht, sehen Sie das mächtige Fort der einstigen Karawanenstation wie eine Zauberburg auf einem Felsen über der kahlen Umgebung thronen. Reiche Kaufleute bewohnten hier ihre Stadtpaläste *(Havelis)*, bis durch Schiffsverkehr und Eisenbahn die Waren auf anderen Wegen transportiert wurden. Seit der Teilung von Indien und Pakistan 1947 ist Jaisalmer militärstrategisch wichtig. Heute ist die Stadt außerdem das Zentrum des Wüstentourismus in Rajasthan.

## SEHENSWERTES

### FORT

75 m hoch ist der Berg in der Altstadt, auf dem der labyrinthische, siebenstöckige Palast aufragt, mit Jain- und Hindu-Tempeln – und mit bewundernswerten Steinschnitzereien. *Palast tgl. 8–13 und 15–17 Uhr*

### GARHISAR-SEE/GADI SAGAR

Der schon im 14. Jh. künstlich in der Wüste angelegte See ist umgeben von Hindu-Tempeln und Pavillons. Zum See und zu den Tempeln führt ein prächtiges Tor, das angeblich von einer Kurtisane gestiftet wurde. Die sittenstrengen Honoratioren wagten nicht, es abzureißen, weil in weiser Voraussicht ein kleiner Tempelschrein darin integriert worden war. Benachbart liegt ein privates *Folkloremuseum (tgl. 8–12 und 15–18 Uhr). Südöstlich der Stadt*

### HAVELIS ★

Vom Können der Steinschnitzer und dem Reichtum ihrer Erbauer zeugen die üppig verzierten Häuser der Kaufleute. Die größten Exemplare bilden jedes für sich mit wehrhafter Pforte, Innenhof und Brunnen eine Stadt in der Stadt. Bis ins 19. Jh. war die Bauweise der drei- oder vierstöckigen Stadthäuser in ganz Nordwestindien verbreitet – doch meist wurde als Baustoff Holz verwendet. Nur in Jaisalmer war Stein günstiger, und die architektonischen Schmuckstücke der Stadt überdauern im trockenen Wüstenklima Zeiten und Moden. Besichtigungen sind möglich im *Patwon Ki Haveli* (im Norden der Altstadt), im *Salim Singh Ki Haveli* (nahe dem Fort-Eingang) und im *Nathmalji Ki Haveli* (im Norden).

## ESSEN & TRINKEN

### NARAYAN NIWAS PALACE

Alte Karawanserei. *Malkapol | Tel. 02992 25 24 08 | www.narayanniwas.in | €€€*

### TRIO

Geboten werden Multicuisine und Livemusik. *Amar Singh Pol | Gandhi Chowk | Tel. 02992 25 27 33 | €€*

## ÜBERNACHTEN

### FORT RAJWADA

Opulenter Neubau in traditionellem Stil, mit delikaten Bufets, Bar, Pool, Ayurveda, Billard, Läden. *69 Zi. und Suiten | Jodhpur-Barmer Link Road | Tel. 02992 25 46 09 | www.fortrajwada.com | €€*

### HIMMATGARH PALACE

Mit Pool und Garten. *40 Zi. (AC) | 1, Ramgarh Road | 2,5 km außerhalb der Altstadt | Tel. 02992 25 20 02 | himmatgh@sancharnet.in | €€*

## AUSKUNFT

### TOURIST OFFICE

*Station Road | Gadi Sagar Pol | Tel. 02992 25 24 06 | www.rtdc.in*

## ZIEL IN DER UMGEBUNG

### INSIDER TIPP WÜSTE THAR

(188 A–C 1–3) (*B–D 5–6*)
Mehrtägige Kamelsafaris durch die Wüste mit Übernachtung direkt unter dem Sternenhimmel sind ein echtes Abenteuer. Zur Sicherheit sollten Sie unbedingt Trinkwasser mitnehmen, eine Kopfbedeckung sowie warme Kleidung für die Nacht. Beim ersten Ausritt kann der Passgang der Kamele übrigens gewöhnungsbedürftig sein. Achtung, wählen Sie Ihren Führer! Man sollte nicht das billigste Angebot nehmen, aber das teuerste muss auch nicht unbedingt das beste sein. Guter Rat: Leute befragen, die gerade von einer Kamelsafari zurückgekommen sind.

# JODHPUR

(188 C2) (*D6*) **Die zweitgrößte Stadt Rajasthans (1 Mio. Ew.) fasziniert mit ihren lebhaften Basaren, den mittelalterlichen Toren und einem riesigen Fort über den in traumhaftem Blau bemalten Häusern.**

Ihretwegen wird die am Rand der Wüste Thar gelegene Stadt auch *Blue City* genannt. Der Weg in die Moderne begann im 19. Jh., als Maharaja Jawant Singh westliche Errungenschaften wie ein Eisenbahnnetz bauen ließ.

## SEHENSWERTES

### MANDORE GARDENS

Bevor Jodhpur 1459 von den Rathore-Rajputen gegründet wurde, hatten diese ihre Residenz hier in Mandore. Davon ist nicht mehr viel zu sehen, aber das subtropische Parkgelände ist zauberhaft schön. Sehenswert sind auch die im 18. Jh. aus dem Fels gemeißelten Hindugötter und -helden, die restauriert wurden *(Hall of Heroes). Tgl. von Sonnenauf- bis Sonnenuntergang | 8 km nördlich der Stadt*

### MEHERANGARH FORT

Die Marwar-Herrscher besaßen den Status von Maharajas und taten alles, um den Mogulkaisern von Agra und Delhi zu trotzen. Darum bauten sie das Fort zu einer der stärksten Festungen aus. Im Inneren überraschen die Zartheit der Steinschnitzarbeiten, der marmorne Krö-

Mauerschmuck: feine Steinschnitzarbeiten am mächtigen Meherangarh Fort in Jodhpur

nungsthron mit den goldenen Elefanten, INSIDER TIPP die prächtigen Kunstsammlungen und das Samtzelt. *Tgl. 9–17 Uhr*

## ESSEN & TRINKEN

### KALINGA

Hier wird nordindische Küche geboten. *Im Ardash Niwas Hotel | Station Road | Tel. 0291 2 62 73 38* | €€

## EINKAUFEN

Wahrzeichen des *Sardarpura-Basars (östlich des Forts)* ist der auffällige Uhrturm im Zentrum. Die Spezialitäten hier sind Reithosen, Antiquitäten aus Kupfer oder Edelholz, Stoffe in Bindebatik und Gewürze. Echte Safranfäden oder scharfes Chili mit einer kräftigen Prise freundlicher Beratung bietet *Mohanlal Verhomal Spices (am Gemüsemarkt | Shop 209 B).*

## ÜBERNACHTEN

### INSIDER TIPP KARNI BHAWAN

Das Haus ist eine ruhige, mit einer geschmackvollen, indischen Einrichtung ausgestatte Unterkunft samt Pool und Gartengrill-Restaurant. Sehr freundlicher Service. *32 Zi. | Defence Lab Road | Ratanada | Tel. 0291 2 51 21 01 | www.karnihotels.com* | €€

### KHIMSAR SAND DUNE VILLAGE

Eingebettet in eine Dünenlandschaft stehen auf halbem Weg von Jodhpur nach Bikaner Rundbauten mit Strohdächern, die innen luxuriös ausgestattet sind. Abends klingt der Tag gemütlich bei einem Lagerfeuer unter dem Sternenhimmel der Wüste aus. *16 Hütten | 6 km von Fort Khimsar | Ratanada | Tel. 01585 26 23 45 | www.welcomeheritagehotels.com* | €€€

**MADHO VILAS (RAVLA BHENSWARA)**
Grünes Villengelände. Gäste erwartet eine angenehme Architektur der 1940er-Jahre. Mit Pool. *16 Zi. (teils AC) | New Airport Road | Ratanada | Tel. 0291 2 512486 | www.bhenswarahotels.com* | €€

**UMAID BHAWAN**
Ein Maharajapalast im Art-déco-Stil aus der ersten Hälfte des 20. Jhs., der inmitten weiter Rasenflächen liegt. Golf, Reiten, Billard, Hallenbad, nobles Restaurant, Palastmuseum und Health Club.

Alltägliche Szene in Jodhpur: geschäftiges Treiben von Jung und Alt

*96 Zi. und Suiten | Tel. 0291 2510101 | www.tajhotels.com* | €€€

## AUSKUNFT

**TOURIST RECEPTION CENTER**
Hier bekommen Sie auch beispielhaft ergiebige Listen mit Paying-Guest-Angeboten (Privatzimmer). *High Court Road | beim Ghoomar Hotel | Tel. 0291 2545083*

# MOUNT ABU

(188 C4) (D7) **Auf Serpentinenstraßen kurvt der Wagen durch eine großartige Felslandschaft zu Rajasthans einziger Bergstation hinauf, dem rund 1200 m hoch in den Aravalli-Bergen gelegenen Mount Abu (23000 Ew.).**
Jeden Sommer suchen hier viele Inder Zuflucht vor der Hitze der Ebene. Sie rudern auf dem Nakki-See, feiern Hochzeit und genießen den Ausblick.

## SEHENSWERTES

**INSIDER TIPP DILWARA-TEMPEL DER JAINS**
Die offenen Tempelhallen sind wahre Wunderwerke der Marmorbildhauerei (11.–18. Jh., Hauptbauzeit 13. Jh.). Dargestellt sind Hunderte von Jain-Heiligen und Tänzerinnen. Dazu begeistert ornamentaler Schmuck in einer verschwenderischen Fülle. Dennoch ist diese nicht

überbordend: Die Kunst der Jains vereint die Variantenvielfalt in einem Kosmos von rationaler Schönheit. Fotografieren ist verboten, auch Ledersachen sind nicht gestattet. *5 km vom Zentrum der Stadt*

## ESSEN & TRINKEN

### JAIPUR HOUSE

Gute Küche, prächtiger Ausblick von der Terrasse über See und Gebirge. *Nakki Lake | Tel. 02974 23 51 76 | €€*

## ÜBERNACHTEN

### PALACE HOTEL

Heritage-Hotel im einstigen Sommerpalast des Maharajas von Bikaner, der inmitten eines großen Parks steht. Gründlich renoviert, angenehmes Restaurant. Auch Tennis und Billard. *33 Zi. | Dilwara Road | Tel. 02974 23 86 73 | www.palacehotelbikanerhouse.com | €€€*

### SHIKHAR HOTEL RTDC

Gute Hügellage. Besonders empfehlenswert sind die Cottages. *82 Zi. | östlich der Tourist Reception | Tel. 02974 23 89 44 | www.rajasthantourism.gov.in | €*

## AUSKUNFT

### RTDC TOURIST RECEPTION CENTRE

Vermittlung von Tempelführungen. *Gegenüber der Bushaltestelle | Tel. 02974 23 51 51*

# PUSHKAR

(189 D2) (*D–E6*) **Ein von einem Brahma-Tempel bekrönter Hügel, dazu ein See, der seit Urzeiten als heilig gilt, an seinen Ufern Treppen für die Betenden, rundum eine weiße Stadt, und das alles umgeben von steinigem Wüstenboden.**

Hier soll Brahma auf der Suche nach einem Opferplatz eine Lotusblüte fallen lassen haben. Pushkar (21 000 Ew.) zieht viele Menschen an; Ladengedränge und Profitgier nehmen leider immer mehr überhand. Zum bunten Kamelmarkt *Kartik Purnima* beim ersten Vollmond im November ist alles ausgebucht, auch die Zeltstädte für Pilger und die Zelte im Maharaja-Stil für verwöhnte Besucher.

## ESSEN & TRINKEN/ ÜBERNACHTEN

### JAGAT SINGH PALACE HOTEL

Am Ortsrand im traditionellen Stil neu erbautes Hotel, mit dekorativer Restauranthalle. *36 Zi. | Tel. 0145 2 77 29 53 | www.hotelpushkarpalace.com | €–€€*

### NEW PARK

Ruhig und gepflegt, am grünen Stadtrand. Mit Balkons, Pool, Dachrestaurant, Rosengarten. INSIDER TIPP Blick auf die Snake Mountains. Preisünstig! *32 Zi. und Suiten | Panchkund Road | Tel. 0145 2 77 24 64 | www.newparkpushkar.com | €–€€*

## AUSKUNFT

### TOURIST INFORMATION CENTER

*Beim RTDC Hotel Sarovar, südöstl. am See*

# UDAIPUR

(189 D4) (*D7*) **Die einstige Hauptstadt des Landes Mewar ist eine der schönsten Städte Indiens. 577 m über dem Meer liegt sie zwischen bewaldeten Hügeln der Aravalli-Berge an den Ufern mehrerer Seen.**

Paläste spiegeln sich im Wasser, das Klima ist milder als in den Wüstengebieten Rajasthans. Udaipur (450 000 Ew.) wurde im 16. Jh. von einem Herrscher der gefeierten Sisodia-Dynastie gegründet. Seit dem tragisch-heldenhaften Ende von Chittorgarh im Kampf gegen die Moguln ist Udaipur Hauptort der Mewar-Region und damit Residenz der Sisodia-Dynastie. Wie auch in Jaipur wurden im 20. Jh. viele Paläste in Hotels umgewandelt.

## SEHENSWERTES

### INSIDER TIPP BHARATIYA LOK KALA MANDAL

Interessantes und schönes Volkskundemuseum mit Dokumentationen der *tribals*. Dazu gibt es regelmäßig Tanz- und Puppenspielaufführungen: Täglich um 18 Uhr lädt das Museum zu Rajasthan-Musik, Puppentheater und Tanz ein (1 Std.). *Tgl. 9–18 Uhr | nördlich des Chetak Circle*

### STADTPALAST

Vier Jahrhunderte lang wurde am größten Palast Rajasthans gebaut. Noch heute bewohnt die Sisodia-Familie einen Teil des riesigen Stadtpalasts. Ein anderer Teil wurde zum luxuriösen *Shivniwas Hotel* mit elegantem Restaurant. Zudem beherbergt der Bau ein weitläufiges *Museum (tgl. 9.30–16.30 Uhr)* sowie die *Crystal Gallery (tgl. 9–19 Uhr):* Die größte Sammlung von Kristallgegenständen der Welt – inklusive eines Betts – geht auf eine Großbestellung eines Maharanas in England zurück.

## ESSEN & TRINKEN

Außer in den besseren Hotels finden Sie um den *Chetak Circle* in der Neustadt mehrere Restaurants mit Multicuisine: *Berry's*, *Chetak* und *Kwality (alle €)*.

## ÜBERNACHTEN

### JAGAT NIWAS

Maharaja-Ambiente zu einem bezahlbaren Preis, sehr freundlicher Service. *21 Zi. | 24–25, Lalghat | Tel. 0294 2422860 | www.jagatniwaspalace.com | €*

### LAKE PALACE HOTEL

Eines der weltberühmten indischen Hotels: Wie ein weißes Schiff wirkt der Inselpalast, der 1746 vom Maharana Jagat Singh II. als Sommerresidenz erbaut wurde. Fürstliche Atmosphäre und Einrichtung. *81 Zi. | Tel. 0294 2528800 | www.tajhotels.com | €€€*

### THE TIGER

Im Stil eines Boutique-Hotels individuell eingerichtete Zimmer inmitten der Altstadt. Dachterrasse mit fabelhaftem Ausblick. *19 Zi. | 33, Gangaur Ghat | nahe Bagore ki Haveli | Tel. 0294 2420430 | www.hotelthetiger.com | €€*

## AUSKUNFT

### TOURIST RECEPTION CENTRE

*Fateh Memorial Building, beim Suraj Pol | Tel. 0294 2411535*

## ZIELE IN DER UMGEBUNG

### CHITTORGARH (189 D3) (*E7*)

Hoch über steilen Felsen zeugen die Ruinen der im 16. Jh. aufgegebenen Stadt vom einstigen Ruhm der Mewar-Bevölkerung. Viele Männer und Frauen zogen es bei drei Eroberungen durch die Muslime vor, kollektiv Selbstmord zu verüben, statt sich gefangen zu geben. Ein 37 m hoher Siegesturm ist mit Reliefs und Skulpturen erhalten geblieben. Eine gute Unterkunft ist das *Hotel Padmini (120 Zi. | Tel. 01472 241718 | www.hotelpadmini.in | €€)*. *112 km nordöstlich*

Bootsfahrten und Lagerfeuer im Vindhya-Gebirge bieten die Eigner des einfachen Heritage-Hotels *Bassi Fort Palace* 24 km nordöstlich von Chittorgarh an. Kinder können darüber hinaus ein Dorf der

Ein Meisterwerk indischer Steinschnitzkunst: die weißen Jain-Tempel von Ranakpur

Bil besuchen. Diese Ureinwohner leben noch heute ohne Elektrizität – für die Kleinen sicher ein Erlebnis *(Infos: Tel. 01472 22 53 21 | www.bassifortpalace.com)*.

**KARNI FORT BAMBORA** (189 D4) (*D7*)
Das authentische Dorf mit 250 Jahre alter Burg in schöner Hügellage ist fernab von jeder Hektik. Reit- und Jeepexkursionen bietet das luxuriös restaurierte *Karni Fort Bambora (32 Zi. mit AC und Suiten | Tel. 0291 2 51 21 01 oder Karni-Fort 99 83 33 61 57 | www.karnihotels.com | €€–€€€)* mit Pool. *40 km südöstlich*

**KUMBHALGARH** (189 D3) (*D7*)
Großartige Landschaften im Umkreis und phantastische Felsbildungen erwarten Sie in der restaurierten Bergfestung Kumbhalgarh Fort nahe Chittorgarh. Der Mewar-Fürst Rana Kumbha ließ sie im 15. Jh. errichten. Sieben Tore sind auf dem Weg hinauf zu farbigen Marmorböden, Elefantenfriesen und weiten Ausblicken zu durchsteigen. Auch die 36 km lange Mauer steht heute noch. *80 km östlich*

**RANAKPUR** (189 D3) (*D7*)
Die weißen Jain-Tempel von Ranakpur *(tgl. 12–17 Uhr)* stammen aus dem 15. Jh. und zählen zu den Höhepunkten indischer Architektur und Steinschnitzkunst. Mit ihren Hunderten von Säulen sowie den Galerien der Jain-Heiligen sind sie nur mit den Dilwara-Tempeln von Mount Abu vergleichbar. Das wenige Kilometer entfernte Bungalowhotel *Maharani Bagh Orchard Retreat (16 Zi. mit AC | Ranakpur | Sadri | Reservierung bei WelcomHeritage Delhi Tel. 011 46 03 55 00 | www.welcomheritagehotels.com | €€)* gilt unter Naturfreunden als eine der besten Adressen Nordindiens. *70 km nördlich*

# MUMBAI UND DIE MITTE

**Bombay heißt seit 1995/96 offiziell Mumbai und besinnt sich damit wieder auf die eigene Tradition statt der von den Kolonialherren eingeführten Namen. Die Hauptstadt des Bundesstaats Maharashtra sorgt bei der ersten Ankunft regelmäßig für einen Kulturschock.**
Das Manhattan Indiens hat durch die Hochhäuser von Banken und Industriefirmen eine amerikanisch anmutende Skyline bekommen. Zu ebener Erde zeigt die Megastadt am Arabischen Meer auf Märkten und Plätzen, in Filmstudios (deshalb Bollywood) sowie in Nobelhotels, in der Architektur sowie in den Kochtöpfen eine faszinierende Mischung von westlicher und orientalischer Lebensart.
Maharashtra ist fast so groß wie Deutschland. Während das schmale, fruchtbare Küstenland der Konkan Coast gerade vom internationalen Tourismus entdeckt wird, ist das Hochland ein Herzstück indischer Kultur. In den Höhlentempeln von Aurangabad, Ellora und Ajanta wird das künstlerische Erbe des Buddhismus und frühen Hinduismus sichtbar. Noch im 17. Jh. erhob sich in Maharashtra der Hindu-Widerstand gegen die muslimischen Moguln. Noch viel älter ist die Geschichte der rund 350 Burgen. Und im 20. Jh. zog dann Bhagwan Shree Rajneesh (Osho) Anhänger aus aller Welt in seinen Ashram nach Pune (Poona).
Andhra Pradesh wiederum ist reich an kostbaren Tempelstätten und wichtigen Zeugnissen des frühen Buddhismus, z. B. in Warangal, Amaravath, Nagarjunakonda und Tirupati. Der Bundesstaat hat


Bild: Mumbai, Stadtzentrum von Kemps Corner aus

## Das Manhattan Indiens, Bollywood und jahrtausendealte Tempelarchitektur: Die Mitte Indiens verbindet Antike mit Moderne

auch Naturschönheiten zu bieten: lange, vom Tourismus unberührte Strände, Berge und Höhlen. Die Hauptstadt Hyderabad mit dem imposanten Golconda Fort ist das Hauptreiseziel der Region.

# AURANGA-BAD

(195 D2) (🕮 E10) **Die weiträumige Stadt (1,2 Mio. Ew.) wurde 1610 gegründet. Der Mogulkaiser Aurangzeb erhob sie 1653 zu seiner Hauptstadt.**

Aus seiner Zeit sind einige Baudenkmäler und sein Grab erhalten. Von der modernen Industrie- und Universitätsstadt aus erreichen Sie die berühmten Tempelstätten Ajanta und Ellora in Tagesausflügen.

## SEHENSWERTES

### AURANGABAD-HÖHLEN ★

Inmitten der Tafelberge nördlich von Aurangabad sind zwölf Kulthöhlen mit monumentalen Skulpturen und Reliefs erhalten, einige aus dem 2. und 3., meist aus dem 7. Jh. Die Höhlen sind in drei Gruppen angeordnet, die zweite und berühmteste liegt ca. 500 m östlich von der ersten. Die Tänzerinnen- und Musikantenszene (Höhle 7) und Buddhas Eingehen ins absolute Sein (Höhle 9) sind die hervorragendsten Darstellungen. Der Ausblick über Stadt und Landschaft belohnt für die Auffahrt über Schlaglochstraßen. *Von Sonnenauf- bis Sonnenuntergang | 7 km nördlich*

Mühevoll aus dem Fels gemeißelt: die Tempel und Klöster von Ellora

### BIBI-KA-MAQBARA

Mogulkaiser Aurangzeb wollte imposanter bauen als sein Vater Shah Jahan, der das Taj Mahal errichten ließ – und dabei weniger Geld ausgeben. Das Mausoleum seiner Gemahlin Rabia-ud-Daurani ist ein gutes Beispiel der Mogularchitektur im Dekkan-Hochland.

### INSIDER TIPP PAN CHAKKI

Am Khan River liegt das Grab des von Aurangzeb verehrten Sufi-Heiligen Shah Muzafir, daneben die wassergetriebene Getreidemühle (Pan Chakki, von 1696). Der idyllische Platz ist von technik- und sozialgeschichtlicher Bedeutung: Mit dem gemahlenen Mehl verköstigte man seit dem 17. Jh. die Pilgerströme, das Wasser zum Antrieb der Mühlsteine wurde mit Ingenieurskunst kilometerweit hergeleitet.

## ESSEN & TRINKEN

Am besten sind die Hotelrestaurants.

### FOOD LOVERS

Stil- und stimmungsvolles Gartenrestaurant mit Kerzenbeleuchtung am Abend, auch Punjab- und Chinaküche. *Station Road East* | €€

## ÜBERNACHTEN

### AMBASSADOR AJANTA
Komforthotel mit schönem Garten. Gutes Restaurant, Pool und Tennis. 4 km außerhalb des Zentrums. *96 Zi. | Jalna Road Chikalthana | Tel. 0240 2 48 52 11 | www.ambassadorindia.com | €€*

### TAJ RESIDENCY
Luxusherberge in modernem Palaststil mit Pool und gepflegten Gärten. *40 Zi. und Suiten | 8-N-12, Cidco | Tel. 0240 6 61 37 37 | www.vivantabytaj.com | €€€*

## ZIELE IN DER UMGEBUNG

### AJANTA (195 E1) (*E10*)
Das hufeisenförmige Felsrund über der tiefen Schlucht des Waghora-Flusses wählten buddhistische Mönche im 2. Jh. v. Chr. für eine Klosteranlage, die im Lauf von tausend Jahren in immer neue Höhlen in die Vulkanfelswand gemeißelt wurde. Erst vor ca. 200 Jahren wurden sie wiederentdeckt. Wegen ihrer überragenden Skulpturen und noch immer farbstarken Wandgemälde, die Buddha-Legenden und das höfische Leben der Gupta-Dynastie darstellen, wurden die 29 Höhlen 1983 zum Welterbe erklärt. Beachten Sie besonders die Skulpturen in den Höhlen 1, 4, 17, 19, 26 und die Gemälde in 1, 2, 16, 17, 19. Helfer leuchten in den Höhlen mit Taschenlampen oder reflektierenden Spiegeln. *Di–So 9–17.30 Uhr | Eintritt ca. 5 Euro, manche Höhlen kostenlos | rund 100 km nordöstlich*

### DAULATABAD (195 D2) (*E10*)
Unter den indischen Forts des Mittelalters und der frühen Neuzeit ist die um 1340 erbaute Burg von Daulatabad (Stadt des Glücks) eine der unheimlichsten: Sie steckt voller tückischer Überraschungen für jeden Gegner, von eisernen Dornen über vergiftetes Wasser bis hin zu den dunklen, verwinkelten Stollen auf dem Weg zur Oberburg. Von dort aus genießen die Besucher einen herrlichen Ausblick. *Tgl. 6–18 Uhr | 14 km nordwestlich*

### ELLORA ★ (195 D2) (*E10*)
Bauen in umgekehrter Richtung: nicht Steine aufeinandertürmen, sondern einen mächtigen Felsen von oben angehen und alles mühevoll wegmeißeln, was bei einem Gebäude überflüssig ist, sodass vom Felsen nur Außenwände, Treppe, Dach usw. stehen bleiben. Auf diese Weise schufen die Mönche den *Kailash-Tempel* mit kunstvollen Skulpturen, der als der mächtigste Monolithbau (aus einem

## MARCO POLO HIGHLIGHTS

**★ Aurangabad-Höhlen**
Kulthöhlen abseits vom Tourismusbetrieb → S. 87

**★ Ellora**
Der Kailash-Tempel wurde als Monolith aus dem Felsen herausgemeißelt → S. 89

**★ Golconda Fort**
Gigantische Mauern und ein Wunder der Akustik → S. 92

**★ Crawford Market**
Offiziell Mahatma Jyotiba Phule Market: die „Hallen" von Mumbai → S. 94

**★ Taj Mahal Palace & Tower**
Eines der besten Hotels der Welt → S. 97

**★ Elephanta**
Tropisch grüne Insel mit Höhlentempeln → S. 98

Stein gemacht) der Welt gilt. Der Kailash-Tempel – der Berg Kailash ist der Sitz des Gottes im fernen Himalaya – besteht aus dem Schrein für Nandi, den Bullen Shivas, sowie dem Haupttempel für das Lingam, das Shiva-Symbol. Lohnend sind außerdem die *Buddhistischen Höhlen* Nr. 1–12, die *Hindu-Höhlen* Nr. 13–29 und die *Jain-Höhlen* Nr. 30–34. Beste Reisezeit ist von Oktober bis März, INSIDER TIPP beste Tageszeit wegen des Lichts der Nachmittag. *Mi–Mo 9–17.30 Uhr | Eintritt Höhlen inkl. Kailash-Tempel ca. 4 Euro | 30 km nordwestlich*

# GANPATIPULE

(194 C4) (*🕮 D12*) **Wenn Sie unter den zahlreichen Stränden im Süden der über 700 km langen Maharashtra-Küste wählen müssen, spricht vieles für Ganpatipule, den uralten Pilgerort (2000 Ew.) am breiten weißen Strand.**

Er liegt noch dörflich im Palmengrün. Pilger strömen zum Tempel für den „selbst geschaffenen" Ganesh, einen Stein, der von Natur aus ein wenig wie der elefantenköpfige Gott des Reichtums und des Glücks aussieht.

Eine schöne Unterkunft finden Sie im INSIDER TIPP *MTDC Resort Ganpatipule (Ganpatipule | District Ratnagiri | Tel. 02357 23 52 48 | www.maharashtratourism.gov.in | €)*. Am und über dem Strand wurden hier musterhaft 96 Zimmer und Suiten neu erbaut (teils AC, auch Zelte). Im Resort erhalten Sie auch Auskunft über die Region und können im rustikalen Restaurant speisen.

Im Umkreis lohnen Exkursionen, z. B. zur imposanten Küstenfestung *Jaigarh (35 km nördlich)*, die hinter einer 8 m hohen Ummauerung die Jahrhunderte überdauert. Noch weiter nördlich an der N 17 werden im Städtchen *Chiplun (rund 100 km entfernt)* Bootsfahrten auf dem Vashisti-Fluss angeboten; benachbart sind ein Tempeltal und das komfortable *Riverview Resort (37 Zi. | Village Dhamandivi | Tel. 02355 25 90 81 | www.chiplunhotels.com | €€)* in schöner Hügellage mit Garten, Tennis, Pool.

# HYDERABAD

(196 A3) (*🕮 G12*) **Neben Bangalore und Mumbai drängt Hyderabad als dritte Computer- und Softwarestadt nach vorn.**

Der ultramoderne Stadtteil *Hitec-City* wächst und wächst. Im Zentrum der 7-Mio.-Stadt südlich vom Hussainsagar, dem weiten Stadtsee mit der Buddhastatue, erinnern Paläste und Verwaltungsgebäude im viktorianisch-indischen Stil an die britische Zeit. Hyderabad wurde aber bereits 1590 vom Nawab Muhammed Quli gegründet. Wegen des immensen Reichtums ihrer Herrscher bekam der Name der Stadt für viele einen märchenhaften Klang. Heute ist Hyderabad eine Metropole voller Kontraste: Zwischen orientalischen Moscheen, kostbaren Grabstätten und bunten Basaren wurde ein Multiplex-Film- und Shoppingpalast errichtet, sogar eine INSIDER TIPP Snow World mit alpinem Frostklima *(www.snowworldindia.net)*. Dergleichen hat nicht einmal die Megastadt Mumbai zu bieten. Mitten in die Landschaft hat ein Kino-Tycoon die *Ramoji Film City (Besuche: Tel. 040 32 57 76 54 | www.ramojifilmcity.com)* gebaut.

## SEHENSWERTES

### BASAR UND CHARMINAR

Schmale Ladenstraßen locken mit hervorragender Handwerkskunst: Eingelegte Silberarbeiten *(Bidri)*, Seidengewebe und Perlenschmuck gibt es. Mittendrin steht das *Charminar*, das viertürmige Tor, mit Erkern, Verzierungen und einer Moschee im zweiten Stockwerk, errichtet 1591.

### BIRLA MANDIR

1976 erbauter, von der Industriellenfamilie Birla gestifteter Vishnu-Tempel. 2000 t weißer Marmor aus Rajasthan sollen hier verbaut worden sein. Guter Ausblick auf Stadt und See!

### BUDDHA PURNIMA

Die monolithische Buddhastatue steht seit 1992 im Huseein-See. Sie ist eine der weltweit größten Skulpturen (17,5 m hoch) und am besten vom Boot oder vom Lumbini-Park aus zu betrachten.

### SALAR JUNG MUSEUM

Kunstgegenstände aus aller Welt und Erinnerungen an die Moguln: Salar Jung III., ehemals Premierminister des Nizam von Hyderabad, sammelte bis zu seinem Tod 1949 Ausgefallenes. Was davon mehr Kitsch als Kunst ist, bleibt dem Betrachter überlassen. *Sa–Do 10–17 Uhr | 100 m östlich vom Südende der Musi River Bridge*

## ESSEN & TRINKEN

### PALACE HEIGHTS

Eins der besten Restaurants der Stadt – und mit bestem Ausblick. Weinkarte! *Triveni Building, 8. Stock, Abids | Tel. 040 24 75 44 83* | €€

### PRASAD – FOOD COURTS

Ob stilvolles Dinner oder Fast Food – im supermodernen Center mit Multiplex- und Imax-Kino wird jedem etwas geboten. *Off NTR Gardens | Tel. 040 23 44 88 88 | www.prasadz.com* | €–€€

## ÜBERNACHTEN

### THE CENTRAL COURT

Guter Service und Hyderabadi-Küche auch nach europäischem Geschmack (vegetarisches Sheek Kebab aus dem Lehmofen). *77 Zi. | Lakdi-ka-pul | Tel. 040 23 23 23 23 | www.thecentralcourt.com* | €€

### THE TAJ KRISHNA

Inmitten von Rasenflächen und Felslandschaft. Gourmetküche, Pool, Tennisplatz.

Die Basarstraßen von Hyderabad sind ein wuseliges Einkaufsparadies

*261 Zi. | Road No. 1 | Banjara Hills | Tel. 040 66 66 23 23 | www.tajhotels.com | €€€*

## AUSKUNFT

**GOV. OF INDIA TOURIST OFFICE**
*Sandozi Building | Street No. 1 | Himayatnagar | Tel. 040 7 63 00 37*

## ZIEL IN DER UMGEBUNG

**GOLCONDA FORT ★**
(196 A3) (*⊡ G12*)
Das trutzige, dreifach mit riesigen Befestigungen ummauerte Fort auf einem 150 m hohen Granitberg war eines der stärksten Indiens. Die äußerste Mauer am Fuß des Hügels läuft 11 km rundum. Zu seiner heutigen Größe wurde die Festung im 16. Jh. von Sultan Quli Qutb Shah ausgebaut, als Mittelpunkt eines unabhängigen Fürstentums. Schon 1590 verlegte sein Nachfolger die Residenz ins neu gegründete Hyderabad. Erstaunlich ist die Akustik: Ein Händeklatschen am Balahisar-Tor ist noch weit oben in der Durbar-Halle zu hören. INSIDER TIPP Hochdramatische Sound-and-Light-Show *(Nov.–Feb. Di–So 18.30 Uhr, März–Okt. Di–So 19 Uhr, Mi und So auf Englisch | Dauer 1 Std.). 13 km westlich*

# MUMBAI (BOMBAY)

**KARTE IM HINTEREN UMSCHLAG**
(194 C2) (*⊡ D11*) **In Mumbai lernen Sie das pulsierende, schrille Leben einer indischen Megastadt kennen. Nirgends sind Indiens Kontraste intensiver als hier.** Die Slums zählen zu den schlimmsten im Land, aber am *Malabar Hill* gibt es angeblich mehr Millionäre als in Manhattan. Wie eine Kinokulisse umgibt einen die Hinterlassenschaft der Briten: Bahnhöfe, Museen und Postämter in einem viktorianisch-neogotisch-indosarazenischen Stilmix. Um Tempel, Moscheen und Märkte dröhnt der Verkehr, die Stadt droht mehr und mehr, in Abgasschwaden zu ersticken. Mumbai ist Indiens wirtschaftliches Zentrum. Fast die Hälfte aller im Land eingenommenen Steuern sollen hier gezahlt werden. Aber bisher ist noch jede Stadtverwaltung mit ihren Versuchen gescheitert, Massenelend und Wohnungsmangel, Prostitution und Kriminalität wirksam einzudämmen. 13 Mio. Menschen leben offiziell in der bevölkerungsreichsten Stadt Indiens. Weitere 3 Mio. pendeln aus den Vororten. So durchzieht zweimal täglich eine „Völkerwanderung" die beiden großen Bahnhöfe im Herzen der Stadt: Victoria Terminus und ● Churchgate Station. Früher wohnten auf den Inseln *Kolis*, Fischer, die sich als Hilfsarbeiter verdingen mussten und dann *Kulis* genannt wurden.

1534 überließen Muslimfürsten die Insel Salsette und sieben weitere unbedeutende sumpfig-salzige Inseln den Portugiesen. Diese nannten ihre neue Besitzung *Bom Bahia*, „schöne Bucht", in zufälligem Gleichklang mit der Hindu-Göttin Mum-

**CITY WOHIN ZUERST?**
**Gateway of India:** Das Gateway of India in Colaba war lange Zeit für Indien-Besucher der erste Anblick. Von hier aus geht es zu Fuß zum Prince of Wales Museum und zu anderen Reminiszensen an koloniale Zeiten. Weitere Strecken, etwa zum Malabar Hill oder Chowpatty Beach, bewältigt man per Bus (z. B. Linie 103 vom Colaba Depot zum Kamla Nehru Park) oder im schwarz-gelben Taxi.

Herrschaftliches Gebäude, gekrönt von einer weißen Kuppel: das Prince of Wales Museum

ba, die auf einer Insel verehrt wurde – daher der jetzt neu-uralte Name Mumbai. 1661 wurde Bombay britisch. Seither wurden die Inseln durch Landaufschüttungen zu einer großen Halbinsel verbunden und noch heute ringt man dem Meer Land ab. Kaufleute und Händler aus vielen Teilen Indiens sowie Anhänger verschiedener Religionen – Parsen, Jains, Muslime, Sikhs – siedelten sich mit den Hindus in der neuen Niederlassung an, die König Charles II. an die *East India Company* verpachtet hatte. Handel und Industrie boomten nach dem Bau der ersten Eisenbahn 1853. Als der Suezkanal den Seeweg nach Indien stark verkürzte, stieg Bombay in der zweiten Hälfte des 19. Jhs. zum führenden Seehafen Britisch-Indiens auf.

## SEHENSWERTES

### INSIDER TIPP BANGANGA TANK

Das große, von Stufen gesäumte Wasserbecken ist ein wunderbarer Ort, um etwas Ruhe zu finden. Rama soll hier einst fast verdurstet zu Boden gesunken sein. Der Legende nach sprudelte rettendes Ganges-Wasser *(ganga)* aus der Stelle, in die sein Bruder Lakshman einen Pfeil *(baan)* schoss – das Banganga-Becken entstand. Erbaut wurde die Anlage ursprünglich im 12. Jh., dann nach der Zerstörung durch die Portugiesen 1715 wiederhergestellt. Viele kleine Tempel säumen das Ufer, die Westseite krönt der Walkeshwar-Tempel. *Auf der Landzunge südlich von Malabar Hill*

### CHHATRAPATI SHIVAJI MAHARAJ VASTU SANGRAHALAYA (PRINCE OF WALES MUSEUM)

In dem imposanten, spätkolonialen Bau wird indische Kunst aus allen vergangenen Epochen bewahrt – eines der am besten bestückten Museen in ganz Indien. *Di–Sa 10.15–18 Uhr | 159/61, MG Road | www.csmvs.in*

### CHOWPATTY BEACH

Der Strand am Halbbogen des Marine Drive ist kein Badeplatz, sondern das

Erholungs- und Festgelände für Tausende. Hier fahren Kutschen und es gibt fliegende Händler, Jongleure, Masseure sowie viel frequentierte Imbissstände. Besonders abends ein interessanter Ort zum Spazierengehen (auf Taschen aufpassen!).

### DR. BHAU DAJI LAD MUSEUM (VICTORIA AND ALBERT MUSEUM)

Der prächtige Bau aus dem 19. Jh. birgt eine Sammlung zur Stadtgeschichte: Alte Pläne und Bilder zeigen, wie Bombay sich im Lauf der Jahrhunderte wandelte und durch Aufschüttungen im Meer wuchs.

Crawford Market: Der „Bauch von Bombay" ist gefüllt mit Obst, Gemüse und Gewürzen

Der steinerne Elefant, der Namensgeber der der Stadt vorgelagerten Insel war, hat vor dem Museum seine neue Heimat. *Do–Di 10–17.30 Uhr | 91A, Dr. Bahasaheb Ambedhar Road | bei den Victoria Gardens | Tel. 022 23 73 12 34 | www.bdlmuseum.org*

### CRAWFORD MARKET ★

Offiziell heißen die Markthallen in Süd-Mumbai Mahatma Jyotiba Phule Market, aber der neue Name ist oft nicht bekannt. Der „Bauch von Bombay", 1871 erbaut, füllt sich täglich aufs Neue mit Obst, Gemüse, Gewürzen sowie lebenden und frisch geschlachteten Tieren. Die Mischung aus kolonialer Architektur und indischem Basar ist einzigartig. Hier können Sie die Gerüche und Farben des Orients erleben. Sollten Sie in der Erntezeit zwischen April und Juni in der Stadt sein: Probieren Sie die Alphonso-Mangos! Von einem der hiesigen Stände sollen die Früchte zur Krönung der Queen 1953 geliefert worden sein. *Carnac Road/D. Naoroji Road*

### FILMCITY MUMBAI

Über 900 Kinofilme werden jährlich in Indien gedreht, ein Großteil davon in der Filmcity von Mumbai, die sich in einem Vorort in der Nähe des Sanjay-Gandhi-Nationalparks befindet. Auf dem ca. 140 ha großen Gelände liegen über 40 Outdoor-Drehplätze und 20 Studios. Verschiedene Veranstalter bieten Touren an (ab 90 US$). *Auskunft: Gov. of India Tourist Office Mumbai | www.filmcitymumbai.org*

### GATEWAY OF INDIA

Dieses 24 m hohe Tor im britisch-indischen Baustil am Ufer des alten Hafens ist ein Symbol der Begrüßung – aus der Perspektive der Kolonialmacht, als Westler noch mit dem Schiff ankamen. 1926 erbaut, sollte das Tor an den Besuch (1911) des britischen Königs George V. erinnern, der sich zum Kaiser von Indien krönen ließ. Zum politischen Ausgleich für das historische Bewusstsein der Inder dienen die Denkmale des Marathen-Volkshelden Shivaji und des Hindu-Reformers Swami Vivekananda auf der umliegenden Grünfläche. Vom Gateway legen die Ausflugsschiffe zur Insel Elephanta ab.

### HANGING GARDENS

Jenseits des Chowpatty Beach, in der Wohngegend von Mumbais Oberklasse, dem *Malabar Hill,* erstrecken sich die Hängenden Gärten. Sie sind ein Kunstwerk der Landschaftsplaner – mit Büschen in Form von Affen, Elefanten und Giraffen. Unter den Gärten, die eine schöne Aussicht auf den Marine Drive und Erholung abseits des Straßenlärms bieten, liegen großräumige Wasserspeicher.
Zu den benachbarten *Towers of Silence,* wo die Parsen, eine der kleinsten, aber einflussreichsten Religionsgemeinschaften Mumbais, ihre Toten aussetzen, darf man nicht vordringen. Die im 7. Jh. aus Persien eingewanderten Parsen beerdigen oder verbrennen ihre Toten nicht.

### JEHANGIR ART GALLERY

In vier Räumen stellen moderne Künstler ihre Werke aus, was einer Ehrung gleichkommt: Keine andere Galerie für zeitgenössische Kunst in Mumbai blickt auf eine längere Tradition zurück. Mancher Besucher findet hier ein außergewöhnliches Indiensouvenir, denn die Exponate stehen oft zum Verkauf. *Tgl. 11–19 Uhr | Eintritt frei | MG Road | Fort Mumbai*

### KOLONIALBAUTEN

Anmutig ist der *Flora-Brunnen* von 1869 an der Mahatma Gandhi Road (MG Road) inmitten des tosenden Verkehrs. Am Rand des *Oval Maidan* (Grünfläche) stehen die Bauten aus den 1860er- und 1870er-Jahren im Stil englischer Neugotik mit indischen Zugaben. Damals hatten sie ihren Platz direkt am Ufer des Arabischen Meers, das Gelände westlich davon wurde später aufgeschüttet. Der *Rajabai-Turm* (78 m) gehört zur Universitätsbibliothek. Bemerkenswert sind auch die Universität, die massige Imponierarchitektur des *High Court* und, nördlich, der Bahnhof *Victoria Terminus (VT, offizieller Name: Chhatrapati Shivaji Terminus),* an dem täglich über tausend Züge an- und abfahren.

### MAHALAKSHMI DHOBI GHAT

Auf einem riesigen Areal in Mahalakshmi breitet sich das Waschviertel von Mumbai aus. Es sind inzwischen Waschmaschinen im Einsatz, doch der Großteil der Wäsche wird bis heute mit Muskelkraft gereinigt – von mehreren tausend Arbeitern. Auf unzähligen Steinbecken reinigen *Dhobis*, die Wäscher, mit geübten Schlägen die Kleidung der Stadt. *Nahe der S-Bahn-Station von Mahalakshmi*

## ESSEN & TRINKEN

### CAFÉ MADRAS

Seit 1940 berühmt für seine südindische Küche – probieren Sie ein *Dosa*-Gericht. Sehr beliebt bei Einheimischen. *38B, Circle House, King's Circle | Matunga East | Tel. 022 24 01 44 19 | €*

### GAYLORD

Nordindische und westliche Küche sowie Gebäck werden Ihnen hier auch draußen serviert. *Vir Nariman Road | Tel. 022 22 82 12 59 | €€–€€€*

**GOLDEN DRAGON**
Geschmackvoll eingerichtetes chinesisches Restaurant, das gute Sichuan-Küche serviert. *Im Taj Mahal Hotel | Apollo Bunder | Tel. 022 66 65 33 66 | €€€*

**IDEAL CORNER**
Hier werden parsische Gerichte serviert – täglich wechselndes Angebot. *12 F/G, Gunbow Street | nördlich vom Horniman Circle | Tel. 022 22 62 19 30 | €*

**REVIVAL INDIAN THALI**
Traditionelles vegetarisches *thali*-Restaurant im Gujarati-Stil. *Sheik Memom Street | gegenüber Mangaldas Market | Tel. 022 23 42 69 19 | €€*

## EINKAUFEN

**ANTIQUITÄTENLÄDEN**
In den Straßen hinter dem Hotel Taj Mahal ist es teuer, aber Sie bekommen gute Qualität. Für über 100 Jahre alte Stücke Ausfuhrgenehmigung mitnehmen!

**INSIDER TIPP CENTRAL COTTAGE INDUSTRIES EMPORIUM**
Ganz gleich, ob Sie eine Miniaturmalerei aus Rajasthan oder eine massive südindische Sandelholzkommode suchen – hier stehen Ihre Chancen gut. Es gibt Kunsthandwerk, Spielzeug, Saris, Geschenkartikel, alles zu Festpreisen. *34, Shivaji Marg | Colaba | nahe Gateway of India*

**MÄRKTE UND BASARE**
Nördlich der Fort-Gegend gibt es Märkte für alles Erdenkliche: den *Mangaldas Market* für Seide, den *Zaveri Bazar* mit Hunderten von Juweliergeschäften für meist auffälligen oder auch sehr kostbaren orientalischen Schmuck und den *Chor Bazar („Diebesmarkt" | Mohammed Ali Road/Abdul Rehman Street)* als Flohmarkt für alles Alte oder Abgelegte.

**WORLD TRADE CENTRE**
Emporien (Läden) verschiedener indischer Bundesstaaten, in denen man manchmal originelle und ursprüngliche Arbeiten fin-

In Mumbai ist Bollywood zu Hause: Schlangestehen für knallbunte Liebesfilme

det. Schöne Bronzearbeiten gibt es z. B. im *Maharashtra Emporium (Cuffe Parade | südlich des Nariman Point)*.

## AM ABEND

### BARS UND CLUBS

Sehr beliebt ist der Nachtclub *Beyond 1900* im *Taj Mahal Hotel (Tel. 022 66 65 33 66)*. Drinks mit Meerblick bietet *The Garden Bar* im 14. Stock des *Ambassador Hotels (Vir Nariman Road | Tel. 022 22 04 11 31)*. Manche Nachtclubs lassen nur Paare zu, Tanzbars in den Luxushotels stehen häufig nur Hotelgästen offen.

### KINO

Indische Filme: *Metro (nördliches Ende der MG Road | Tel. 022 22 03 03 03)*; englische Filme: *Sterling (Murzaban Road | Tel. 022 66 22 00 16)*

## ÜBERNACHTEN

### CHATEAU WINDSOR GUEST HOUSE

Gut geführt und günstig gelegen. Die Räume sind teils klein und düster. *50 Zi. (teils AC) | 86, Vir Nariman Road | Churchgate | Tel. 022 66 22 44 55 | www.chateauwindsor.com* | €–€€

### GODWIN

Gutes Restaurant, Dachgarten. *52 Zi. (mit AC) | 41, Garden Road | Colaba | Tel. 022 22 84 12 26 | www.hotelgodwin.in* | €€

### OBEROI/OBEROI TOWERS

Luxus in puncto Service und Design. Beste Lage, traumhafter Seeblick, Restaurants, Bars, Disko, Pool, Läden. *287 Zi. | Marine Drive | Nariman Point | Tel. 022 66 32 57 57 | www.oberoihotels.com* | €€€

### TAJ MAHAL PALACE & TOWER ★

Seit der Industrielle Jamsetji Tata 1903 das Taj Mahal Hotel eröffnete, hat man sich hier stets an der Weltspitze von Komfort und Service gehalten. 2008 stürmte ein Terroristen-Trupp aus Pakistan das Luxushotel, legte Feuer und tötete Gäste und Personal. Fast zwei Jahre dauerte die Wiederherstellung des historischen Glanzes, inzwischen erstrahlt das Haus wieder in seiner Heritage-Aura. *582 Zi. und Suiten | Apollo Bunder | Tel. 022 66 65 33 66 | www.tajhotels.com* | €€€

### YWCA INTERNATIONAL CENTRE

Für Männer und Frauen, mit Halbpension. Vorauszahlung erforderlich, eine Reservierung ist empfehlenswert. *15 Einzel-, Doppel- und Dreibettzimmer | 18/II, Madame Cama Road | Tel. 022 22 02 50 53 | www.ywcaic.info* | €

## AUSKUNFT

### GOV. OF INDIA TOURIST OFFICE

Hier sind auch Touren in die Filmcity buchbar. *123, M. Karve Road | gegenüber*

## LOW BUDG€T

Das sehr preiswerte Lokal *Crystal* in Mumbai wirkt zwar eher unansehnlich, hat sich aber mit seiner nordindischen Punjab-Küche einen guten Namen gemacht. *19, Chowpatty Beach | nördlich vom Tarporevala-Aquarium*

Die Auswahl an Stoffen und Kleidung in Mumbai ist enorm. Wer nicht lange in Basaren nach einem günstigen Angebot suchen mag, findet im *Kadi Village Industries Emporium* zu kundenfreundlichen Preisen Baumwoll- und Seidenstoffe, Herrenhemden und Damenkleidung. *286, Dr. DN Marg | nicht weit vom Thomas-Cook-Büro der Metrostation Churchgate | Tel. 022 22 03 31 44 | www.incredibleindia.org*

## ZIEL IN DER UMGEBUNG

**ELEPHANTA ★** (186 C2) (*D11*)
Wer die halb- bis einstündige Schiffsfahrt zur tropisch grünen Insel authentisch erleben möchte, besteigt am besten nicht den *Luxury Launch*, sondern ein weniger touristisches Boot, und nimmt sich Zeit, um nach dem Aufstieg zu den Tempeln über die Insel zu spazieren. Die *Höhlentempel,* vermutlich zwischen 450 und 750 entstanden, sind die Hauptattraktion, allen voran der *Mahesha-Tempel*. Hier steht der Trimurti, ein 6 m hohes, dreiköpfiges Shiva-Bildnis. Ein mächtiges Lingam-Phallussymbol wird von acht Torhüterstatuen bewacht. Von modernen Hindus wird der Stein als Energiesymbol betrachtet. *Abfahrt vom Gateway of India 9–15.30 Uhr | 7 km östlich*

# PUNE (POONA)

(194 C3) (*D11*) **Die „Königin des Dekkan-Hochlands" hat durch ihre Höhenlage von knapp 600 m fast das ganze Jahr über ein erfrischendes Klima.**

Schon darum war Pune (3 Mio. Ew.) in früheren Epochen Residenzstadt. Die Briten hinterließen Gärten, Golfplatz, Reitbahnen und Bungalows, Bhagwan hinterließ Jünger aus aller Welt in seinem Ashram, jetzt boomt die Computerindustrie. Mit dem Expresszug ist Pune in drei Stunden von Mumbai aus zu erreichen.

## SEHENSWERTES

**GANDHI NATIONAL MEMORIAL**
Im Ende des 19. Jhs. erbauten ehemaligen Palast des Aga Khan waren Ma-

Höhlentempel auf Elephanta: früher Kultort für Shiva, heute Weltkulturerbe

hatma Gandhi und seine Frau Kasturba 1942–44 inhaftiert. Kasturba und Gandhis Sekretär starben dort. Ausgestellt sind Fotos und persönliche Erinnerungsstücke. Großer Park. *Tgl. 10–17 Uhr*

### OSHO COMMUNE INTERNATIONAL

Die Nachfolger des 1990 verstorbenen Bhagwan Shree Rajneesh – in späteren Jahren nannte er sich Osho („sich auflösend im Ozean") – bauten den Ashram in einem Parkgelände mit Meditationshallen und Studiengebäuden musterhaft aus. Dies geschah in Abkehr von den frühen Exzessen der Bhagwan-Anhänger in den 1970er-Jahren. *Tgl. 9–16 Uhr | 17, Koregaon Park | www.osho.com*

### PARVATI-HÜGEL

Über viele Treppenstufen geht es hinauf zu den Tempeln der Shiva-Gemahlin Parvati sowie weiterer Hindu-Gottheiten. In einem kleinen Palast aus dem 18. Jh. erinnert ein *Museum* an die Ära der Peschwas (Premierminister der Marathen-Herrscher), die bis Anfang des 19. Jhs. dauerte. Prächtiger Ausblick.

### PATALESHWAR-TEMPEL

Der auch Panchaleshwar genannte Shiva-Felsentempel aus dem 8. Jh. überdacht die Skulptur eines Nandi-Bullen mit einer riesigen monolithischen Steintafel. *An der Sangam Bridge Road*

### INSIDER TIPP RAJA DINKAR KELKAR MUSEUM

Kunst und Kunsthandwerk vieler Epochen, von einem Privatsammler zusammengetragen. Unter den über 20 000 Ausstellungsstücken wirken viele skurril, etwa die Sammlung von Betelnussknackern oder antike Musikinstrumente. *Tgl. 10–17.30 Uhr | 1377/78 Nastu Baugh | Off. Bajirao Road | Shukrawar Peth | Tel. Führung: 020 24 48 21 01*

### TRIBAL MUSEUM

Das Museum zeigt Geräte und kunsthandwerkliche Arbeiten der ursprünglichen Bewohner Maharashtras. *Tgl. 10.30–17.30 Uhr | 28, Queens Garden*

## ESSEN & TRINKEN

Preisgünstig essen Sie an der *Sadhu Vaswani Sassoon Road* nahe dem General Post Office.

### TOUCHÉ THE SIZZLER

Multicuisine-Restaurant mit indisch-europäischer Küche. Köstliche Desserts, z. B. Eis mit hausgemachter Orangenmarmelade. *Moledina Road | Tel. 020 26 13 46 32 | €€*

## ÜBERNACHTEN

### BLUE DIAMOND HOTEL

Mit mehreren Restaurants und Pool die beste Adresse der Stadt. Nobel speisen kann man bei indischer Livemusik zu indischer und europäischer Küche im *Ashwamedh-Restaurant. 114 Zi. | 11, Koregaon Road | Tel. 020 66 02 55 55 | www.vivantabytaj.com | €€€*

### HOTEL WOODLAND

In der urbanen Parkwohnlandschaft von Koregaon gelegen, nicht weit vom Bahnhof. Mit vegetarischem Restaurant. *87 Zi. | Sadhu Vaswani Circle | Tel. 020 26 21 21 21 | www.tghotels.com | €–€€*

## AUSKUNFT

### MAHARASHTRA TOURISM DEVELOPMENT CORPORATION (MTDC)

Buchungen von MTDC-Hotels und -Reisen sowie Infos für Reisende. *Central Office Building | Sassoon Hospital Road | Tel. 020 26 12 68 67 | Tel. 26 12 81 69 | www.maharashtratourism.gov.in*

# KOLKATA UND DER OSTEN

**Bihar und Westbengalen, zwei der drei großen Oststaaten Indiens, gehören auch zu den am dichtesten besiedelten des Subkontinents (gemeinsam mit Kerala im tiefen Süden).**

Orissa dagegen, verlockend reich an Palmenhainen und Stränden, üppig geschmückten Tempeln und lebendigem Kunsthandwerk, ist für indische Verhältnisse eher wenig bevölkert. Offiziell heißt der Bundesstaat nunmehr Odisha oder auch Oriya. Kulturelle wie touristische Sonderfälle sind Sikkim und die Staaten bzw. Territorien des Nordostens: Assam, Meghalaya, Tripura, Mizoram, Manipur, Nagaland und Arunachal Pradesh.

Für Reisen in die Nordoststaaten, auch „Sieben Schwestern" genannt, waren bis vor Kurzem Restricted Areas Permits (RAP) notwendig. Assam, Meghalaya und Tripura können ohne Formalitäten besucht werden. Über Guwahati, die Hauptstadt von Assam, und Shillong sind die Bus-, Bahn- und Flugverbindungen deutlich verbessert worden. Auch in die großen Nationalparks wie das Kaziranga-Reservat in Assam mit seltenen Nashörnern und Elefantenherden können Sie wieder fahren.

Ein extremer Kontrast zu der grünen Vegetation der Himalaya-Territorien ist die Megastadt Kolkata (früher Calcutta), das kulturelle Zentrum des Ostens. Der Moloch mit mehr als 14 Mio. Einwohnern gilt vielen als Inbegriff indischen Elends und Niedergangs. Zu Unrecht: Die Straßen sind heute sauberer als in so manch westlicher Metropole, es wird

 Bild: Sonnentempel von Konark

## Die grüne Himalaya-Region, die Megastadt Kolkata und die Wiege des Buddhismus: Das alles bietet der Osten Indiens den Besuchern

investiert, das U-Bahn-Netz wächst beständig. Kolkata, bis 1911 die Hauptstadt von Britisch-Indien, kann sich wieder sehen lassen.

Seit Bengalen 1947 geteilt wurde und der Osten erst ein Teil Pakistans war, bevor er zum unabhängigen Staat Bangladesch erklärt wurde, halten jedoch Spannungen und ein endloser Flüchtlingsstrom ins indische Westbengalen an.

Früheste Stätten indischer Geschichte und Mythologie liegen im Bundesstaat Bihar. Heute ist er in großen Teilen gesellschaftlich rückständig und geprägt von gewaltsamer Ausbeutung und Rechtsbeugung. In Bihar stand die Wiege des Buddhismus, später regierte Kaiser Ashoka, der vielleicht bedeutendste Herrscher der indischen Geschichte. Patna, die heutige Hauptstadt Bihars, war das antike Pataliputra, im 5. Jh. v. Chr. Herrschaftssitz des Reichs von Magadha. 262 v. Chr. trat der gewaltige Hindu-Kaiser Ashoka nach blutigen Schlachten gegen das Kalinga-Reich zum Buddhismus über und strebte Frieden an. Doch 800 Jahre später gewannen Hindu-Dynastien die Oberhand über die Buddhisten. Die Dynastie der Kesari schuf eine Kultur, die sich bis ins 16. Jh. hielt, mit großartigen Tempeln. Und nur die Tempel überstanden den zerstörenden Sturm der Moguln im 16. Jh.

# BHUBANESH-WAR

(197 F2) (*L10*) **In der Hauptstadt (ca. 840 000 Ew.) des Bundesstaats Orissa standen zu ihrer Blütezeit angeblich 7000 Tempel.**

## SEHENSWERTES

### BINDU SAGAR

Das Wasser des Tempelteichs im Süden der Stadt wird hoch verehrt, da es Wasser aller heiligen Ströme Indiens enthalten soll. Nach früher Überlieferung fließen sie hier unterirdisch zusammen: Shiva soll den See geschaffen haben, um den Durst seiner Gefährtin zu stillen. Um den Bindu Sagar wurden Bhubaneshwars großartigste Tempel errichtet. Zur charakteristischen Hindu-Architektur Orissas gehören die tortenähnlichen Schichtungen der *Shikaras*, der Tempeltürme über dem Allerheiligsten.

Ochsentour: Nach wie vor ist in Indien die Landwirtschaft von großer Bedeutung

Hunderte sind bis heute erhalten, viele samt ihres Skulpturenschmucks, während von anderen nur Ruinen übrig blieben, bei denen man sich für Baumaterial bediente. Neben dem ausgedehnten archäologischen Gelände wuchs eine moderne, großzügig in *Units* angelegte Neustadt. Wegen der weiten Entfernungen brauchen Besucher motorisierten Transport.

### LINGARAJA-TEMPEL

Für Nicht-Hindus ist der Zutritt verboten! Die Vielzahl der Skulpturen an der Außenwand und den dominierenden Tempelturm können Sie jedoch von einer INSIDER TIPP Terrasse aus bewundern, am besten mit einem Fernglas. Der Tempel, einer der wichtigsten Bauten seiner Zeit, stammt aus dem 11. Jh. Götter, liebende Paare *(Mithunas)* und schöne Frauen *(Yakshinis)* schmücken die Außenwände. *Südlich von Bindu Sagar | Altstadt*

### MUKTESHWARA-TEMPEL
Skulpturen erotischer Daseinsfreude verzieren auch den kleinen, im 9. Jh. erbauten Tempel, den man einen „Traum in Sandstein" genannt hat. Zu ihm führt ein *Torana* (Tor) mit herrlichem Reliefschmuck. *Östlich von Bindu Sagar*

### MUSEUM OF TRIBAL ARTS & ARTEFACTS
Einblicke in ein anderes Leben: Gezeigt werden Musikinstrumente, Hausrat, Kleidung und das Leben der Stammesangehörigen des Landes. *Tgl. 10–17 Uhr | Eintritt frei | nahe dem Highway NH 5*

### RAJARANI-TEMPEL
Das Bauwerk ist reich geschmückt, doch die Skulpturen sind stark beschädigt. Hier wurden den großen Tempeltürmen kleine angegliedert. Aus dem 11. Jh. *Östlich, jenseits der Lewis Road*

## ESSEN & TRINKEN

### HARE KRISHNA
Schmackhafte vegetarische Küche. *Im 1. Stock des Lalchand Market Complex | Janpath | Tel. 0674 2 50 31 88 | €–€€*

## EINKAUFEN

### ORISSA STATE HANDLOOM
Erhältlich sind Applikations-Handarbeiten und Kopien von Tempelskulpturen in Originalgröße. *Janpath Unit 9, West Market*

## ÜBERNACHTEN

### HOTEL DEEPALI INTERNATIONAL
Gepflegte Räume, günstige Lage zu den Tempeln, sehr günstiger Preis. *21 Zi. | 54, Budh Nagar/Kalpana Square | Tel. 0674 5 56 06 78 | €*

### KALINGA ASHOK
Mit Baumgarten, Multicuisine-Restaurant und Coffeeshop. Teils renoviert. *64 Zi. | Gautam Nagar | Tel. 0674 2 43 10 55 | www.hotelkalingaashok.com | €€*

### PANTHANIVAS TOURIST BUNGALOW
Sehr bescheiden, aber freundliche Atmosphäre, in Tempelnähe gelegen. *54 Zi. | Lewis Road | Tel. 0674 2 43 25 15 | short.travel/ind11 | €*

## MARCO POLO HIGHLIGHTS

★ **Bodhgaya**
Der Ort, wo Buddha lehrte: Nicht die Geburt, seine Taten machen den Menschen aus → S. 104

★ **Tiger Hill**
Bei Darjeeling: großartige Aussicht auf die Himalaya-Achttausender → S. 107

★ **Indian Museum**
Pompöser Bau in Kolkata, der tolle Exponate bietet → S. 110

★ **Oberoi Grand Hotel**
Traditionshaus der Oberoi-Kette aus britischer Zeit; für perfekten Service bekannt → S. 114

★ **Sunderbans**
Nicht weit von Kolkata entfernt liegen 10 000 km² beeindruckende Mangrovenwildnis → S. 115

★ **Sonnentempel von Konark**
Der Tempel fasziniert durch seinen reichen Skulpturenschmuck mit erotischen Szenen → S. 116

Buddhistisches Pilgerzentrum: In Bodhgaya fand Buddha Erleuchtung

## AUSKUNFT

**ORISSA TOURISM DEVELOPMENT CORPORATION**
Am Bahnhof *(Old Block, Jayadev Marg | Tel. 0674 2 43 12 99)*; am Flughafen *(Tel. 0674 2 40 40 06 | www.orissatourism.gov.in)*

## ZIELE IN DER UMGEBUNG

**CHILKA-SEE** (197 E2) *(🕮 L10)*
Die inselreiche, rund 1100 km² große Lagune ist vor allem für Vögel eine Attraktion – und für Vogelfreunde. Im Winter rasten hier Zugvögel, beste Besuchszeit ist der Dezember. Auch Sibirische Kraniche können Sie beobachten. Bescheidene Unterkünfte bieten der kleine Ort *Barkul* und das an der Südspitze des Sees gelegene *Rambha*. *105 bzw. 135 km südwestlich*

**NANDAN KANAN** (197 F1) *(🕮 L10)*
Umgeben von Wald liegt 20 km nördlich von Bhubaneshwar einer der wenigen sehenswerten indischen Zoos. Dort gibt es auch weiße Tiger (Lion and Tiger Safari), außerdem Asiatische Löwen, mächtige Rhinozerosse, Schlangen – und natürlich Affen. Beliebt: die zweistündige Rundfahrt im Elektrobus und die Drahtseilbahn über dem See. Auch Bootsfahrten. *Di–So 7.30–17.30 Uhr, im Winter kürzer | etwa 20 km vom Stadtzentrum | Bus vom Kalpana Square | www.nandankanan.org*

**PIPLI** (197 F2) *(🕮 L10)*
In dem kleinen Ort (17 000 Ew.) werden wunderschöne Applikationen auf Gartenschirmen, Taschen und Decken hergestellt. *20 km südlich*

# BODHGAYA

(191 E3) *(🕮 K7)* ★ **In dieser Kleinstadt (38 500 Ew.) im Bundesstaat Bihar fand Buddha unter einem Bodhi-Baum Erleuchtung. Das höchste Heiligtum**

**in dem international bedeutenden buddhistischen Pilgerzentrum ist der INSIDER TIPP Bodhi-Baum, der aus den Trieben des Urbaums wuchs.**
Weitere heilige Stätten sind die Steinplatte, in der Buddha seinen Fußabdruck hinterließ, die Skulptur des Schlangengottes, der ihn vor einem Sturzregen schützte, und der Banyanbaum, unter dem Buddha einen Brahmanen über die Mängel des Kastendenkens belehrte.
Leider gibt es in jüngster Zeit Überfälle auf Pilger, wohl im Zusammenhang mit den seit vielen Jahren bestehenden militanten Auseinandersetzungen zwischen Grundherren und Bauern in der Provinz Bihar.

## SEHENSWERTES

### INSIDER TIPP MAHABODHI-TEMPEL

Der siebenstöckige Tempelturm ist von Sandsteinpfeilern mit Lotusreliefs und kostbaren szenischen Darstellungen umgeben, die im 2. und 1. Jh. v. Chr. sowie im 4. und 5. Jh. n. Chr. entstanden. Die Originale befinden sich in Kolkata und London.

### NEUE TEMPEL

China, Japan, Thailand, Tibet und Bhutan haben für ihre Pilger moderne Klöster und Tempel errichtet. Sie strahlen einen kühlen Repräsentationsanspruch aus. *Meist 8–12 und 14–17 Uhr*

## ESSEN & TRINKEN

### OM RESTAURANT

Beliebter Treffpunkt. Kleine Gerichte, u. a. tibetische und chinesische Küche. Draußen laden einige Tische im Halbschatten zu einer Pause mit Apfelkuchen ein. *Im Sommer geschl. | Bodghaya Road |* €

## ÜBERNACHTEN

### TATHAGAT INTERNATIONAL

Die Zimmer in dem modernen Bau sind etwas kleiner, als die Balkone der weiß ge-

## DAS GENIE DER ZWEI WELTEN

In Kolkata wird kein anderer Poet und Künstler, Maler und Denker so verehrt wie Rabindranath Tagore (1861–1941), der 1913 als erster Inder mit dem Literaturnobelpreis ausgezeichnet wurde. Hinter der opulenten Fassade seines einstigen Wohnhauses *(Di–So 10.30–16.30 Uhr | auf dem Gelände der Rabindra Bharati University | östlich der Howrah Bridge)* mit Säulen aus rotem Sandstein und weißem Gitterwerk wuchs Tagore mit seinen Geschwistern auf. Hier starb er auch. Sein Leben lang hat Tagore für Toleranz und Bildung gearbeitet. Aus der Schule, die er auf dem Grund seiner Eltern errichtet hatte, wurde die Universität Shantiniketan, rund 160 km nordwestlich von Kolkata. Auf Vortragsreisen durch Asien, Europa und Amerika wollte Tagore Bote sein und das Positive im östlichen und westlichen Denken zusammenführen: die spirituelle Kraft Asiens und die materiellen Werte des Westens. Tagore, begeistert von seinen Landsleuten gefeiert, kommentierte seine Nobel-Auszeichnung mit einem tiefem Stoßseufzer: „Der enorme Wirbelwind (...) ist entsetzlich. Es ist fast so schlimm, als ob man eine Blechdose an den Schwanz eines Hundes bindet, sodass er nirgendwo hinkann, ohne Lärm zu machen und Menschenmengen zu versammeln."

strichenen Fassade vermuten lassen, aber sauber. An der Rezeption sind Flüge und Zugtickets buchbar. Das Hotel (mit Restaurant) liegt gegenüber dem Eingang zum Wildpark, in Laufweite zum Tempelkomplex. *33 Zi. (mit AC) | Tel. 0631 3 20 15 67 | www.hoteltathagatbodhgaya.com | €€*

## AUSKUNFT

### TOURIST COMPLEX

*Bodhgaya Road | Tel. 0631 2 20 06 72 | verbunden mit dem Gov. of India Tourist Office (4, Shakespeare Sarani | Kolkata)*

## ZIELE IN DER UMGEBUNG

### NALANDA (191 E3) (*🕮 L7*)

Im Jahr 427, zur Zeit der kulturellen Blüte der Gupta-Dynastie, wurde die Universität Nalanda gegründet. Die Region um den Ganges von Patna war stark vom Buddhismus geprägt. Von einem chinesischen Reisenden des 7. Jhs., Xuan Zhang, ist die Nachricht über 10 000 Studierende und Mönche in Nalanda überliefert. Es gab eine Anlage mit bis zu 10 m hohen Mauern, die Tempel, Klöster und Lehrgebäude umschloss. Die buddhistischen Gelehrten verbreiteten von hier aus ihre Schriften bis nach Südostasien und Fernost sowie in die Himalayaländer. Erst die Plünderung durch afghanische Eroberer im 12. Jh. setzte dem Lehrbetrieb ein Ende.

Sie können ein kleines *Museum (Sa–Do 10–17 Uhr)* mit Steinfriesen und Buddhafiguren besichtigen sowie eine von Chinesen erbaute Friedenspagode zum Gedenken an Xuan Zhang, der fünf Jahre in Nalanda lebte. Nächste Orte sind *Rajgir* und *Bihar Sharif*, mit Busverbindung nach Patna. *100 km nordöstlich*

### SASARAM (191 D3) (*🕮 K7*)

Fast genau auf halbem Weg zwischen Bodhgaya und Varanasi liegt an der *Grand Trunk Road* der kleine Handelsort Sasaram (ca. 147 000 Ew.) mit dem imposanten Mausoleum für Sher Shah, den Begründer der kurzlebigen Sur-Dynastie. Sher Shah baute auch die Fernstraße aus, die schon zu Kaiser Ashokas Zeit existierte und noch heute als Grand Trunk Road Amritsar im Punjab mit Kolkata verbindet. INSIDER TIPP *Sher Shahs Grabmonument* ragt 46 m hoch über einem künstlichen, quadratischen See auf, mit einer Kuppel, die sich 22 m weit spannt – weiter als die des Taj Mahal. *140 km westlich*

# DARJEELING

(192 A2–3) (*🕮 M6*) **Ein hoch gelegener Kultort für alle Teekenner! Überall sind Terrassen mit Teepflanzungen zu sehen.**
Sie entstanden nach 1835, als die Briten das für Hochlandtees klimatisch günstige Gelände vom Maharaja des benachbarten Sikkim „geliehen" bekamen. Sie hatten sich Schößlinge der Teepflanze aus China besorgt. Für den Transport der Ernten legten sie erst eine Straße, später eine kühne Bahnlinie an, die heute noch als Spielzeugzug *(toy train | www.dhrs.org)* beliebt ist und in das Unesco-Welterbe aufgenommen wurde.

Für die Europäer der Kolonialzeit war Darjeeling jedoch vor allem eine angenehme *hill station*, in der sie der brütenden Hitze der Ebenen entkommen konnten. Der Ort ★ Darjeeling (sein Name Dorje Ling bedeutet „Land des Donnerschlags") erstreckt sich über eine steile Hangseite. Rund 120 000 Menschen leben hier in über 2100 m Höhe: Nepalesen, Bhutanesen und Tibeter. Die Aussicht ist spektakulär: Bei guter Sicht erblickt man den *Kanchenjunga* (8586 m), den dritthöchsten Berg der Erde, und sogar den höchsten, den etwa 200 km entfernten *Mount Everest.*

Im Oktober/November, wenn die Saison zu Ende geht und es mit Minustemperaturen schon sehr kalt wird, ist die Sicht am besten.

## SEHENSWERTES

### GHOOM BUDDHIST MONASTERY

In 2550 m Höhe befindet sich seit 1875 diese *Gompa* des Gelbmützenordens. Die freundlichen Mönche zeigen das Bildnis des Maitreya (des künftigen Buddha) und andere religiöse Schätze. Fotografieren ist erlaubt. *8 km südlich von Darjeeling | auch mit dem toy train (höchste Haltestelle der Bahn) zu erreichen*

### HAPPY VALLEY TEA ESTATE

Auf traditionelle Art werden Teeblätter gewelkt, gerollt und fermentiert, dann getrocknet. Beste Qualitäten zerbröckeln nicht, werden Blatt-Tees (First und Second Flush aus den ersten Pflückungen des Frühjahrs), die kleinsten Blattteile kommen in die Aufgussbeutel. Sie können in dieser Pflanzung Tee kaufen, eine größere Auswahl gibt es aber im Teegeschäft *Nathmull's (Laden La Road | oberhalb der Hauptpost | www.nathmulltea.com). 2 km nordwestlich vom Zentrum, unterhalb der Pamphawati Gurungni Road*

### TIGER HILL ★

Hier heißt es früh aufstehen! Auf den Tiger Hill (2590 m hoch) fährt man zum Sonnenaufgang, meist per Jeep. Zart erröten dann die höchsten Schneegipfel in zauberhaften Schattierungen vor dem blaugrünen Himmel, vorausgesetzt, das Wetter ist klar (Ende Okt./Nov.). Eine INSIDER TIPP lohnende Wanderung führt zurück. *11 km vom Zentrum*

### ZOO

Sibirische Tiger, Schwarzbären, Nachzucht von Schneeleoparden. Der Zoo beteiligt sich am weltweiten Programm zur Rettung des Roten Pandas. *Fr–Mi 8.30–16 Uhr | beim Mountaineering Institute*

Teeplantage in Darjeeling: Die Ernte ist bis heute Handarbeit

## ESSEN & TRINKEN

Während der Saison bieten die Hotels meist nur Vollpension an.

### THE ELGIN

In gepflegtem Ambiente können Sie sich in dem Heritage-Hotelrestaurant von der guten Küche überzeugen und den angenehmen Service genießen. *H. D. Lama Road | Tel. 0354 2257226 | www.elginhotels.com* | €€€

### GLENARY'S

Unten befindet sich ein *Tea Room* mit gutem Gebäck sowie die Bar *The Buzz*, oben ein gemütliches Old-Style-Restaurant. *Nehru Road | Tel. 0354 2254122* | €€

## EINKAUFEN

Die Märkte sind besonders farbenfroh. Volkskunst, Handwerkliches sowie Wollwaren gibt es in der *Nehru Road* und der *Chowrasta Road*.

### INSIDER TIPP TIBETAN REFUGEE SELF HELP CENTRE

1910 befand sich auf dem Grundstück zwei Jahre lang die Zuflucht des damaligen Dalai Lama. Als im Jahr 1959 das chinesische Militär in Tibet die Kontrolle übernahm, eröffneten tibetische Exilanten das Selbsthilfezentrum. Heute gehören eine Schule, ein Waisenhaus, medizinische Einrichtungen, eine Druckerei, ein Tempel und Kunsthandwerkstätten zu dem Projekt. Das Zentrum finanziert sich durch Spenden sowie durch den Verkauf seiner Produkte, zu denen beispielsweise Teppiche, Schnitzereien, Textilien und auch Schmuck gehören. *Mo–Sa | 65, Gandhi Road | Tel. 0354 2255938 | www.tibetancentredarjeeling.com*

## FREIZEIT & SPORT

### TREKKING

Zahlreiche Agenturen vermitteln Führer, Träger, Köche und Ausrüstungen. Informationen erhalten Sie bei *Mr. Keke, Himalayan Travels* und im Hotel *Sinclairs*.

Das nächtliche Darjeeling – die Stadt schmiegt sich an die steilen Hänge des Hochlands

## ÜBERNACHTEN

### BROADWAY ANNEXE

Backpacker-Hotel mit hilfsbereitem Eigner. Gute Ausblicke. Manche Zimmer haben einen eigenen Balkon. *14 Zi. | Dr. Zakir Hussain Road 47 | Tel. 0354 2 25 32 48 | www.broadwaydarjeeling.com* | €

### DEKELING

Einfache Unterkunft mit gutem Restaurant. Nette Wirtsfamilie. Fragen Sie nach einem Zimmer mit Aussicht – diese ist außergewöhnlich. *11 Zi. | 51, Gandhi Road (The Mall) | Tel. 0354 2 25 41 59 | www.dekeling.com* | €

### SINCLAIRS

Mit Speisesaal, Bar sowie Sonnenterrasse. *46 Zi. | 18/1, Gandhi Road | Tel. 0354 2 25 64 31 | www.sinclairshotels.com* | €

### INSIDER TIPP WINDAMERE HOTEL

Herrlich altmodisch: Kaminfeuer, Wärmflaschen, Teestunden und eifrige Bedienung. Es gibt weder Telefon noch TV, dafür aber ein Piano und einen Garten in schöner Lage. Britische Küche. *27 Zi. | Observatory Hill | Tel. 0354 2 25 40 41 | www.windamerehotel.com* | €€

## AUSKUNFT & PERMITS

### TOURIST OFFICE WEST BENGAL

*1, Nehru Road (Obergeschoss) | Belle Vue | Tel. 0354 2 25 41 02*

## ZIELE IN DER UMGEBUNG

### INSIDER TIPP KALIMPONG

(192 A2–3) (*M6*)

Schön ist die Fahrt in den gartenreichen Marktort *(Mi und Sa)* mit seinen alten buddhistischen Klöstern. Im landschaftlich sehr reizvollen Teesta-Tal ist als Quartier das Heritage-Hotel *Himalayan (28 Zi. und Suiten | Upper Cart Road | Tel. 03552 2 25 52 48 | www.himalayanhotel.biz* | €€) zu empfehlen. Es steht in einem Garten, ist ruhig und zentrumsnah. *50 km östlich*

### SANDAKPHU (192 A2) (*M5*)

In 3636 m Höhe wuchs der kleine Ort an einer Gebirgskante. Er ist berühmt für die fabelhaften Ausblicke (ungefähr 100 m über dem Ort) auf den Himalaya. Sandakhpu liegt umgeben von Rhododendron-, Eichen- und Koniferenwäldern, einem Vogelparadies. Mit dem Jeep zu erreichen. *60 km nordwestl.*

# KOLKATA (CALCUTTA)

**KARTE AUF S. 113**

(192 A6) (*M8*) **Fliegende Händler schreien, Lokomotiven pfeifen, Träger bahnen sich brutal ihren Weg, wohin man blickt, sieht man Menschen.** Nur ein paar Meter entfernt von Kolkatas Bahnhof, der *Howrah Station*, überspannt die *Howrah Bridge (Rabindra Setu)* die trüben Wasser des Hoghly-Flusses, eines breiten Ganges-Nebenarms. Auf dem Weg ins Zentrum überqueren Millionen von Menschen die Brücke Tag für Tag zu

> **CITY WOHIN ZUERST?**
>
> **Maidan-Park:** Von hier aus ist es nicht weit zum Indian Museum und dem Victoria Memorial *(Metrostation Maidan)*. Östlich der Nehru Road (auch als Chowringhee bekannt) liegen Luxus- und Low-Budget-Hotels, originell sind die Läden, zahlreich die Restaurants. Die Buslinie 212 verbindet die Nehru Road mit dem kolonial geprägten BBD Bagh.

Fuß, mit Lastwagen, Fahrrädern, Karren, Bussen, Autos. Das Ergebnis ist wuseliger, lärmender Stau von früh bis spät. Mit Dutzenden neuen *Flyovers* (Hochstraßen in Kreuzungsbereichen) versuchen die Stadtplaner, das Leben in der Megastadt zu erleichtern. Auf rund 1380 km$^2$ – Berlin erstreckt sich über 890 km$^2$ – wohnen etwa 14 Mio. Menschen.

Für indische Verhältnisse ist Kolkata, das früher Calcutta hieß, eine eher junge Stadt. Vor 300 Jahren gab es hier nur ein kleines Dorf namens Kalikata, benannt nach der im Tempel verehrten Göttin Kali. Die britische East India Company suchte Land für ihre Produktion und Verwaltung und pachtete 1690 das Dorf von Kaiser Aurangzeb. Das Fort, eine Niederlassung und ein Hafen entstanden, Calcutta wurde Zentrum der sich immer weiter ausbreitenden britischen Kolonie, die im 19. Jh. ganz Bengalen, Nordindien, Burma sowie das heutige Pakistan und den Süden Indiens umfasste und die Fürsten des Subkontinents unter ihre strenge Oberherrschaft stellte.

1911 wurde Kolkata allerdings entthront, denn nun war Delhi die Hauptstadt. 1947 kam die Unabhängigkeit und Befreiung, jedoch um den Preis der Abtrennung der muslimischen Länder Bangladesch und Pakistan. In Wellen kamen Flüchtlingsströme aus den neu entstandenen Ländern, besonders aus Bangladesch, anfangs Ost-Pakistan genannt, das Kolkatas Hinterland gewesen war.

Die Zuwanderung hält an. Die Armen wohnen in Slums, den *bustees.* Kolkata ist aber auch ein geistiges Zentrum Indiens, eine Universitäts- und Kunststadt. Und die Initiativen der Bürger zeigen Wirkung: Häuser und Parks werden aufgefrischt, Löcher in den Straßen geglättet und die erste U-Bahn Indiens wird erweitert. Die Menschen dieser Stadt scheinen über besondere Überlebenskräfte zu verfügen.

## SEHENSWERTES

### ACADEMY OF FINE ARTS

Ausstellungen und Skulpturengarten, am Abend attraktive Filmprogramme. *Di–Sa 12–19, So 15–19 Uhr | Cathedral Road*

### BBD BAGH

Die Anfangsbuchstaben dreier bengalischer Freiheitskämpfer gaben dem Platz im alten britischen Zentrum seinen neuen Namen (bis 1947 hieß er Dalhousie Square). Noch heute ist hier das Verwaltungszentrum von Bengalen untergebracht. An der Nordseite befindet sich das *Writers' Building* mit rot-weißen Säulen, der einstige Wohn- und Arbeitsplatz der Angestellten *(writers)* der East India Company. Gegenüber liegt der *High Court,* erbaut nach dem Vorbild des flandrischen Rathauses von Ypern. Das *Raj Bhawan* ist heute wie damals Regierungsgebäude, einst für den Viceroy, den Vizekönig, heute für den Gouverneur von Westbengalen.

### INSIDER TIPP BOTANISCHER GARTEN

Der weiträumige Park am Westufer des Hooghly ist an Werktagen ein angenehm ruhiger, erholsamer Ort zum Entspannen in der Megacity. Fast ein Wunder ist hier der über 230 Jahre alte Banyanbaum, der mit seinen Nebenstämmen ein Waldrund von über 400 m Umfang bildet. *Tgl. Sonnenauf- bis -untergang*

### HOWRAH BRIDGE

Die pfeilerlose Brücke sieht stattlich aus. Den besten Blick auf sie hat man vom *Millenium Park (Strand Road South)* am Hooghly. Das 1943 erbaute, 97 m hohe Wahrzeichen entlastet heute eine südlicher gelegene zweite Brücke.

### INDIAN MUSEUM ★

Das größte Museum Indiens ist in einem pompösen Bau von 1875 untergebracht.

Stattliches Bauwerk: Die Howrah Bridge wird täglich von Millionen Menschen überquert

Es zeigt grandiose Höhepunkte indischer Kunst, z. B. die buddhistischen Skulpturen eines Steinzauns mit überlebensgroßen Frauengestalten, dazu indische Malerei und Miniaturmalerei, Volkskunst, zoologische und botanische Sammlungen. *Di–So 10–16.30 Uhr | 27, Jawaharlal Nehru Road | www.indianmuseumkolkata.org*

### KALIGHAT-KALI-TEMPEL

Laut dröhnt die Tempelmusik, eng gedrängt stehen die Menschen mit ihren Opfergaben, der Boden ist rutschig von verschüttetem Butterfett und Blumenresten. Der Tempel ist die Stätte der Kali, der Göttin des Zorns und der Wut, doch auch des mütterlichen Schutzes. Besucher können an den Ritualen teilnehmen. *Kalighat | im Süden der Stadt*

### KOLKATA PANORAMA

Die Stadtgeschichte wird im ehemaligen Rathaus modern präsentiert; jüngst zwar deutlich vernachlässigt, aber immer noch den Besuch wert. *Di–So 11–18 Uhr (zweistündige Führung) | 4, Esplanade Row*

### MAIDAN

Der Park ist ein beliebter Treffpunkt für Picknicks, zum Turnen, Joggen und Bootfahren. Dazu gehören auch der *Calcutta Cricket Ground,* weitere Sportplätze sowie im Norden der *Eden Garden* mit einer burmesischen Pagode. *Östlich vom Hooghly*

### MOTHER HOUSE

Mutter Teresa – schon als junge Ordensschwester ließ sich die starke Frau aus Mazedonien weder von ihrer Kirche noch von Stadtverwaltungen aufhalten – trug ihre Last der Fürsorge bis ans Lebensende und hat bis heute aktive Anhänger an vielen Orten der Erde. Wer für eine Woche oder länger mithelfen will, meldet sich schriftlich an (*Sr. Mercy-Maria, Missionaries of Charity, Sister-in-Charge of Volunteers*). Mit kleinem *Museum. Fr–Mi 8–12, 15–18 Uhr | 54/A AJC Bose Road*

### PARASHWANATH JAIN-TEMPEL

Die Tempelanlage wurde 1867 vom Hofjuwelier des Vizekönigs gestiftet. Sie ist eine spiegelglitzernde Mischung aus verspieltem Rokoko und Pagodenstil in einem symmetrisch angelegten Garten. *Tgl. 7–12 und 15–18 Uhr | Badri Das Temple Street*

### ST. PAUL'S CATHEDRAL

Die von 1839 bis 1847 erbaute anglikanische Kirche vermittelt die Atmosphäre der britischen Zeit. Die Glasfenster des Präraffaeliten Edward Coley Burne-Jones (1833–98) wirken am besten im Nachmittagslicht.

### VICTORIA MEMORIAL

Tonnenschwer sitzt Queen Victoria vor dem 1921 eingeweihten imperialen Bauwerk im Neorenaissancestil. Lord Curzon, Vizekönig von 1899 bis 1905, ließ den Bau von indischer Prominenz sponsern. Sehenswert sind die frühen Ansichten indischer Städte und Landschaften. *Garten tgl. 5.30–18.15, Museum Di–So 10–17 Uhr | Museumseintritt ca. 3 Euro | am südlichen Ende des Maidan*

## ESSEN & TRINKEN

In der *Park Street* finden Sie viele Restaurants aller Preisklassen.

### AMBER

Sehr beliebt, gute *Tandoori*-Gerichte. *11, Waterloo Street | Tel. 033 22 48 67 46 |* €€

Erbe der Kolonialzeit: Das Victoria Memorial erinnert an die einstige britische Queen

### PETER CAT

Im Restaurant wird internationale Küche serviert. Besonders empfehlenswert sind die Kebabs und Drinks. *18A, Park Street/ Middleton Row | Tel. 033 22 29 88 41 |* €€

## EINKAUFEN

Für 5 Mio. Einwohner, dazu noch für 9 Mio. mehr in der Metropolregion, hat die Stadt zahllose Märkte, zu den ganz großen gehört der *New Market.* Seine neogotisch inspirierten Bauten wurden vor bald 150 Jahren von den britischen Kolonialherren geschaffen. Hier gibt's fast alles. Im *Chorbazar* mit seiner langen Tradition findet

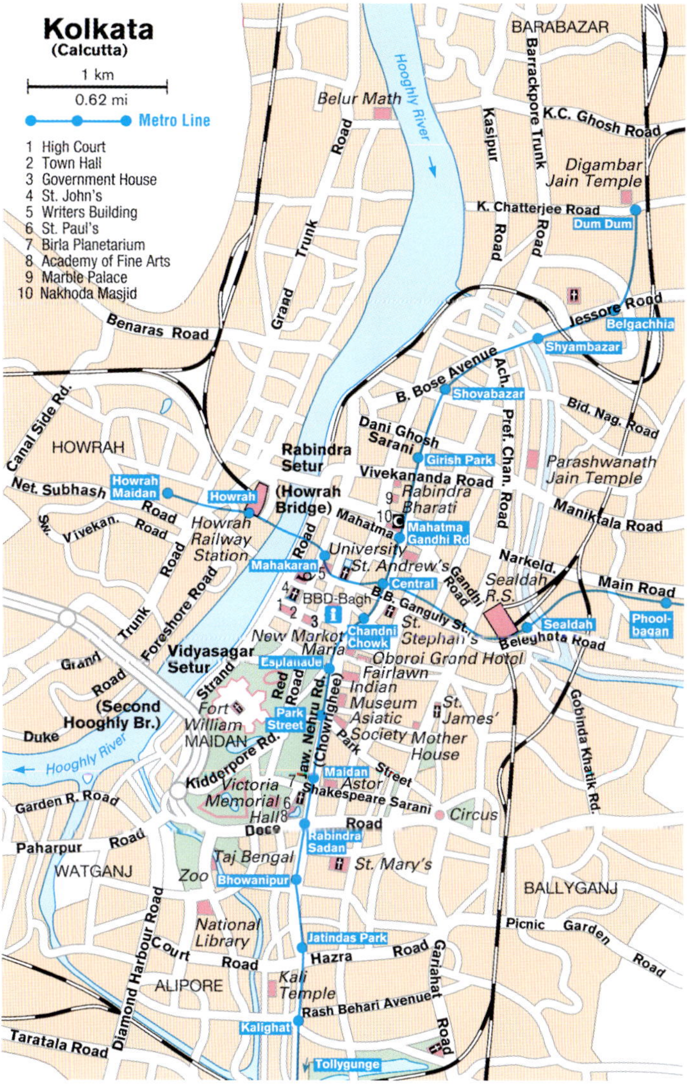


man auch Kuriositäten und Raritäten. Der *Chandni Chawk Market* liegt ein Stück ostwärts von Jawarhal Nehru Road und Indian Museum. Hier können Computerfreaks interessantes Zubehör erstehen. Fragen Sie im Hotel, wie Sie per Metro oder Bus zum Markt Ihrer Wahl kommen, und lassen Sie sich Tipps fürs Handeln geben!

In kaum einer anderen Stadt ist ein so großes Bücherangebot zu finden wie in Kolkata. Solide mannshohe und übermannshohe Quader aus lauter Büchern locken am Straßenrand die Kunden an, vor allem im Universitätsviertel.

Wer sucht, der findet auch in diesem Stapel seine Bettlektüre

In der *Bentinck Street* (Nähe BBD Bagh) fertigen meist chinesische Läden Kleidung nach Kundenwünschen an. Achten Sie auf genaue Angaben und Maße.

## ÜBERNACHTEN

Groß ist die Auswahl an Hotels zwischen *Shakespeare Sarani Street* im Süden und *Sudder Street* im Norden bis hin zum *New Market*. Sollte z. B. das beliebte *Fairlawn* ausgebucht sein (frühzeitige Anmeldung ist ratsam), finden sich bald Alternativen. Immer wieder attraktiv sind die preisgünstigen britischen Guest-House- und Hotelvermittler *(www.hostelbookers.com)*.

### THE ASTOR HOTEL

Das Haus atmet Geschichte: Es ist über 100 Jahre alt und stammt somit aus der britischen Epoche. Zwei Restaurants. *33 Zi. | 15, Shakespeare Sarani | Tel. 033 22 82 99 57 | www.astorkolkata.com |* €€

### HOTEL BROADWAY

Saubere Herberge in zentraler Lage für Reisende mit kleinem Budget. Das Restaurant hat kolonialen Charme. *36 Zi. | 27A, Ganesh Chandra Avenue | Tel. 033 22 36 39 30 | www.broadwayhotel.in |* €

### INSIDER TIPP FAIRLAWN

Eine lebendige Legende aus der Raj-Epoche mit britischem Dekor, Bilder und Erinnerungsstücke finden sich im herrschaftlichen Treppenhaus. Frühstück gerne im geräumigen Garten; europäische und indische Küche. Der Lärm der Sudder Street dringt kaum durch. *21 Zi. | 13 A, Sudder Street | Tel. 033 22 52 15 10 | www.fairlawnhotel.com |* €€

### OBEROI GRAND HOTEL ★

Das Grandhotel ist in einem viktorianischen Gebäude untergebracht und wurde seit 1938 zum nahezu vollkommenen, eleganten Luxushotel umgestaltet. Eine Ruheoase unter hohen Palmen, mit großem Pool. *250 Zi. | 15, J. Nehru Road | Chowringhee | Tel. 033 22 49 23 23 | www.oberoihotels.com |* €€€

### HOTEL ORIENTAL

Schlichte Zimmer, mit Kabel-TV und – in den Morgenstunden – mit warmer Dusche, östlich vom Indian Museum gelegen, von Sikhs geleitet. *70 Zi. | 9A, Marquis Street | Tel. 098 31 02 53 13 |* €–€€

## AUSKUNFT

*Gov. of India Tourist Office | 4, Shakespeare Sarani | Tel. 033 22 82 58 13;* auch

Infostelle am Flughafen bei Ankünften: *West Bengal Tourism | BBD Bagh | Tel. 033 22 48 82 71 | www.wbtourism.gov.in*

## ZIEL IN DER UMGEBUNG

### SUNDERBANS ★

(192 A–B6) (*M–N9*)
In den Sunderbans, dem riesigen Nationalpark mit Mangroven und Bengal-Tigern, Krokodilen und Delphinen, lässt man sich gemächlich per Schiff transportieren und staunt über diesen scheinbar grenzenlosen „schönen Wald" (dt. für *Sunderban*) auf feuchtem Grund. Festen Boden zur Nacht bietet die *Sajnekhali Tourist Lodge (Tel. 03218 214960 | €)*. Privatboote ordert man in Kolkata, z. B. bei *Himalayan Footprints (77 Netaji Subhash Road | Tel. 033 22 43 10 63 | 3-Tages-Tour ab 125 Euro)*. Ca. 100 km südwestlich

# KONARK (KONARAK)

(197 F2) (*L10*) **Seit 1984 ist der um 1250 von Orissas König Narasimha Deva (reg. 1238–1264) erbaute Tempel von Konark (16 700 Ew.) als Welterbe anerkannt.**

## BÜCHER & FILME

**Der Gott der kleinen Dinge (1997)** – Der Roma, mit dem Arundati Roy weltberühmt wurde, erzählt eine Familiengeschichte. Die Schauplätze in Kerala geben einen authentischen Einblick in das alltägliche Landleben – samt der Schatten der Kasten-Vorschriften

**Indien – Küche und Kultur (2005)** – Kundiger Einblick in die Küchen Indiens; attraktiv fotografiert. Informationen zu Kochtechnik und -geräten, Tischsitten, Esskultur, Grundrezepten und Festessen

**Gottes kleiner Krieger (2006)** – Hochaktuell: Der in Mumbai lebende Autor Kiran Nagarkar schreibt in seinem tragikomischen Roman über einen fundamentalistischen Fanatiker

**Eine Prinzessin erinnert sich (1996)** – Wie keine andere Frau setzte Gayatri Devi, die Maharani von Jaipur, bis in ihr neuntes Lebensjahrzehnt ihre Ideen für das neue Indien durch, rettete die *Pink City*, wurde ins indische Parlament gewählt. Ein spannendes Erinnerungsbuch

**NH10 (2015)** – Ein junges Paar wird als Zeuge eines Ehrenmords von einer Bande verfolgt. Der Kassenhit, in dem die Hauptdarstellerin die Heldin ist, wäre ohne die Debatte um die Rechte der Frau noch vor wenigen Jahren im indischen Kino kaum denkbar gewesen

**My Name is Khan (2010)** – In diesem Streifen beweisen die Bollywood-Superstars virtuos die Elastizität indischer Filmplots. Changiert zwischen romantischer Komödie und tragischem Melodram

**Slumdog Millionär (2008)** – Geschichte des in einem Slum aufgewachsenen Jamal Malik, der im Fernsehquiz Millionen gewinnt. Romantisch, spannend und mit viel Humor erzählt, ohne unglaubwürdig zu werden. Acht Oscars!

Der Sonnentempel von Konark bezaubert mit seinem Skulpturenschmuck

Zur Zeit der großen Segelschiffe war der ★ *Sonnentempel von Konark* als Black Pagoda bekannt, da der damals 70 m hohe Turm als Orientierungspunkt an der Küste diente. Der Küstenverlauf hat sich geändert, Konarks Hafen ist versandet, und der Tempel steht ein Stück landeinwärts am Rand einer kleinen Ortschaft.
Leider ist der Sonnentempel seit Langem eine Ruine: Der Turm stürzte ein und mit ihm die Halle des Heiligtums. Um die vorgebaute Versammlungshalle zu retten, bauten die Briten um 1900 starke Innenwände ein und füllten den Raum bis unters Dach mit Sand und Steinen auf. Die Steinruine mit ihren prunkvollen Relief- und Figurenfriesen an den Außenwänden ist dennoch einer der großartigsten Tempelbauten Indiens. Mit 24 je fast 3 m hohen steinernen Rädern bildet er symbolisch den Wagen des Sonnengottes Surya nach. Die Skulpturen von Tänzern und Tänzerinnen, von Liebespaaren und himmlischen Nymphen *(Apsaras)* sind ein Fest der Sinnlichkeit, Zärtlichkeit und Erotik – ähnlich beeindruckend wie in Khajurahos Tempelstadt.
Die Wiederherstellungsarbeiten werden wohl noch Jahrzehnte andauern. Beste Zeit für einen Besuch ist wegen des warmen Lichts der frühe Morgen oder späte Nachmittag. *Von Sonnenauf- bis Sonnenuntergang | Eintritt ca. 3,50 Euro | ein Wall ums Areal ist frei zugänglich*
Im *Archäologischen Museum (Sa–Do 10–17 Uhr)* sind Skulpturen vom Sonnentempel ausgestellt. Der 3 km entfernte Sandstrand ist lang und breit, am Busstop stehen Imbiss- und Souvenirbuden. Nahe beim Tempel liegen das *Yatrinivas (46 Zi. mit AC | Tel. 07658 23 68 20 | €)* mit einfachem Restaurant und Garten sowie das *OTDC Tourist Office (Tel. 07658 23 68 21)* für Auskünfte über die Region.

# PURI

*(197 F2) (◫ L10)* **Puri (201 000 Ew.) ist mit seinen langen, feinsandigen Strän-**

**den ein beliebter Badeort – auch wenn die Strömungen gefährlich sind.**
Eines der größten Feste Indiens wird seit Jahrhunderten alljährlich hier gefeiert: das hinduistische Wagenfest *Rathjatra* (*Ratha* heißt Wagen). Je nach Mondkalender werden im Juni oder Juli die Götterbilder auf bis zu 14 m hohen Prozessionswagen aus dem *Jagannath-Tempelareal* zum Sommerhaus *Gandicha Mandir* gerollt. Begleitet von Musik, Tanz und Gebeten ziehen Hunderte von Menschen die Götterwagen an langen Seilen. Im Sommerhaus werden die holzgeschnitzten Kultfiguren dann während der acht Festtage auf einen Thron gestellt.

## SEHENSWERTES

### JAGANNATH-TEMPEL

Lord Jagannath, eine Erscheinungsform Vishnus, des Herrs des Universums, verabscheut keine niederen Kasten. Das macht das Wagenfest auch so beliebt. Allerdings dürfen nur Hindus in seinen Tempel. Allen anderen ist gegen eine kleine Spende der Blick vom Dach der Bibliothek gegenüber erlaubt. Man sieht von dem rund 200 mal 200 m großen Tempelgelände jedoch lediglich Dächer und den 59 m hohen Tempelturm. Auf diesem Areal arbeiten 6000 Priester. Auch wenn kein Fest gefeiert wird, kommen täglich rund 5000 Pilger nach Puri.

## ESSEN & TRINKEN

### WILDGRASS RESTAURANT

Restaurant mit großer Auswahl an Gerichten. Angenehmer Garten. *VIP Road* | €€

## ÜBERNACHTEN

### NILANCHAL ASHOK HOTEL

Das Hotel liegt etwas vom Strand entfernt, mit Garten und Swimmingpool. *34 einfache Zi. (mit AC) | VIP Road | Tel. 06752 2 36 39* | €€

### TOSHALI SANDS

Ein kleines Paradies ist dieses Bungalow-Resort abseits der Stadt unter Palmen, mit Gartenpracht und Swimmingpool. Es wurde als *Orissas Ethnic Village* angelegt, mit Götter- und Tierkeramiken sowie Folkloretextilien. Shuttleservice zum unverbauten Strand, außerdem Bootsausflüge auf dem Nuanai-Fluss. Es gibt auch ein mehrstöckiges Apartmenthotel. *54 Zi. und 50 Villen/Cottages | Konark Marine Drive | 8 km von Puri Richtung Konark | Tel. 099 37 00 32 23 | www.toshalisands.com* | €€

## AUSKUNFT

### OTDC OFFICE

*Station Road | Tel. 06752 22 35 36 und 22 35 26 (OTDC-Touren)*

## LOW BUDG€T

Die kompetente Inhaberin von *Dolly's Tea Shop* in Kolkata schreibt Bücher über Tee und bietet für nur ca. 20 bis 50 Cent etwa 24 verschiedene Teesorten an. *Östlich vom Kalighat-Tempel (etwa 2 km) | zw. der Metrostation Rabindra Sarovar und der Bahnstation Dhakuna*

Das ● *Centre of International Modern Art (CIMA)* in Kolkata hat sich als eine der führenden Galerien Indiens für zeitgenössische Kunst etabliert. In modernen Räumen stellen internationale Künstler in wechselnden Ausstellungen ihre Werke umsonst aus. *Sunny Towers | 43 Ashutosh Chowdhury Avenue | www.cimaartindia.com*

# CHENNAI UND DER SÜDEN

**Für manche ist nur der Süden „echtes" Indien: mit Dschungeln, Bergeshöhen und weiten Stränden. Wie Wahrzeichen ragen die Türme der Tempel aus Kokospalmenhainen auf. Ayurveda, die alte indische Heilkunst, ist hier heimisch.** Anders als im Norden bleibt es im Winter nach europäischen Maßstäben sommerlich warm. Auch wird hier nicht Hindi gesprochen, sondern Kannada, Telugu, Tamil und Malayalam – alle Sprachen sind drawidischen Ursprungs. Trotz vieler Gemeinsamkeiten sind die vier südlichen Bundesstaaten Karnataka, Kerala, Tamil Nadu und das kleine Goa sehr unterschiedlich. Traditionell ein Land der Gewürze und Seiden, hat Karnataka seine Hauptstadt Bangalore zu einem bedeutenden Zentrum indischer Hightechindustrie aufgebaut. Goa kam erst 1961 zur indischen Republik hinzu, 1987 wurde die Region ein eigener Bundesstaat. Goas Badeküsten und die portugiesisch gefärbte Kultur, dazu eine Bevölkerung, in der es fast keine Armut gibt, machten es zur Touristenattraktion. Kerala, dessen Backwaters ideal für geruhsame Schiffsfahrten sind, hat herrliche Strände, die höchste Alphabetisierungsrate Indiens, die geringste Arbeitslosenquote – und zeigt sich fortschrittlich bei der Gleichberechtigung der Frauen. Keralas Nachbarbundesstaat Tamil Nadu ist berühmt für seine drawidische Tempelarchitektur, die Sie u. a. in Kanchipuram, Mamallapuram, Madurai und Thanjavur bewundern können.

Mehr über diese Region erfahren Sie im MARCO POLO „Indiens Süden".

 Bild: Mobor Beach, Goa

**Indiens Süden lockt mit Gewürzen und Seide, Hightech und drawidischen Tempeln sowie den Backwaters und den Stränden Goas**

# BANGALORE

(198 C2) (F14) **Die Hauptstadt Karnatakas (8,5 Mio. Ew.) ist heute ein Symbol des indischen Aufbruchs in die Hightechmoderne. Computer- und Softwareindustrie sowie die Raumfahrtforschung stehen an der Spitze.**

Manche Regionen allerdings haben noch immer den Charme einer Gartenstadt. Im 19. Jh. bewog das angenehme Klima in annähernd 1000 m Höhe die britische

CITY **WOHIN ZUERST?**
**Mahatma Gandhi Road (MG Road):** Spazieren Sie die MG Road entlang Richtung Cubbon Park. Den älteren Teil der Stadt südlich des Bahnhofs erreichen Sie bis zur Fertigstellung der Metro mit der Motorrikscha, ebenso wie den botanischen Garten Lalbagh, von dem aus Sie die Aussicht auf die Stadt genießen.

Callcenter in Bangalore: Die Millionenstadt ist Symbol für Indiens Hightechboom

Kolonialregierung dazu, Bangalore zum Verwaltungszentrum zu machen. Die Überreste des alten, auf die Stadtgründung im Jahr 1537 zurückgehenden Forts finden sich noch in der *Market Area.* Hier sind die Gassen eng, im Basar ist es laut und voller Gerüche, zahlreiche Ladenschilder sind in verschnörkeltem Urdu und Kannada geschrieben. Rund um die verkehrstosende *MG Road* und die von ihr abgehenden, ruhigeren Querstraßen dominieren hingegen bunte Neonreklamen, Internetcafés sowie Pizzerien, Restaurants, Bars und elegante Geschäfte.

Ende 2011 wurde das erste Teilstück des neuen S-Bahn-Netzes eingeweiht, das die Stadt aus dem zunehmenden Verkehrschaos retten soll. Der Bau der Namma Metro war jedoch von immer neuen Verzögerungen begleitet, sodass bis jetzt nicht sicher scheint, ob das Ziel, die Stadt schnell und komplett ober- und unterirdisch durchqueren zu können, in 2016 erreicht sein wird.

## SEHENSWERTES

### INSIDER TIPP LALBAGH

Hyder Ali von Mysore setzte Ende des 18. Jhs. den Grundstein für den *Roten Garten* – der Name geht auf die Rosenliebhaberei des kriegerischen Britenschrecks zurück. Zum Park gehören eine schöne botanische Sammlung und ein Glashaus.

### NANDI-TEMPEL

Schon die Fahrt hügelaufwärts ist ein Erlebnis. Vor dem drawidischen Tempel aus dem 16. Jh. beeindruckt die riesige monolithische Granitskulptur eines Nandi-Bullen, dem Reittier Shivas.

### INSIDER TIPP SULTAN TIPUS PALAST

Bei den Resten des Forts von 1537, das Hyder Ali und Tipu Sultan im 18. Jh. erneuerten, bauten die beiden einen schön proportionierten Palast mit Teakholzsäulen und einem sehenswerten malerischen Dekor. Der Besuch lohnt sich auch wegen des kleinen Museums. *Tgl. 9–17.30 Uhr | Albert Victor Raod | Tipu Nagar*

### VIDHANA SOUDHA

Der Sitz der Legislative Karnatakas ist das größte Regierungsgebäude Indiens. Premierminister Jawaharlal Nehru persönlich legte 1951 den Grundstein. Mit seinem eigenwilligen Architekturstil, der am besten als neodrawidisch oder indosarazenisch beschrieben ist, steht das Gebäude unübersehbar für das besonde re Selbstbewusstsein der damals noch jungen Republik. *Zutritt für Besucher nur mit besonderer Genehmigung | Illumination tgl. 18–20.30 Uhr | am Cubbon Park | schräg gegenüber der Hauptpost*

## ESSEN & TRINKEN

In den Restaurants der Luxushotels speisen Sie vorzüglich und relativ preisgünstig in edlem Ambiente – auch in tropischem Gartengrün. Fragen Sie nach Themenabenden!

### CAFE MAX

Das Dachrestaurant des Max-Mueller-Bhavan – so heißt hier das Goethe-Institut – bietet eine kulinarische Version der Deutschkurse: Jägerschnitzel und Bratwürstchen. *716, CMH Road | Indiranagar | Tel. 08041 20 04 69 |* €€

### HARD ROCK CAFÉ BENGALURU

Im historischen Gebäude der *Tract and Book Society* führt die US-Kette eines der besten Lokale der Stadt. Tagsüber verströmen eingerahmte E-Gitarren Rocker-Gemütlichkeit, abends ist es ein guter Ort, Liveauftritte zu erleben. Da passt es, dass hier früher das führende Plattengeschäft der Stadt zu Hause war. *40 St. Marks Road/MG Road | Tel. 080 41 24 22 22 |* €€

### INDIAN COFFEE HOUSE

Die Filiale einer Kooperative ist nach 50 Jahren von der MG Road einige Häuser weiter gezogen – ein Ruhepol in der quirligen City. *Church Street | Tel. 080 25 58 70 88 |* €

## MARCO POLO HIGHLIGHTS

**★ Halebid**
Die Tempel des Reichs der Hoysala: pure Lust künstlerisch dargestellt → S. 123

**★ Shravanabelagola**
Seit über 1000 Jahren Pilgerziel – mit der größten Jain-Statue → S. 123

**★ Vijayanagara**
Ein Sieg der Archäologie: Die „Stadt des Sieges" wurde ausgegraben → S. 132

**★ Backwaters**
Weit verzweigte Fluss- und Kanallandschaft hinter der Palmenküste Keralas → S. 135

**★ Dutch Palace**
Repräsentativbau in Cochin: ein Augenschmaus mit bewegter Geschichte → S. 135

**★ Kathakali**
Nur Männer treten – maskiert und geschminkt – in Keralas berühmten Tanzdramen auf → S. 136

**★ Arjunas Buße**
Das größte Flachrelief der Welt, eine Stunde entfernt von Chennai → S. 140

**★ Kanyakumari**
Hier blickt man auf zwei Ozeane – und begegnet einer Göttin sowie einem Weisen → S. 146

### RASOVARA – THE ROYAL KITCHEN
Authentische, vegetarische nordindische Küche trifft Systemgastronomie: Das Restaurant ist der Vorzeigeableger eines indischen Filialisten. *Level 2, UB City | Vithal Mallaya Road | Tel. 080 41738968 | €–€€*

## EINKAUFEN

Außer der *MG Road* ist die nördlich gelegene *Commercial Street* für einen Einkaufsbummel empfehlenswert.

### CAUVERY ARTS AND CRAFTS EMPORIUM
Führt typische Seidenstoffe und Sandelholzarbeiten der Region, aber auch Kunsthandwerk aus ganz Indien. *49, MG Road*

## ÜBERNACHTEN

### HIGHGATES
Komfortabel und in modernem Design. Mit Restaurant und Café. Reservierung empfohlen. *40 Zi. | 33, Church Street | Tel. 080 25597172 | €–€€*

### INSIDER TIPP LEELA PALACE BANGALORE
Bereits vielfach ausgezeichneter, opulenter Neubau im Heritage-Stil. Üppiges indisches Kunsthandwerk, der Charme des Orients, die Blumenfülle und der Komfort des 21. Jhs. machen es zum vielleicht besten Hotel Indiens. *252 Zi. | Tel. 080 25211234 | auch buchbar über Kempinski Neu-Isenburg, Tel. 0800 42631355 | www.theleela.com | €€€*

### WOODLANDS
Trotz seiner Größe angenehm, mit Cottages, klimatisiertem Restaurant, Bar, Coffeeshop und Garten. *240 Zi. | 5, Raja Rammohan Roy Road | Tel. 080 22225111 | www.woodlands.in | €*

## AUSKUNFT

### CITY INFO
Alle zwei Wochen erscheinende Übersicht über aktuelle Veranstaltungen, Pubs und Clubs, Einkaufsadressen, Museen, das Nachtleben etc.

### GOV. OF INDIA TOURIST OFFICE
*48, Church Street | Tel. 080 25585417*

### KARNATAKA STATE TOURISM DEVELOPMENT CORPORATION
Empfehlenswert sind die Tagestouren nach Mysore, Belur, Halebid und Shravanabelagola, auch Exkursionen nach Hampi können Sie hier buchen. *Badami House | NR Square | gegenüber BBMP | Tel. 080 43344334 | www.karnatakatourism.net*

## ZIELE IN DER UMGEBUNG

### BELUR (198 B2) (*E14*)
Mit ihren zahlreichen Relieffriesen, großen Skulpturen und feinen Dekors gehören die Tempelbauten von Belur (und dem nahen Halebid) zu den künstlerisch bedeutendsten Indiens. In der Hoysala-Dynastie (11.–14. Jh.) geschaffen, faszinieren sie durch die Figurenfülle und die Präzision der Darstellung.

Von 1116 an entstand hier in 100-jähriger Bauzeit der große Vishnu-Tempel *Channeskeshava*, gestiftet zur Erinnerung an einen Sieg der Hoysala-Armee gegen die Chola-Herrscher. Der Tempel ist vollständig mit Figuren bedeckt. Sein sternförmiger Grundriss schafft viele Nischen und weite Fassadenflächen für Elefanten (Zeichen der Königsmacht, rund 650 Figuren), graziöse Frauen, erotische Spiele. Selbst König und Königin sind unbekleidet dargestellt. Für das dunkle Tempelinnere eine Taschenlampe mitbringen! *215 km westlich*

**HALEBID ★** (198 B1) (*E14*)
1311 wurden das Hoysala-Reich und seine Hauptstadt Halebid von den muslimischen Truppen des Delhi-Sultanats vernichtet, doch die Tempelstätte blieb erhalten. Im Haupttempel *Hoysaleshvara* findet man Darstellungen sexueller Freude. Der kleinere *Vijayanatha-Tempel* wurde erst im 16. Jh. von Jains erbaut, mit einem hohen Standbild des unbekleideten „Furtbereiters" Shantinatha. Versäumen Sie nicht die kleine, aber feine Skulpturensammlung des *Archäologischen Museums (Sa–Do 10–17 Uhr)*. Beste Unterkunft: das *Taj Chikmagalur (29 Zi. und Cottages | Tel. 08262 66 06 60 | Tel. in Deutschland 0800 185 26 15 | www.tajhotels.com | €€€)* nahe der Stadt gleichen Namens, in schöner Landschaft, mit Pool. *230 km westlich*

**SHRAVANABELAGOLA ★**
(198 C2) (*F14*)
Hier heißt es Schuhe ausziehen und die 614 Steinstufen des Indragiri-Hügels hinaufsteigen, wie es die Pilger seit über tausend Jahren tun. 17 m hoch ist der aus dem Felsgipfel herausgehauene Monolith – die nackte, von Ranken umwachsene Statue des asketisch meditierenden Jain-Heiligen Gomateshwara. Alle zwölf Jahre, das nächste Mal 2017, wird die Statue bei einem großen Fest mit Tausenden von Tontöpfen voller flüssigem *ghee* (Butterfett), Milch, Blüten und Farbe übergossen – sogar vom Hubschrauber aus. *125 km westlich*

Aus dem Felsgipfel herausgehauen: Jain-Heiligtum Shravanabelagola

# CHENNAI (MADRAS)

KARTE AUF S. 125
(199 E2) (*H14*) **Die sechstgrößte der indischen Metropolen (4,7 Mio. Ew.) mit dem viertgrößten Ballungsraum (fast 9 Mio. Ew.) ist ein Standort der Auto-, Elektro- und Feinmechanikindustrie, in den internationale Multikonzerne investieren – und ein guter**

**WOHIN ZUERST?**
**Fort St. George:** Dem Fort gebührt der erste Besuch in Chennai. Danach schlendern Sie nördlich der Central Station durch George Town, das alte Geschäftsviertel. Ansonsten empfehlen sich Motorrikschas und Busse, um ans Ziel zu kommen. Das moderne Geschäftszentrum ist um die Hauptverkehrsader Anna Salai angesiedelt, die vom Fort aus nach Südwesten führt.

# CHENNAI (MADRAS)

**Ausgangspunkt zu Zielen an der Koromandelküste und anderswo im östlichen Teil Südindiens.**

In Chennai, das im 16. Jh. von den Portugiesen und vom 18. bis zum 20. Jh. von den Briten beherrscht wurde, sind noch einige Bauten aus dem 17. Jh. erhalten. Die Lage am 13 km langen Strand *Marina Beach* ist tropisch-angenehm. Die stolzen Einwohner der Hauptstadt von Tamil Nadu sprechen Tamil und halten nichts von der Bevormundung durch die Zentralregierung im Norden.

Für Ihre Sightseeingtour lohnt die Fahrt mit einer ● Motorrikscha. Die dreirädrigen Gefährte kommen überall schnell hin und sind unschlagbar günstig (10–25 Rupien pro km). Fahren Sie z. B. ruhig mit einer Rikscha vor einem Luxushotel vor, viele wohlhabende Inder tun dies auch.

## SEHENSWERTES

### CHENNAI GOVERNMENT MUSEUM

Ein Elefantenskelett, botanische Exponate, zeitgenössische Kunst – es gibt viel zu entdecken! In dem archäologischen Museum ist eine der besten Sammlungen antiker indischer Bronzeskulpturen (11. Jh.) ausgestellt . *Sa–Do 9.30–17 Uhr | Pantheon Road*

Im Sari auf dem Motorroller: alltägliche Straßenszene in Chennai

### FILMSTADT CHENNAI

In den AVM-Studios können Sie sich zwischen den Kulissen frei bewegen und auch bei den Dreharbeiten zuschauen. Vorher anrufen, ob die Studios geöffnet sind. Auf dem Gelände gibt es zudem eine Gokart-Strecke. *Mo–Sa 9–21 Uhr | 38, Arcot Road | Vadapalani | 10 km stadtauswärts | Bus 17M von Anna Salai, 17E von Egmore Station | Tel. 044 42 13 67 00*

## FORT ST. GEORGE

Bis zu seiner Fertigstellung 1644 hatte die englische East India Company nur Handelsposten unterhalten, St. George war die erste Festung. Heute nutzt der indische Staat die Gebäude. Die alte *St. Mary's Church* (1680) erinnert mit Gedenktafeln an Robert Clive, den englischen Gouverneur von Bengalen, der hier heiratete, und an Elihu Yale, Stifter der gleichnamigen amerikanischen Universität. Im Norden des Forts ist der *High Court* noch ein typischer Bau der Kolonialzeit (1892) mit Kuppeln, Fensterbögen und rot-weißer Fassade. Das *Fort Museum (Sa–Do 10–17 Uhr)* ist eine Fundgrube für indische Geschichte.

## GUINDY NATIONALPARK

Gerade einmal knappe 3 km² ist dieser Nationalpark klein. Dafür ist er der einzige Indiens, der nahe dem Stadtzentrum einer Metropole liegt. Über 2000 Axishirsche sollen hier zu Hause sein, die eigentliche Attraktion aber ist der Wald: Nur durch die Umwandlung des früheren Jagdreviers zum Nationalpark im Jahr 1978 überlebte hier der tropische

Trockenwald. *Von Sonnenauf- bis Sonnenuntergang | Sardar Vallabhai Patel Road | short.travel/ind12*

### KAPALEESWARAR-TEMPEL

Im südlichen Stadtteil Mylapore steht der 300 Jahre alte Shiva-Tempel mit seinem steilen Turm, der ganz mit Skulpturen bedeckt ist. Ins Innere dürfen nur Hindus.

### ST. THOMAS CHURCH

Die römisch-katholische Kirche im Süden der *Kamarajar Salai* wurde erst um 1890 gebaut, wird von vielen aber für die Grabkirche des heiligen Thomas gehalten, der angeblich 52 n. Chr. nach Indien kam.

## ESSEN & TRINKEN

### ANNALAKSHMI

Freundliches Lokal mit südasiatischen Spezialitäten und Vollwertkost. *804, Anna Salai Road | Tel. 044 28 52 51 09 |* €€

### DYNASTY

Gute chinesische und südindische Küche. Das auch bei Einheimischen beliebte Restaurant ist bekannt für seinen schnellen, freundlichen Service. *Im Harrisons Hotel | 315, Valluvar Kottam High Road | Anna Nagar | Tel. 044 42 22 27 77 |* €€

### PREMS GRAAMA BHOJANAM

Einfach, aber bunt: Geboten wird nord- und südindische Küche. *19, Sardar Patel Road | 1. Stock | neben GRT Jewellers | Adyar | Tel. 098 40 06 27 72 |* €

### INSIDER TIPP RAINTREE

Das Restaurant des traditionsreichen Hotels Taj Connemara stellt abends zu Vorführungen von Tanz und volkstümlicher Musik das Buffet auch im Garten auf. *Binny Road | Tel. 044 66 00 00 00 |* €€–€€€

### UDIPI HOME MATHYSA

Reichhaltiges Angebot an vegetarischen Speisen in gepflegter Umgebung. *1, Hall's Road | Egmore | Tel. 044 28 19 15 15 |* €

## EINKAUFEN

In Chennai können Sie gut vielfarbig karierte Baumwollstoffe erwerben, die hier hergestellt werden. Auch die Seidenstoffe und handgewebten Seidensaris aus dem 70 km entfernten Tempelort *Kanchipuram* sind berühmt. Qualitätsware und Maßschneidereien bekommen Sie vor allem in der *Anna Salai Road.*

In derselben Straße findet man auch hippes Design aus Indien: Der an das *Raintree Hotel* angegliedert Laden von INSIDER TIPP *Play Clan (Teynampet | Tel. 044 28 30 99 99 | www.theplayclan.com)* bietet bunte Accessoires, die mit viel indischem Selbstbewusstsein und einer kräftigen Portion Selbstironie gestaltet sind. Vektorbasierte indische Kopfbedeckungen zieren iPhone-Hüllen, Hochzeitstrompeter oder Herren-Boxershorts. Weitere Filialen gibt es in Delhi, Mumbai, Goa, Kochi, Pune und Pondicherry.

## AM ABEND

Zur Wahl stehen in Chennai klassische indische Musik mit traditionellen Instrumenten, der klassische indische Tanz *Bharata Natyam* oder ein Kinofilm auf Englisch. Infos zu allen Veranstaltungen finden Sie in den englischsprachigen Tageszeitungen.

## ÜBERNACHTEN

### NEW WOODLANDS

Mit Garten, Restaurant, kleinem Pool. *172 Zi. (teils AC) | 72–75, Dr. Radhakrishnan Road | Tel. 044 28 11 31 11 | www.newwoodlands.com |* €

**NILGIRI'S NEST**
In der Nähe von Marina Beach gelegenes Haus mit einem guten Restaurant. *38 Zi. | 105, Dr. Radhakrishnan Salai | Tel. 044 28 11 51 11 | nilgirisnest@sify.com | €*

**RESIDENCY**
Von den oberen Stockwerken aus hat man einen guten Ausblick. Beliebtes Restaurant. Sie sollten unbedingt reservieren! *112 Zi. | 49, GN Chetty Road | Tel. 044 28 25 34 34 | www.theresidency.com | €€*

**TAJ CONNEMARA**
Die Traditionsadresse der Stadt, teils noch viktorianisch, teils im Art-déco-Stil gehalten. Mit Pool. *150 Zi. und Suiten | Binny Road | Tel. 044 66 00 00 00 | www.vivantabytaj.com | €€€*

## AUSKUNFT

**GOV. OF INDIA TOURIST OFFICE**
*154, Anna Salai | Tel. 044 28 46 14 59 | www.incredibleindia.org | am Domestic Airport 24-Stunden-Schalter | am International Airport bei Ankunftszeiten geöffnet*

## ZIEL IN DER UMGEBUNG

**KANCHIPURAM** (199 E2) (*H14*)
Die einstige Hauptstadt des Pallava-Königreichs, heute kurz Kanchi (165 000 Ew.) genannt, ist eine der sieben heiligen Städte Indiens. Außerdem kommt die INSIDER TIPP am besten verarbeitete Seide von hier. Schon für die Pallava-Könige (6.–9. Jh.) wurde sie gewebt. Über 1000 Tempel sollen einmal in Kanchipuram gestanden haben, heute sind es noch 124. Die *Gopurams*, typische südindische Tempeltürme, sind schon von Weitem zu sehen. In Kanchi herrscht stets ein großer Andrang von Pilgern, die hier Vishnu und Shiva verehren.
Zu den wichtigsten Tempeln zählt der *Shri-Ekambaranathar-Tempel,* ein Shiva-Tempel mit einem 59 m hohen *Gopuram*, der aus dem 16. Jh. stammt. Nicht-Hin-

Kanchipuram ist eine auch heute noch gut besuchte Pilgerstadt

Old Goa: Am Ufer des Mandovi-Flusses leuchten weiße Barockkirchen aus üppigem Grün

dus bleibt das Tempelinnere verschlossen, offen steht ihnen aber der Weg zum Tempelteich mit den heiligen Fischen und zum heiligen Mangobaum, der an vier Ästen vier verschiedene Mangofrüchte trägt, die die vier *Veden* (heilige Schriften) symbolisieren.

Der *Kailasanatha-Tempel* (7. Jh.) ist ein gutes Beispiel früher drawidischer Kunst. Zwar sind die Sandsteinverzierungen verwittert, doch im Innerern vermittelt die Malerei noch einen Eindruck von der einstigen Pracht.

Der monumentale Tempel *Dewarajaswami (Varadaraja)* stammt aus der Vijayanagara-Architektur (um 1500). Löwen und andere eindrucksvolle Steinskulpturen zieren die 96 Säulen zählende Halle (genannt Tausend-Säulen-Halle). *Meist sind die Tempel von 12 bis 16 Uhr geschlossen.*

Eine einfache Unterkunft mit einigen klimatisierten Zimmern ist das *Tamil Nadu (TTDC, Kamatchi Amman Sannathi Street | Tel. 917 6995831 | €). 70 km südwestlich*

# GOA

(194–195 C–D5) (*🕮 D13*) **„Perle des Ostens" nannten die Portugiesen Goa und hielten es 450 Jahre lang kolonial umklammert.**

Erst seit 1961 gehört das nur 3700 km² große Ländchen zur Republik Indien. Goa (1,5 Mio. Ew.) ist im Gegensatz zu anderen Regionen Indiens nicht so übervölkert und hat auch keine großen Ballungszentren mit Elendsquartieren. Vor allem aber hat es kulturelles Erbe aus zwei Welten vorzuweisen: das alte indische, das selbst durch jahrhundertelange koloniale Unterdrückung nicht verdrängt wurde, und das portugiesisch-mediterrane. Neben herrlich langen Palmenstränden und teils romantischen, teils im Hotelboom verbauten Buchten können Sie Kirchen, Tempel und Märkte besuchen.

Vor mehr als 40 Jahren kamen die Hippies nach Goa. Sie machten es in Europa und den USA bekannt, und das Verlangen nach Sonne und Meer brachte den Mas-

sentourismus in Gang, was manchem Einheimischen nicht gefiel. Doch schlimmer noch sind die gravierenden Umweltprobleme – u. a. geriet die Wasserversorgung aus dem Gleichgewicht, und an einigen Stellen wurde zu viel gebaut.
Auch die wohlhabende indische Mittelschicht macht zunehmend in Goa Urlaub. Neue Hotels stehen nicht direkt am Sandstrand, sondern hinter einem Palmengürtel, etwa 200 m von der Brandung entfernt. In den Ortschaften haben sich viele Buden mit diversem Schnickschnack angesiedelt. Nicht vom Tourismus überrollt wird das Hinterland Goas, sogar in der Hauptstadt *Panaji (Panjim)* mit ihren rund 100 000 Einwohnern ist noch etwas vom Charme des Provinziellen geblieben. Goas Küstenebene steigt nach Osten hin über waldige Hänge zum Dekkan-Hochland an. Von dort kommen die Flüsse und bilden breite Mündungsbuchten am Meer. Bei einer Nord-Süd-Fahrt muss man Fähren benutzen: eine ganz beschauliche Art des Reisens. Mit ungewohntem Tempo bewältigt dagegen die erst kurz vor der Jahrtausendwende eröffnete *Konkan Railway* die Strecke von Mumbai nach Goa (und weiter nach Mangalore). Mit ihren vielen Tunneln ist sie ein Meisterstück des Bahnbaus. Buchen Sie frühzeitig Ihre Fahrt (an jedem größeren Bahnhof möglich)!

## SEHENSWERTES

### SHREE-BRAHMA-TEMPEL

Seltener Brahma-Tempel, das Kultbild stammt wahrscheinlich aus dem 5. Jh. *7 km östlich von Valpoi im Nordosten Goas | nahe Karnataka*

### SHREE-MANGESHI-TEMPEL

Typischer Goa-Tempelstil mit einem siebenstöckigen Lampenturm im Hof. *Priol | 22 km östlich von Panaji*

### VELHA GOA (OLD GOA)

Am Ufer des breiten Mandovi-Flusses leuchten weiße Barockkirchen in grünem Parkgelände: Hier war einst die Hauptstadt der portugiesischen Tropen. Auf weiten Rasenflächen sind Kirchen und Kirchenruinen geblieben, die auch an den heiligen Franz Xaver (1506–52) erinnern, den Landesheiligen Goas. In der Kirche *Bom Jesus* sieht man sein silbernes Reliquiar und seinen Sarkophag. Im Zentrum von Velha Goa steht die *Sé (Cathedral)* mit hohem Schiff und vergoldeten Altären (1562–1619). Nur wenige Schritte entfernt sind in der fast leeren *Church of St. Francis of Assisi* (1661) Wandbilder mit Szenen aus dem Leben des Heiligen zu sehen. Im angeschlossenen Klostergebäude zeigt das *Archäologische Museum (Sa–Do 10–17 Uhr)* eine Porträtsammlung und interessante Stücke auch aus der vorkolonialen Zeit Goas. Eine verkleinerte Nachahmung des Petersdoms in Rom ist die *Church of St. Cajetan* mit Gräbern der Erzbischöfe und Vizekönige. Vor der Kirche wurden grausame Inquisitionsprozesse abgehalten. *Etwa 10 km östlich von Panaji*

## ESSEN & TRINKEN

Die Spezialitäten der Region sind Schweinefleisch, oft in scharfer *vindaloo*-Sauce, Lamm oder Fisch, eingelegt in würziges *xacuti*-Curry, sowie Würste und Gerichte, die in Kokosmilch gekocht sind *(foogaths)*. Empfehlenswert zum Dessert: *bebinca* (aus Eierteig und Kokosmilch) oder *dodol,* ein Konfekt aus Cashewnüssen.

## STRÄNDE & FREIZEIT

Wenn von den *beaches* die Rede ist, sind meistens *Calangute* nördlich der Hauptstadt Panaji und *Colva* in südlicher Richtung gemeint. Jeder Strand hat seine

Besonderheiten. Westlich von Panaji liegen der palmengesäumte Strand *Dona Paula* und *Miramar.* Nördlich von Calangute schließt *Baga* an – der Strand ist hier nicht so einladend, umso beliebter sind Diskos wie das durchgestylte *Tito's* und das etwas wildere *Café Mambo (Tel. beide 098 22 76 50 02)* direkt daneben. *Anjuna* ist vor allem wegen des malerischen Kunsthandwerker- und Flohmarkts *(jeden Mittwoch)* oberhalb der roten Klippen viel besucht – an den meisten Badeorten in Goa lassen sich Tagesbootstouren dorthin buchen.

## LOW BUDG€T

Frei zugänglich ist das große Elefantenfest *Pooram* in den Dörfern rund um *Thrissur (20 km nördlich vom Flughafen Kochi)* von März bis Mai. Bis zu 70 geschmückte graue Riesen marschieren dann auf. Genaueres bei den Tourist-Informationen oder unter *www.mykerala.net/pooram.*

Im Norden von Goa haben sich an vielen Stränden Schneider auf T-Shirts mit vielfarbig aufgestickten Motiven spezialisiert. Vom hippen Logo bis zum Sonnenuntergang: Sie bestimmen das Motiv. Preis: zwischen 3 und 5 Euro. Etliche Schneiderbuden stehen z. B. in *Anjuna* auf der Straße nach Mapusa.

Im *Veli Tourist Park*, 8 km westlich von Keralas Hauptstadt *Thiruvananthapuram*, kostet der Eintritt nur 5 Rupien (unter 1 Euro). Zu sehen gibt es moderne Skulpturen – direkt am Wasser. *Tgl. 8–19.30 Uhr | Tel. 0471 2 50 07 85*

Ins kleine *Arambol* locken internationale Restaurants: So schmeckt die Pizza aus dem Holzofen des *Fellini (Tel. 098 81 46 12 24)* fast wie in Italien. Bei *Majorda* beginnen die attraktiven Strände südlich der Hauptstadt Panaji. In *Benaulim* können Sie sich Fahrräder leihen, um die Strandrestaurants zu besuchen und die vielen Wassersportangebote zu nutzen – vom kurzen Hüpfer mit dem Paraglidingschirm bis zum Jetski-Ritt über die Brandung. Besonders romantische Sonnenuntergänge und Livemusik kann man in *Palolem* mit seinen charakteristischen Felsen am Sandstrand genießen. Die **INSIDER TIPP** Silent Noise Partys *(außer in der Monsunzeit jede Samstagnacht | www.silentnoise.in)* beim Neptune Point umgehen mit einem technischen Trick das für ganz Goa geltende Verbot von Partys unter freiem Himmel mit lauter Musik nach 22 Uhr: Funkkopfhörer machen Raves wie zu Zeiten der legendären Full Moon Partys möglich. Das südlich davon gelegene *Patnem* entwickelt sich gerade erst zum Touristenstrand. Hier gibt es auch einen *Katamaranverleih (Tel. 098 50 45 88 65 | www.goasailing.com)*. In ● *Neomis Hair & Beauty Salon (Navelkar Legend | Dhempe College Road | Miramar | Panjim | Tel. 77 74 00 65 91 | www.neomisgoa.com)* bieten Neomi und Mario Barneto sowie ihr Team seit fast 20 Jahren professionelle Schönheits-, Spa- und Wellnessbehandlungen. Neben dem Stammhaus in Panjim betreibt das Ehepaar weitere Salons im südlich gelegenen Ponda und im Norden in Calangute.

### ÜBERNACHTEN IN UND BEI PANAJI

Viele günstige Pensionen und Guest Houses sind im Viertel *Fontainhas* im Südosten des Zentrums angesiedelt, im

Bereich des *Church Square* stehen eine Reihe von Hotels. Die zentrale Lage Panjims ermöglicht Kurzbesuchern Tagesausflüge nach Velha Goa und zu den umliegenden Stränden – und das kulturelle Angebot verschafft denen, die länger in Goa bleiben, Abwechslung vom Strandleben.

### CIDADE DE GOA

Mediterranes Design, Tennisplätze, Pools, Casino, fünf Restaurants und Strand. *210 Zi. | Vainguinim Beach | Dona Paula | 7 km vom Zentrum von Panaji | Tel. 0832 2454545 | www.cidadedegoa.com* | €€€

### HOTEL MANVINS

Das Manvins bietet geräumige Zimmer, viele mit Aussicht auf Gärten und Fluss. Im 4. und 5. Stock eines Hochhauses. *45 Zi. | Municipal Gardens/Church Square | Tel. 0832 2228305 | www.goamanvins.com* | €

### INSIDER TIPP PANJIM INN/POUSADA/PEOPLES

Die drei Häuser im pittoresken historischen Viertel Fontainhas sind liebevoll restauriert. Antike Möbel, zuvorkommender Service. *13 Zi. | Tel. 0832 2226523 | www.panjiminn.com* | €€–€€€

## ÜBERNACHTEN AN DEN NÖRDLICHEN STRÄNDEN

Im dicht bewachsenen, palmenreichen Land hinter den Stränden stehen die typischen goanischen Häuser. Manche werden in der Saison wochenweise vermietet, mit zwei bis drei kleinen Zimmern, Küche und teils täglicher Reinigung. Um Wäsche und Handtücher muss man sich oft selbst kümmern. Auskunft erhalten Sie in der Nachbarschaft, in Cafés und Läden. Die Hotelauswahl ist groß.

Kunsthandwerkermarkt am Strand von Anjuna

### COCO BANANA

Goanisch-schweizerische Eigner führen das angenehme, helle und für Calangute wunderbar ruhige Haus tadellos. Mit Garten, hinter dem Calangute-Strand. *6 Zi. | Golden Beach Street | Tel. 0832 2279068 | short.travel/ind9* | €

### HOLIDAY VILLAGE/FORT AGUADA BEACH RESORT

Das *Holiday Village* am Strand von Sinquerim ist auf Familien zugeschnitten. Benachbart ist das *Fort Aguada Beach Resort* auf der Klippe des ehemaligen portugiesischen Forts. Oberhalb davon liegen am Hochufer 15 luxuriöse Villen in einem Garten, jede in altgoanischem Design gehalten. *140 bzw. 183 Zi. und Suiten | Sinquerim, Bardez | Tel. 0832 6645858 | www.vivantabytaj.com |* €€–€€€

**TAMARIND**
Bequeme, saubere Steinhütten in schönem Garten, 4 km vom Strand entfernt. Pool und Restaurant. Keine Kinder unter 12 Jahren! *22 Zi. | Kumar Vaddo | Anjuna, Bardez | Tel. 0832 2273076 | www.thetamarind.com |* €

## ÜBERNACHTEN AN DEN SÜDLICHEN STRÄNDEN

**BHAKTI KUTIR**
Einfache, aber gepflegte Hütten und ein Steinhaus im Palmengarten auf der Klippe über dem Strand. *Health-Food*-Restaurant, gute Frühstückskarte, Yogakurse. *22 Zi. | am Südende des Strands von Palolem | Tel. 0832 2643472 | www.bhaktikutir.com |* €–€€

**COCONUT CREEK**
Luxuriöse Steinhütten um einen Pool. 20 Minuten zu Fuß bis zum Strand und eine kurze Taxifahrt bis zum Flughafen Dabolim – ideal für sehr frühe Abflugtermine. Direkt am Strand liegt das einfachere *Joet's Guest House (7 Zi. |* €€*)*, das von derselben Familie geführt wird. *20 Zi. | Bogmalo | Tel. 0832 2538090 | www.coconutcreekgoa.com |* €€€

**THE LEELA PALACE**
Eines der *Leading Hotels of the World*, traditionell in Design und Architektur. Die Halle ist im feierlichen Stil der „Siegesstadt" Vijayanagara in Karnataka gestaltet. Die rosafarbenen Villen bieten Ausblick auf Kanäle, Brücken und Gärten. Mehrere Bars und Restaurants. Spiel- und Fitnessclub, Golfplatz. *152 Zi. und Suiten | Mobor | Cavelossim/Salcete | Tel. 0832 6621234 | www.theleela.com |* €€€

**MAJORDA BEACH RESORT**
Altportugiesisch eingerichtet, mehrere Restaurants, strandnah, Garten. *70 Zi. und Bungalows | Majorda | nördlich von Colva | Tel. 0832 6681111 | www.majordabeachresort.com |* €€€

**PALM GROVE COTTAGES**
Die freundlichen Besitzer bieten einfache Zimmer im alten goanischen Haupthaus und besser ausgestattete in moderneren Nebengebäuden – in einem Garten voller Schmetterlinge. *15 Zi. | 2 km vom Strand | Vaswado, Benaulim | Tel. 0832 2770059 | www.palmgrovegoa.com |* €

## AUSKUNFT

**GOV. OF INDIA TOURIST OFFICE**
Die Touristeninfo befindet sich etwas versteckt im ersten Stock des blauen *Communidade Building* gegenüber der *Immaculate Conception Church*. *Church Square Panaji | Tel. 0832 2223412 | indiatourism goa@bsnl.in*

**GOA TOURISM DEVELOPMENT CORPORATION LTD.**
Viele Tourenangebote. *Trionora Apts. | Dr. Alvares Costa Road | Panaji | Tel. 0832 2438750 | gtdc@goa-tourism.com*

# HAMPI

(195 E5) (*F13*) **Es sind vor allem die Ruinen der untergegangenen Königsstadt ★ *Vijayanagara*, die den entlegenen Ort (2700 Ew.) so anziehend machen.**

Wer auf engem Pfad den Matangahügel ersteigt, sieht wie in einem riesigen Steingarten zwischen gewaltigen Felsformationen die grazilen *Mantapas*, kleine Steinpavillons, verstreut liegen. In einem etwa 26 km² großen Ruinenareal – Taxis und Leihfahrräder stehen für den Transport durch das Gelände bereit – liegen die Überreste von *Vijayanagara* (der „Siegesstadt"), der einst mächtigsten Metropole Südindiens. Von hier aus herrschten seit 1336 Hindu-Dynastien über weite Teile Südindiens und Sri Lankas.

1565 überwältigte eine muslimische Allianz das Hindu-Heer. Vijayanagara erholte sich nie wieder von diesem Schlag. Als Unesco-Welterbe anerkannt, verzaubert Hampi durch die Verbindung von landschaftlicher und archäologischer Schönheit. Der Ort ist Anziehungspunkt für Touristen geworden, jedoch auch für Diebe: Schilder warnen davor, die Ruinen in der Dämmerung zu besichtigen. *Eintritt zu den wichtigsten Monumenten ca. 3 Euro*

## SEHENSWERTES

### ROYAL ENCLOSURE

Auch wenn von den Palästen nur noch die Fundamente stehen, kann man sich mit etwas Phantasie die vergangene Pracht vorstellen. In der Nähe liegt der *Hazara-Rama-Tempel* (Taschenlampe mitnehmen!), an dessen Außenwänden über 100 Reliefbilder Szenen aus dem Ramayana zeigen, dem ältesten indischen Epos. Im Inneren sind schön verzierte Säulen aus schwarzem Granit zu sehen.

### VIRUPAKSHA-TEMPEL

Schon lange vor der Gründung Vijayanagaras im 14. Jh. muss dieser Tempel Pilger angezogen haben, noch heute ist er der heiligste des Geländes. Aus dem Komplex mit mehreren Schreinen ragt von Weitem der 56 m hohe *Gopuram* (Tempelturm) heraus. Sehenswert ist vor allem die 1510 erbaute *Ranga Mantapa* (roter Pavillon). Die Hälfte der 38 Säu-

Hinter Felsen versteckt: der Virupaksha-Tempel im riesigen Ruinenareal von Hampi

len zeigt Yali, eine mythische Löwenfigur. *Von Sonnenauf- bis Sonnenuntergang | am Westende vom Hampi Basar*

**VITTALA-TEMPEL**

Warum zerstörten die muslimischen Eroberer diesen Tempel nicht? Die 56 fragilen Säulen, die aus einem Block geschnitzt und innen hohl sind, wären ein leichtes Ziel für die Aggressoren gewesen. Heute versuchen Wärter verzweifelt, Busladungen von Besuchern vom Berühren der zerbrechlichen Kunstwerke abzuhalten. Der reich verzierte Steinwagen auf dem Hof gilt als eines der Wahrzeichen Hampis. *Am Nordrand des Ruinenfelds, nahe dem Flussufer*

**INSIDER TIPP ZENANA ENCLOSURE**

Dieser Bereich soll der Königin und ihren Hofdamen vorbehalten gewesen sein. Hier befindet sich auch das Schmuckstück Vijayanagaras, der Palast *Lotus Mahal*, der indische und muslimische Architektur verbindet. Der Name weist auf den blütenähnlichen Grundriss hin. Hier befinden sich auch die einstigen Elefantenställe. *Hinter dem Hazara-Rama-Tempel*

## ESSEN & TRINKEN

In Hampi gibt es einige kleine Restaurants und Imbissbuden. Wer gut essen möchte, sollte ins 13 km entfernte *Hospet* fahren.

## ÜBERNACHTEN

**HOTEL MALLIGI**

Das beste Hotel in der Nähe von Hampi, in Hospet. Das Terrassenrestaurant *Madhu Paradise* serviert süd- und nordindische Küche sowie europäisches Frühstück. Mit Swimmingpool. *116 Zi. | Jabunatha Road | Tel. 08394 22 81 01 | www.malligihotels.com* | €

## AUSKUNFT

**TOURIST INFORMATION COUNTER**

*Hampi Basar | Tel. 08394 24 13 39*

# KOCHI (COCHIN)

(198 B–C4) (*E16*) **Als „Königin des Arabischen Meers" glänzt die Inselstadt Kochi (2,1 Mio. Ew. zusammen mit der Festlandstadt Ernakulam) seit Jahrhunderten.**

Der Reichtum kam durch Gewürze, die per Schiff nach Arabien und weiter nach Europa transportiert wurden. 1929 begann der Ausbau des modernen Hafens. Ein guter Platz zum geruhsamen Beobachten der ein- und auslaufenden Schiffe ist die Bolgatty-Südspitze. Einige Kilometer weiter nördlich auf Vypen finden Sie den schönen Badestrand *Cherai*.

Den ältesten Teil Kochis, das Fort-Viertel auf der Insel Mattancherry, erreichen

Sie per Wagen von Süden her oder per Fähre vom *Main Boat Jetty* Ernakulams. Ost und West sind sich in diesem pittoresken Viertel seit jeher begegnet: Juden und Portugiesen siedelten hier im 16. Jh., Holländer eroberten 1663 den Hafen, die Briten kamen 1796. Araber und Chinesen waren noch früher da.

Traumschön vom Meer gesäumt, zieht Fort Kochi mit seinen historischen Häusern und Gewürzspeichern, mit Gärten und alten Bäumen wie kaum ein anderer Ort Südindiens Gäste aus aller Welt an. Fotogen schweben die chinesischen Fischernetze an Hebebalken vor der Uferpromenade. Bis zu sechs Fischer sind nötig, die bis zu 10 m hohen Holzkonstruktionen zu bedienen. Was ins Netz geht, wird fangfrisch verkauft und am Strand gegrillt – unbedingt probieren.

## SEHENSWERTES

### BACKWATERS ★ ●

Eine Reise auf dem Kanalgewirr südlich von Kochi dauert einen Tag bis zu einer Woche. Stilvoll und erholsam sind die Touren in *Kettuvalams*, den zu Hausbooten umgebauten traditionellen Lastkähnen. Bei Landgängen entdecken Sie Palmenpflanzungen, Dörfer, Tempel und christliche Kirchen – sehr erholsam und sehr interessant.

### DUTCH PALACE ★

Berühmt sind die wunderschönen alten Wandgemälde (u. a. Szenen mit Krishna und Rama), aber auch die Architektur lohnt den Besuch – gehört der Dutch Palace doch zu den ältesten noch erhaltenen Bauten der Europäer in Indien. Von den Portugiesen 1557 für den Raja von Cochin im Tausch gegen Handelsprivilegien errichtet, wurde der Mattancherry-Palast – so hieß er ursprünglich – 100 Jahre später von holländischen Eroberern renoviert und erweitert. *Fort Cochin | Sa–Do 10–17 Uhr, keine Fotoerlaubnis*

### ST. FRANCIS CHURCH

Die älteste Kirche steht seit 1503 im Fort-Viertel. 1524 fand der Entdecker und

Bei Kottayam: entspannter Blick vom Boot auf die palmengesäumten Backwaters

spätere Vizekönig Vasco da Gama dort vorübergehend die letzte Ruhe. Die sterblichen Überreste wurden 1538 nach Portugal überführt, der Grabstein ist erhalten.

### SYNAGOGE

Südlich der Mattancherry Jetty (Anlegestelle) liegt das alte jüdische Viertel, attraktiv schon wegen der Fundgruben in

Farbenprächtig: Kathakalitänzer

seiner Antiquitätengasse und der alten Lagergewölbe für Gewürze. Die jüdische Gemeinde baute ihre Synagoge 1568; nach der Zerstörung durch die portugiesische Kolonialmacht 1662 wurde sie wiederhergestellt. Ihre heutige Gestalt erhielt sie 1760. Damals ließ ein reicher Förderer, Ezekiel Rahabi, das Gotteshaus mit blau-weißen chinesischen Kacheln ausschmücken. Neben dem festlichen, hellen Synagogenraum mit den vielen Kristalllüstern ist eine Ausstellung über die Geschichte der Gemeinde zu sehen. Die jüdische Gemeinde wird immer kleiner, weil viele Familien auswandern. *Fr–So 10–12 und 15–17 Uhr*

## ESSEN & TRINKEN

In Südindien werden häufig vegetarische Speisen angeboten, oft schärfer gewürzt als im Norden. Das gilt hier als besser bekömmlich.

### GOPURAM

Indische Spezialitäten werden stilecht auf Bananenblättern serviert. *Trust Tower | Ernakulam | Tel. 0484 3 01 23 81 |* €€

### KASHI ART CAFÉ

Modern und cool. Kleine Gerichte, Ausstellungen und Theateraufführungen. *Fort Kochi | Burgher Street | Tel. 0484 2 21 57 69 | www.kashiartgallery.com |* €

## AM ABEND

### KATHAKALI ★ ●

Nach uraltem Brauch aufgeführte, berühmte, farbenprächtige Tanzdramen Keralas, ursprünglich in oder vor Tempeln präsentiert. Sie erzählen die ereignisreichen Hindu-Göttersagen. Die üppigen Kostüme sowie die dicke, bunte Schminke machen die Vorstellung für die Tänzer zur Schwerarbeit. Schon das Schminken lohnt das Zuschauen. Die Tänzer machen eine jahrelange, harte Ausbildung. Vor den Aufführungen werden meist Inhalt und Symbole erklärt. Für Touristen werden Kurzfassungen der eigentlich nächtelangen Veranstaltungen geboten. Das *See India Foundation Kathakali Theatre* bringt seit über 30 Jahren traditionelles Tanztheater unter der Leitung des Prinzipals Devan. *Jeden Abend | Kalathi Parambil Lane | zw. Chittor Road und South*

*Ernakulam Junction Railway Station | Ernakulam | Tel. 0484 2 37 64 71*

## ÜBERNACHTEN

### THE BRUNTON BOATYARD

Das Hotel an der Landspitze von Mattancherry achtet auf den nachhaltigen Umgang mit kostbarem Süßwasser. Dennoch fehlt es an nichts: Pool, Garten, Restaurants. *24 Zi. | Fort Kochi | Tel. Reservierung 0484 3 01 17 11 | www.cghearth.com | €€€*

### INSIDER TIPP MALABAR HOUSE RESIDENCY

Viel gepriesenes Designerhotel mit Garten, Kunstwerken, vorzüglichem Restaurant, Pool. Private Atmosphäre. *17 Zi. | 1/269, Parade Road | Tel. 0484 2 21 66 66 | www.malabarhouse.com | €€€*

### OLD COURTYARD

Traditionelle Zimmer mit Flair. Freundliches Ambiente, gutes Preis-Leistungs-Verhältnis. *8 Zi. | Fort Kochi | 1/371, Princess Street | Tel. 0484 2 21 63 02 | www.oldcourtyard.com | €€*

### THE SPENCER HOME

Familiär geführtes Hotel in einem Haus im Kolonialstil. Der Garten lädt zum Entspannen ein. *8 Zi. | 1/298, Parade Road | Fort Kochi | Tel. 0484 2 21 50 49 | www.thespencerhomekochi.com | €*

## AUSKUNFT

### GOV. OF INDIA TOURIST OFFICE

*Neben dem Taj Malabar Hotel | Willingdon Island | Tel. 0484 2 66 91 25*

### INSIDER TIPP TOURIST DESK

Gute Auskunft, auch für Kathakali-Vorstellungen. *Main Boat Jetty | Ernakulam | Tel. 0484 2 37 17 61*

## ZIEL IN DER UMGEBUNG

### LAKKADIVEN (LAKSHADWEEP)

*(0) (🕮 C–D 15–17)*

Nur von Kochi aus gelangt man zu den Lakkadiven-Inseln, die mit ihren Korallenriffen 200 bis 300 km vor der Küste liegen. Zum Schutz der tropischen Umwelt und der Einwohner ist der Zugang nur mit einer speziellen Erlaubnis gestattet. Drei der insgesamt 36 Inseln im Indischen Ozean sind für Touristen ohne indischen Pass offen: Bangaram, Agatti und Kadmat. Die Paketangebote der Fremdenverkehrsorganisation der Lokalregierung „Sports" *(www.lakshadweeptourism.com)* enthalten auch die Permits. Plant man seine Reise selbst, ist die Buchungsbestätigung eines privaten Anbieters die Voraussetzung für die Erteilung einer Erlaubnis. Diese muss mindestens einen Monat vor Reiseantritt beantragt werden. Einfache Unterkünfte bietet das *Beach Resort (19 Hütten | www.agattiislandresorts.com | €€)* auf der Insel Agatti.

# MADURAI

*(199 D4) (🕮 G16)* **Die Stadt mit 1 Mio. Einwohnern ist ein Industriestandort und wichtiges Textilzentrum, zugleich aber ein uralter Tempelort, der von Millionen von Pilgern besucht wird, die hier die mächtige Göttin Meenakshi verehren.**

Außer dem berühmten Shri-Meenakshi-Tempel, einem der besten Bauwerke drawidischer Architektur, besitzt die Stadt mehrere Museen, u. a. das Gandhi-Museum im Mangammal-Palast. Das Viereck aus Straßen, die von der Britischen Ostindien-Kompanie um 1840 angelegt wurden, begrenzt die Altstadt bis heute.

Shri-Meenakshi-Tempel: Die neun Türme sind mit unzähligen farbigen Skulpturen bedeckt

## SEHENSWERTES

### MANGAMMAL-PALAST

Informative und detaillierte Ausstellung über Mahatma Gandhi und die Geschichte der indischen Unabhängigkeit. *Tgl. 10–13 und 14–17.30 Uhr | Thangaraj Road*

### SHRI-MEENAKSHI-TEMPEL

Das ausgedehnte, fast rechteckige Tempelgelände liegt im Zentrum der alten Stadt östlich vom Bahnhof. Die neun steilen, treppenförmigen Türme überraschen mit einem Figuren- und Farbenrausch: Dicht gedrängt sind die Götter, Tiere, Dämonen und Kraftmenschen aus Granit und Stuck. Der mit 48 m höchste Turm darf zuweilen von innen bestiegen werden. Nicht-Hindus ist der Zugang zum innersten Heiligtum mit dem Schrein der Göttin nicht gestattet.

Meenakshi soll die Tochter eines Pandya-Königs gewesen sein, die mit drei Brüsten geboren wurde. Man sagte ihr voraus, dass sie normale Gestalt annehmen werde, sobald ihr künftiger Ehemann sie erblicke – es war Sundareshwarar, eine Inkarnation des Gottes Shiva. Der Kult einer Muttergottheit wurde so in die patriarchalische Hindu-Religion eingebunden. In seiner heutigen Gestalt stammt der Tempel aus dem 17. Jh., sein Ursprung reicht jedoch mehr als 2000 Jahre zurück. Sehenswert ist die INSIDER TIPP *Ayrangal Madapan*, die Tausend-Säulen-Halle, mit Kunstschätzen des Tempels. *Tgl. ca. 5–12.30 und 16–21.30 Uhr | Eingang im Süden des Areals*

## ESSEN & TRINKEN

### SURYA

Im Hotel Supreme wählen Sie zwischen dem klimatisierten Restaurant im Erdgeschoss und einem auf dem Dach. Der phantastische Blick über die Stadt und die vegetarische Küche werden Sie die Hitze vergessen lassen. Danach chillt man in der Bar Apollo 96. *110, West Perumal Maistry Street | Tel. 0452 2 34 31 51 | €€*

### TAJ RESTAURANT

Südindische Speisen, leckere *thalis*, exzellente Fleischgerichte. Das Biryani ist nicht zu scharf. Feundlicher Service. *55/10, Town Hall Road | Tel. 0452 2 34 36 50 | €*

## ÜBERNACHTEN

### PARK PLAZA

Komfortabel und klimatisiert, mit gutem Service, in der Nähe zu Bahnhof und Shri-Meenakshi-Tempel. Dachgarten. *55 Zi. | 114, W Perumal Maistry Road | Tel. 0452 3 01 11 11 | www.hotelparkplaza.net | €*

### THE GATEWAY HOTEL PASUMALAI

Schöner kann man in Madurai nicht wohnen: Luxus in einem Haus aus der Kolonialzeit mit Park, Pool und Fernblick auf die Stadt. *63 Zi. | 40, TPK Road | Pasumalai Hill | Tel. 0452 6 63 30 00 | www.thegatewayhotels.com | €€€*

## AUSKUNFT

### TOURIST DEPARTMENT MAIN OFFICE

*Im Hotel Tamil Nadu | West Veli Street | Tel. 0452 2 33 47 57 | www.tamilnadutourism.org*

## ZIEL IN DER UMGEBUNG

### INSIDER TIPP PERIYAR TIGER RESERVE

(198 C4) (*F16*)

Das Wildreservat ist ca. 780 km² groß – ein schönes Stück Dschungel. 1934 wurde es zum Schutz wild lebender Elefanten, Tiger, Panther, Büffel u. a. eingerichtet. Bei Bootsfahrten über den Periyar-See beobachten Sie fast immer Tiere am Ufer. Geführt dürfen Sie zu Fuß zu den Elefanten, auf dem *Tiger Trail* auch mit Zeltübernachtung. *Infos: Wildlife Information Centre im Aranya Nivas Hotel.* Das Hotel *(30 Zi. | Tel. 04869 22 20 23 | www.aranyanivasthekkady.com | €€–€€€)* liegt direkt über dem See. *150 km westlich*

# MAMALLAPURAM (MAHABALIPURAM)

(199 E2) (*H14*) **Was mit Dutzenden Hotels und Restaurants wie ein beliebiger Badeort (15 00 Ew.) erscheinen könnte, war zwischen dem 6. und 9. Jh. n. Chr. die blühende Hafenstadt des mächtigen Reichs der Pallavas.**

## TRAUMSTRÄNDE

Sporttauchen an Korallenriffen, Schnorchelexkursionen zu silberweißen Palmenstränden, Hochseefischen, Trekking oder Badevergnügen – das alles bieten die waldgrünen Andamanen. Erreichbar ist diese Inselgruppe in zwei Flug- oder 60 Bootsstunden von Chennai oder Kolkata aus. Flugreisende erhalten die notwendige Genehmigung für den Aufenthalt auf den Hauptinseln bei der Ankunft in Port Blair. Infos, auch zu Permits für kleinere Inseln, bei *A & N Islands Administration (www.andamans.gov.in)* oder *India Tourism (www.incredibleindia.com).*

Diese verbreiteten die indische Kultur bis nach Indonesien hinein. Einige beeindruckende frühindische Heiligtümer sind erhalten geblieben. Kunstvolle Reliefs zeigen Bilder indischer Mythologie – manche sind aus dem Naturfels herausgearbeitet.

Die Elefanten in „Arjunas Buße" sind fast lebensgroß dargestellt

## SEHENSWERTES

### ARJUNAS BUSSE ★

Das riesige Relief (ca. 30 mal 12 m) ist in zwei mächtige Felsen gemeißelt. Der Spalt zwischen ihnen wurde ins Bild miteinbezogen: Er stellt den Ganges dar, der vom Himmel auf das dürstende Indien herabgeschickt wurde. Sämtliche Götter- und Menschengestalten der Komposition beziehen sich auf dieses Ereignis. An die 400 Figuren (Affen- und Elefantengruppen, Götter, Menschen) sind zu sehen. Seinen Namen verdankt das Relief dem Glauben, auch Arjuna aus dem Epos Mahabharata sei dargestellt, wie er die Götter um eine unschlagbare Waffe bittet. *Arjuna's Penance | am westlichen Ende der Shore Temple Road*

### KÜSTENTEMPEL

Der Haupttempel dicht am Meer stammt aus dem 7. Jh. Er ist nicht aus dem Felsen gehauen worden, sondern aus Blöcken aufgebaut. Früher gab es hier sieben solcher Tempel, dieser ist Shiva und Vishnu geweiht und wie das Arjuna-Relief zum Welterbe erklärt worden.

### MAHISHAMARDINI-SCHREIN

Hinter dem Arjuna-Relief geht es zu zehn Höhlentempeln; der bekannteste davon ist der Göttin Mahishamardini (Durga) geweiht. Darstellungen zeigen sie auf einem Löwen, wie sie zwei Dämonen angreift.

### PANCHA PANDAVA RATHAS

Fünf *(pancha)* Tempel aus dem 7. Jh.: Jeder wurde in Form eines Prozessionswagens aus einem einzigen Felsen herausgemeißelt. Ihre Namen Arjuna, Bhima, Nakula, Sahadeva und Yudhishtira stammen aus dem Epos Mahabharata. *Südlich des Orts*

## ESSEN & TRINKEN/ ÜBERNACHTEN

### INSIDER TIPP FISHERMAN'S COVE

Luxuriöses Taj-Resort mit großem Garten und Swimmingpool, Sporteinrichtungen sowie Angeboten für Kinder. Hier können Sie so richtig entspannen. *50 Zi. und 38 Cottages | 8 km nördlich an der Covelong Beach | Kanchipuram District | Tel. 044 67 41 33 33 | www.vivantabytaj.com* | €€€

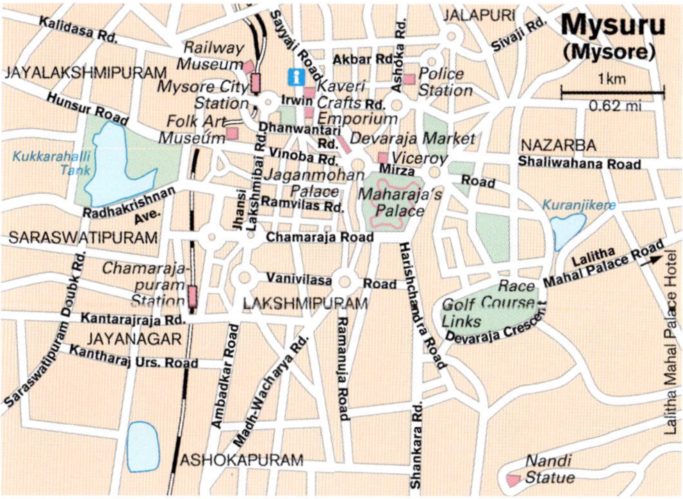


### IDEAL BEACH RESORT

Direkt am Meer gelegen, wartet dieses Resort mit Pool und Garten auf. *40 Zi. | Covelong Road | Tel. 044 27 44 22 40 | www.idealresort.com* | €€€

### INDECO MAHABALIPURAM

Nahe beim Küstentempel hat Steve Borgia ein individuell gestaltetes Resort eröffnet – samt Ayurveda und Yoga, Pool, Museum und Multicuisine-Restaurant. *30 Zi. und Suiten | Shore Temple Road | Tel. 044 27 44 39 14 | www.indecohotels.com* | €€

### MOONRAKERS

Das Restaurant bietet lecker zubereitetes Seafood und es wird kühles Bier serviert. *34, Othavadai Street | Tel. 044 27 44 31 15* | €

## AUSKUNFT

### TOURIST OFFICE

*Covelong Road | nördlich der Othavadai Street | Tel. 044 27 44 22 32 | www.tamilnadutourism.org*

# MYSORE

KARTE AUF S. 141

(198 C2) (*Ⅲ F15*) **Mit breiten Alleen, den Palästen und Parks hat sich das 900 000 Einwohner zählende Mysore etwas vom alten Charme einer Residenz erhalten.**

Als Hauptstadt des Bundesstaats Karnataka hat Bangalore der einstigen Maharaja-Stadt allerdings den Rang abgelaufen. Die „Stadt des Sandelholzes" eignet sich aber dennoch bestens als Standquartier für Ausflüge zu den Tempelstätten Belur, Halebid und Shravanabelagola. Auch der Chamundi Hill mit seinen Tempeln und die Museen der Stadt lohnen den Besuch.

## SEHENSWERTES

### MYSORE-PALAST (AMBA VILAS)

Der prächtige indosarazenische Palast der Wodeyar-Herrscher wurde vom Briten Henry Irwin 1912 vollendet. Es handelt sich um einen Neubau anstelle des abgebrannten alten Palasts. Zu Festzeiten und jeden Sonntagabend werden die Umrisse der Arkaden, Türmchen und Kuppeln INSIDER TIPP mit Abertausenden von Glühbirnen illuminiert. In der *Kalyana Mandapa*, dem königlichen Hochzeitssaal, glänzen Kristalllüster aus böhmischem Glas, belgische Glasmosaiken und englische Bodenfliesen mit Pfauenmotiv, in den Nebenräumen stehen schwere silberne und kristallene Stühle. Im ersten Stock sind in der *Durbar-Halle* (für Audienzen des Herrschers) die Säulen bemalt und reich vergoldet. Weißer, mit Einlegearbeiten aus Halbedelsteinen verzierter Marmor ergänzt die Pracht. Die rein silbernen Türen in der *privaten Durbar-Halle* stammen aus dem abgebrannten Vorgängerpalast, sind also viel älter als alles andere rundum. Das *Museum* der königlichen Familie im hinteren Teil des Gebäudes zeigt u. a. Miniaturmalereien aus Tanjore und Kerala. Auch Privates und Kurioses ist zu sehen. *Tgl. 10.30–17.30 Uhr*

## ESSEN & TRINKEN

### PARK LANE HOTEL & RESTAURANT

Von Einheimischen gern besuchtes Lokal mit überdachtem Biergarten; auch vegetarische Gerichte. *Hasha Road | nah beim Palast | Tel. 0821 4 26 01 00 |* €€

### SHILPA SHRI

Es gibt schmackhafte Speisen, die sich auch für europäische Gaumen eignen, sowie gekühltes Bier. Mit Dachterrasse. *Gandhi Square | Tel. 0824 2 58 97 38 |* €

## ÜBERNACHTEN

### THE GREEN HOTEL

Übernachten Sie im Chittaranjan-Palast, einem ehemaligen Prinzessinnenpalast mit Park, Bücherei sowie einem modernen, preisgünstigeren Flügelbau. Das Haus wird umweltfreundlich geführt und man engagiert sich sozial. *31 Zi. | 2270, Vinoba Road | 5 km westlich vom Stadtzentrum | Tel. 0821 4 25 50 00 | www.greenhotelindia.com |* €–€€

Der beleuchtete Palast von Mysore – eine prächtige Kulisse für ein Gruppenfoto

### LALITHA MAHAL PALACE HOTEL
Nostalgischer Luxus im ehemaligen Gästepalast des Maharajas. Speisesaal im klassizistischen Stil, Pool, großer Garten. *54 Zi. | Sidharta Nagar | 5 km vom Stadtzentrum | Tel. 0821 2 52 61 00 | www.lalithamahalpalace.in | €€€*

### MYSORE DASAPRAKASH
Einfaches, sauberes Quartier. Im Restaurant wird vegetarische Küche angeboten. *145 Zi., meist mit Bad | Gandhi Square | Tel. 0821 2 44 24 44 | www.mysoredasaprakashgroup.com | €*

## AUSKUNFT

### TOURISM OFFICE
Hilfreiche Beratung, die Angestellten bieten Karten und Infomaterial an. *Old Exhibition Building | Irwin Road | Tel. 0821 2 42 20 96 und 2 42 36 52*

## ZIELE IN DER UMGEBUNG

### CHAMUNDI HILL (198 C2) (*🕮 F15*)
Auf der Spitze des Hügels steht der große Durga-Tempel *Shri Chamundesvari*, dessen 40 m hoher Turm nach südindischer Art mit einer Fülle farbiger Skulpturen geschmückt ist. *7 km südwestlich*

### SOMNATHPUR (198 C2) (*🕮 F15*)
Der Sri-Channakeshara-Tempel aus dem 13. Jh. mit sternförmigem Grundriss beherbergt drei Schreine für verschiedene Inkarnationen Vishnus. Die Außenwände haben kunstvolle Reliefs. *33 km südöstlich*

### INSIDER TIPP SRIRANGAPATNAM
(198 C2) (*🕮 F15*)
Die Flussinsel erinnert an Tipu Sultan und seinen Widerstand gegen die Briten – sein Gegner war der Duke of Wellington, der später in Waterloo Napoleon besiegte. Festungsmauern, Sommerpalast mit interessantem *Museum (Sa–Do 9–17 Uhr)*, Mausoleum, auch dörfliches Leben und Hindu-Heiligtümer. *12 km nördlich*

# PONDICHERRY

(199 E2) (*🕮 G–H15*) **Nostalgisch-französisch mutet die *Ville blanche* an, die „weiße Stadt" am Meer mit ihren Kolonialhäusern, einigen französischen Schildern, mehreren Kirchen und Museen.**
Puducherry (Pondicherry, 1,2 Mio. Ew.) gehörte bis 1965 zum französischen Kolonialreich. Ein zugeschütteter Kanal teilt die Stadt in zwei Hälften. Auf der einen Seite wirkt Pondicherry französisch, auf der anderen ist das Straßenbild ganz und gar indisch. Die meisten westlichen Besucher kommen wegen des Ashrams her.

## SEHENSWERTES

### AUROBINDO ASHRAM
Sri Aurobindo gründete seine spirituelle Begegnungsstätte 1926. Er versuchte, indische Kultur mit westlicher Rationalität zu verbinden. Nach seinem Tod im Jahr 1950 übernahm Mira Richard (1878–1973), Frau eines französischen Diplomaten, im Ashram bald *Mother* genannt, die geistige und wirtschaftliche Führung. Im Hof des Ashrams liegen die Grabstätten von Sri Aurobindo und *Mother*. *Tel. 0413 2 23 36 04 | www.sriaurobindoashram.org*

## ESSEN & TRINKEN/ ÜBERNACHTEN

### CENTER GUEST HOUSE
Unterkunft im Zentrum Aurovilles mit Verpflegung und Fahrradverleih. *24 Zi. | Tel. 0413 2 62 21 55 (nach Tineke fragen) | centerguesthouse@auroville.org.in | €*

**HOTEL DE L'ORIENT**
Heritagehotel mit Garten und delikater Küche. *16 Zi. und Suiten | 17, Rue Romain Rolland | Tel. 0413 2 34 30 67 | www.neemranahotels.com | €€–€€€*

## ZIEL IN DER UMGEBUNG

**AUROVILLE** (199 E3) (*🕮 H15*)
Mira Richard gründete die 12 km von Pondicherry entfernte Stadt Auroville 1968 als Friedens- und Harmonieprojekt und zur experimentellen Zusammenarbeit der aus vielen Ländern stammenden Siedler. In den letzten Jahren stieg die Zahl der Aurovillaner auf rund 1600. Die Gemeinschaft mit ihren im Wald und bis zum Meer hin weit verstreut liegenden Siedlungen will nicht als Sehenswürdigkeit gelten, doch es kommen immer mehr Besucher. Auch wegen der Meditationsarchitektur der 30 m hohen, goldglänzenden *Matrimandir-Kugel.* Es gibt viele Gästehäuser, die teilweise auch am Strand gelegen sind *(www.aurovilleguesthouses.org)*. Auskunft im Besucherzentrum *(www.auroville.org)*.

INSIDER TIPP **CHIDAMBARAM**
(199 E3) (*🕮 H15*)
Der *Nataraja-Tempel (tgl. von Sonnenaufgang bis 12 und 16–21 Uhr)* überwältigt aufgrund seiner Größe und der beeindruckenden Höhe seiner vier Türme *(Gopurams)*. Zwei davon sind dicht besetzt mit Figuren, die den kosmischen Tanz in 108 Posen zeigen. Gott Shiva, dem der Tempel (10. Jh.) geweiht ist, verkörpert tanzend die dynamische Kraft des Feuers. Es gibt Gesangs- und Trommelrituale. Die geräumigen, ruhigen, freundlichen *Ramanathan Mansions (28 Zi. | 127, Bazar Street | Tel. 04144 22 24 11 | €)* bieten sich zum Übernachten an. Tourist Office im *Hotel Tamil Nadu (Railway Feeder Road | Tel. 04144 23 87 39). 60 km südlich*

# THANJAVUR (TANJORE)

(199 D3) (*🕮 G16*) **Die Stadt Thanjavur (220 000 Ew.) ist Mittelpunkt eines Reisanbaugebiets am Flussdelta des Cauveri und war vom 10. bis 14. Jh. Hauptstadt des Chola-Königtums, das große Teile Südindiens beherrschte.**
Den viel bewunderten *Brihadisvara-Tempel (meist 13–15 Uhr geschl. | Spende erwartet)* zieren Tanzdarstellungen. An der Außenmauer sind in Schreinen über 250 Shiva-Lingams (Fruchtbarkeitssymbole) bewahrt. Vor 1100 Jahren wurde die Kuppel aus einem 81 t schweren Felsblock auf den Tempel gesetzt.
Nordöstlich davon liegt der *Palast der Nayaks (tgl. 9–18 Uhr)* aus dem 16. Jh inmitten der Altstadt. Schauen Sie in die *Saraswati Mahal Library (Do–Di 10–13 und 13.30–17.30 Uhr)* mit über 40 000 seltenen Büchern und 8000 Palmblatt-Manuskripten. Die *Art Gallery* beherbergt eine Sammlung herrlicher Bronzeskulpturen aus dem 9. bis 12. Jh., das *Royal Museum* zeigt Erinnerungsstücke aus den letzten beiden Jahrhunderten. Vom Aussichtsturm *Bell Tower* hat man einen schönen Blick.
Einfache, preisgünstige Zimmer (manche mit AC) und gastfreundliche Eigner hat das Hotel *Valli (20 Zi. | 2948 M.K.M Road | nicht weit vom Bahnhof | Tel. 04362 23 15 80 | €)*. Die Dachterrasse und das Restaurant machen den von der Straße aus wenig einladenden Eindruck wett. Auskunft erhalten Sie im *TTDC Tourist Office (im Hotel Tamil Nadu | Gandhiji Road | Tel. 04362 23 09 84)*.
35 km nordöstlich, bei Kumbakonam, liegt der kleine Ort INSIDER TIPP *Swamimalai* inmitten von parkartigem Grün. Er ist berühmt für seine Bronzegießer mit

Tempel in Thanjavur: Elefanten gelten in Indien als heilige und Glück bringende Tiere

tausendjähriger Tradition und ein guter Ausgangsort für Exkursionen zu den großen Tempeln der Chola-Dynastie sowie auch zu den ursprünglichen Dörfern im Cauvery-Delta, einer Korn- und Reiskammer Indiens. Eine gute Unterkunft ist das idyllisch gelegene *Indeco-Hotels Swamimalai (24 Zi. | Tel. 094 44 41 03 94 | www.indecohotels.com | €–€€)* mit Bungalows (mit AC), Ayurveda, Musik- und Kulturprogramm sowie vorzüglicher Küche.

## THIRUVANANTHAPURAM (TRIVANDRUM)

(198 C5) *(F17)* **Die Hauptstadt des Bundesstaats Kerala (750 000 Ew.) ist durch moderne Architektur und üppiges Parkgrün geprägt.**

Der 260 Jahre alte *Padmanabhaswamy-Tempel*, in dessen Kellerräumen 2011 ein Juwelen- und Goldschatz mit einem Schätzwert in zweistelliger Milliardenhöhe entdeckt wurde, steht nur Hindus offen. Einen Besuch lohnen der farbenfrohe Basar, die kostbaren Bronzesammlungen des *Napier-Museums (Di, Do–So 10–17, Mi 13–17 Uhr | Museum Road | beim Zoo)* und das Kalaripayattu-Zentrum *CVN Kalari Sangham (Tel. 0471 2 47 41 28)* der alten INSIDER TIPP akrobatischen Kampfkunst Keralas. In der Nähe locken Strände wie der berühmte *Kovalam Beach*.

### ESSEN & TRINKEN

**INSIDER TIPP INDIAN COFFEE HOUSE**

Der Duft von heißen *dosas* (südindischen Pfannkuchen) und Kaffee steigt den spiralförmigen Gastraum hinauf. Laurie Baker, als „Member of the British Empire" geehrter britisch-indischer Architekt, entwarf das auffällige Haus. *Maveli Café | am KSRTC Busstand | Tel. 0471 3 21 45 05 | €*

## ÜBERNACHTEN

### AMBADI GUEST HOUSE

Familiäre Atmosphäre, exzellente südindische Küche. Siddhà-Zentrum (vorayurvedische Heilkunst und Wellness). *12 Zi. (teils AC) | Poozhikunnu Ind. Estate | Stadtrand | Tel. 0471 2 49 37 12 |* €

### ARYA NIWAS

Neben der zentralen Lage – Busstand und Bahnhof liegen sehr nah – sprechen die Sauberkeit der Zimmer (manche mit Blick auf die Stadt) und das angeschlossene Restaurant für das Haus. *24 Zi | Aristo Junction | Tel. 0471 2 33 07 88 |* €

### INSIDER TIPP NIKKI'S NEST

15 komfortable Hütten liegen am Hang über dem breitem Strand von Kovalam, etwa 15 km von Trivandrums Zentrum entfernt. Sehr gute Küche, Ayurveda-Angebot, Yoga und Meditation; angeschlossen ist *Duke's Forest Lodge* in Anappara. *8 Bungalows | Azhimala Shiva Temple Road | Pulinkudi, Chowara | Tel. 0471 2 26 78 22 | www.nikkisnest.com |* €€€

### SOMATHEERAM

Das Beach Resort südlich von Kovalam mit typischen Kerala-Bungalows bietet seinen Gästen differenzierte Ayurvedabehandlungen sowie Yogakurse. Viele deutsche Gäste. *46 Zi. | Chowara | Tel. 0471 2 26 81 01 | www.somatheeram.in |* €€–€€€

## AUSKUNFT

### TOUR INDIA KERALA LTD.

Sehr hilfreich; beste Backwater-Tourangebote. *163, Mahatma Gandhi Road | Tel. 0471 2 32 80 70 | www.tourindiakerala.com*

### TOURIST OFFICES

*1. Park View | gegenüber vom Museum | auch am Flughafen | Tel. 0471 2 32 11 32; 2. KTDC | Thampanoor | Tel. 0471 2 33 00 31 | www.keralatourism.org*

## ZIELE IN DER UMGEBUNG

### KANYAKUMARI ★ (198 C5) (*F17*)

Der Ort, an dem ein Subkontinent endet, fasziniert. Gen Süden wogt bis zur Antarktis nur noch der Ozean. So entstanden in Kanyakumari (Cape Comorin) Stätten besonderer Verehrung. Auch durch die enge Bebauung mit Hotels und Gästehäusern sowie durch starken Pilgertourismus ist diese besondere Stimmung nicht totzukriegen. Der Tempel der jungfräulichen *(kanya)* Göttin Kumari steht an der Südspitze *(für Nicht-Hindus meist kein Zutritt)*. Empfehlenswert: die Barkassenüberfahrt zu einer vorgelagerten Felsklippe, auf der Swami Vivekananda (1863–1902), der indische Erneuerer des Hinduismus, meditierte und eine imposante Gedächtnisstätte erhielt. *Ca. 100 km südöstlich*

### PADMANABHAPURAM-PALAST (198 C5) (*F17*)

Der uralte Palast der Travancore-Herrscher ist sehenswert wegen seiner an Schnitzwerk reichen Architektur sowie der malerischen Hallen und Höfe. *Di–So 9–17 Uhr | 65 km südlich*

# TIRUCHIRAPALLI (TRICHY)

(199 D3) (*G15–16*) **Die wirtschaftlich und industriell aktive Stadt (ca. 850 000 Ew.) liegt unweit eines Forts der Chola-Herrscher, die von der Erhebung aus das Cauveri-Delta kontrollierten.**

In der Stadt werden die meisten künstlichen Diamanten Indiens produziert.

## SEHENSWERTES

### ROCK-FORT-TEMPEL

437 Stufen geht es hinauf, bis Sie oben auf dem Gelände eine herrliche Aussicht erwartet. Manchmal dürfen Besucher gegen eine Spende sogar in den *Tayumanasvami-Tempel* auf halber Höhe und in den *Vinayaka-Tempel* auf dem Gipfel – beide sind Shiva geweiht. Das Fort wurde um 1660 erbaut, rund 1000 Jahre älter sind die Höhlentempel der Pallava-Zeit mit ihrer schönen Steinschnitzerei.

### SRIRANGAM-TEMPEL

Das ausgedehnte Gelände (700 mal 900 m) ist eine Tempelstadt, die etwa 4 km von Trichy entfernt liegt und aus dem 14. bis 17. Jh. stammt. Sie ist dem Gott Vishnu geweiht, zeigt aber in ihrem Bildschmuck viele Gottheiten und Helden. Der höchste Turm (73 m) über dem Südeingang wurde 1987 mit Unesco-Unterstützung in sehr bunter Pracht neu gestaltet. 21 ältere und alte Tempeltürme überragen das Gelände, eine Halle mit 904 Säulen beeindruckt durch ihre Feierlichkeit. Benachbart liegt der Bezirk des Jambukeshvara-(Shiva-)Tempels, der ebenso alt, aber kleiner ist.

## ESSEN & TRINKEN

Einfache, preisgünstige Restaurants gibt es nahe der Bushaltestelle *Rockin's Road.*

## ÜBERNACHTEN

### ASHBY HOTEL

Freundlich, individuell geführt; Lage an viel befahrener Straße. *22 Zi. (teils AC) | 17 A, Rockin's Road | Tel. 0431 2 46 06 52 | www.ashbyhotel.com | €*

### SANGAM

Das beste Hotel der Stadt, es bietet einen Swimmingpool sowie ein Multicuisine-Restaurant. *90 Zi. | Collector's Office Road | Tel. 0431 2 41 47 00 | www.hotelsangam.com | €€*

## AUSKUNFT

### TOURIST OFFICE

*101, Williams Road | Tel. 0431 2 46 01 36 (auch am Bahnhof und am Flughafen)*

Am südlichsten Zipfel Indiens: In Kanyakumari endet der Subkontinent

# ERLEBNISTOUREN

## 1 INDIEN PERFEKT IM ÜBERBLICK

| | |
|---|---|
| **START:** ① Mumbai<br>**ZIEL:** ㉒ Taj Mahal | **28 Tage**<br>reine Fahrzeit 170 Stunden (inkl. 48 Std. Hausboot) |
| Strecke:<br>➡ 10 038 km | |

**KOSTEN:** ca. 4000 Euro pro Person (außerhalb der Hochsaison, inkl. Flugreisen, Indrail-Pass → S. 174 (AC2/21 Tage) für die Bahnfahrten, Verpflegung, Eintritte, zusätzl. Reisekosten, ohne Mietwagen)
**MITNEHMEN:** Kleidung für warme und kalte Temperaturen, Sonnenschutz, leichtes, stabiles Schuhwerk, Badesachen, Mückenschutz, für Nachtfahrten Ohrstöpsel, Proviant

**ACHTUNG:** Planen Sie Zeitpuffer ein. Der Reiz Indiens besteht auch in seiner Einzigartigkeit – inklusive Unvorhersehbarkeiten.
Wenn nicht anders angegeben, wird der jeweils nächste Tourpunkt per Taxi angesteuert. Zudem mehrere Fahrten im Nachtzug.

**Jeder Zipfel dieser Erde hat seine eigene Schönheit. Wenn Sie Lust haben, die einzigartigen Besonderheiten dieser Region zu entdecken, wenn Sie tolle Tipps für lohnende Stopps, atemberaubende Orte, ausgewählte Restaurants oder typische Aktivitäten bekommen wollen, dann sind diese maßgeschneiderten Erlebnistouren genau das Richtige für Sie. Machen Sie sich auf den Weg und folgen Sie den Spuren der MARCO POLO Autoren – ganz bequem und mit der digitalen Routenführung, die Sie sich über den QR-Code auf S. 2/3 oder die URL in der Fußzeile zu jeder Tour downloaden können.**

**Diese Route führt Sie nicht nur von Ort zu Ort durch ganz Indien. Ihre Stationen erzählen von der Geschichte des Landes, bieten Einblicke in die vielfältige Natur des Subkontinents und Gelegenheit für Entspannung und kulturelle Entdeckungen.**

**TAG 1–5**
**1 Mumbai**
602 km

Start ist in **1 Mumbai → S. 92**, wo das **Gateway of India → S. 95** zu Ehren von Königin Mary und König George V. erbaut wurde, die 1911 hier indischen Boden betraten. **Vom Chhatrapati Shivaji Terminus → S. 95**, dem majestätischen Bahnhof der Wirtschaftsmetropole aus Kolonialzeiten, **geht es an Tag 2 in ca. 9 bis 14 Stunden über**

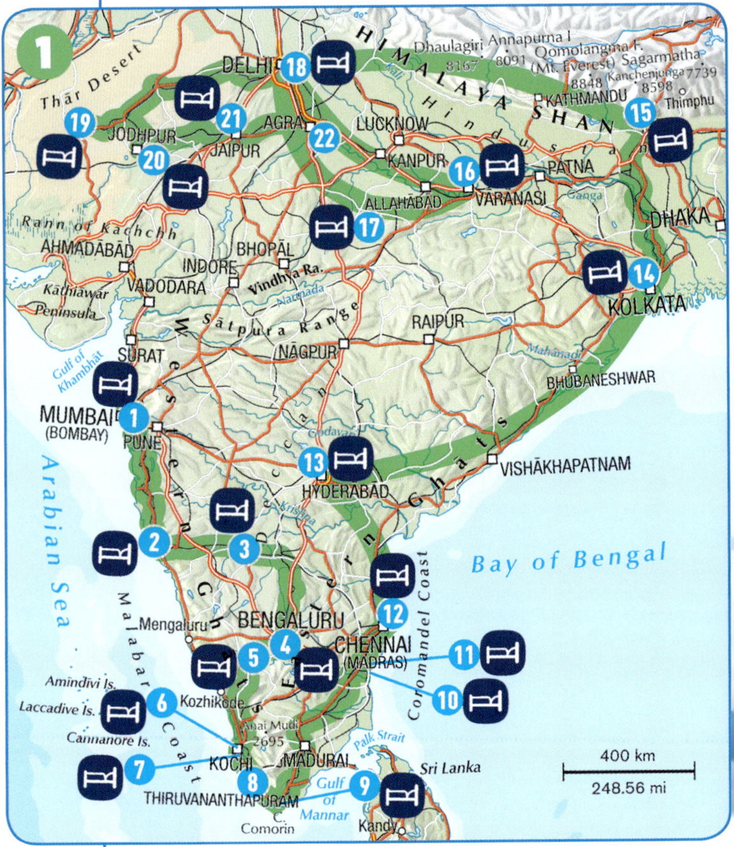


**2 Panaji**

366 km

**3 Hampi**

414 km

**4 Bangalore**

**Goas Hauptbahnhof in Magadon weiter nach 2 Panaji → S. 129** in Goa. Entspannen Sie sich an Tag 3 an den Stränden im Norden und Süden und genießen Sie die portugiesisch geprägte Lebensart. **Per Nachtzug erreichen Sie in ca. zehn Stunden die kleine Stadt Hospet. Von dort aus nehmen Sie eine Autorikscha (13 km, ca. 1,60 Euro),** um **3 Hampi → S. 132** zu besuchen. Erkunden Sie die Ruinenstadt des untergegangenen Reichs Vijayanagara in seiner einzigartigen Landschaft. An Tag 5 geht es zurück in die Moderne: **In etwa zehn Stunden erreichen Sie per Zug die Metropole 4 Bangalore → S. 119**, eines der Hightechzentren Indiens. Schon die Briten schätzten die Stadt ihres angenehmen Klimas wegen.

**Mit der Bahn reisen Sie an Tag 6 in drei Stunden bequem nach** **5 Mysore** → S. 141. Dies ist der richtige Ort, um Sandelholzsouvenirs zu kaufen. **Von dort aus geht es an Tag 7 mit dem Bus (ca. 8 Std.) nach** **6 Kochi** → S. 134, wo Sie am Abend eine Aufführung des Tanztheaters **Kathakali** → S. 136 besuchen. **An Tag 8 brechen Sie mit dem Taxi in Richtung Süden auf (1 Std. Fahrt). Ab Alappuzha beginnt das Gebiet der** **7 Backwaters** → S. 135. Hier ist der Weg das Ziel: Lassen Sie im *kettuvalam*, einem gestakten Hausboot, die grünen Ufer an sich vorbeiziehen, gern gleich drei Tage lang. **Über Kollam und Thiruvananthapuram gelangen Sie per Mietwagen mit Fahrer an Tag 11 in vier Stunden nach Kanyakumari, legen unterwegs aber noch einen Stopp am** **8** INSIDER TIPP **Strand von Varkala ein.** Weiter südlich als nach **9 Kanyakumari** → S. 146 geht es nicht: Am Kap treffen die Wasser der Arabischen See und des Golf von Bengalen auf die des Indischen Ozeans.

Nun erwartet Sie die Ostküste Indiens: **Ein Zug bringt Sie an Tag 12 in ca. 13 Stunden zur ehemaligen französischen Kolonie** **10 Pondicherry** → S. 143. Polizisten tragen hier bis heute Uniformen mit französisch anmutenden Mützen, den *kepis*. Das nahe **11 Auroville** → S. 144, in das Sie an Tag 13 per Taxi (45 Min.) gelangen, ist ein Langzeitexperiment alternativer Lebensführung, das schon über 45 Jahre läuft – werden Sie für zwei Tage Teil dieser Gemeinschaft. Beim Meditieren genug Kraft geschöpft? Dann sind Sie an Tag 15 bereit für die **vier- bis fünfstündige Bahnfahrt** in das chilischarfe **12 Chennai** → S. 123, die viertgrößte Stadt des Landes. Flanieren Sie den **Marina Beach** entlang, einen der längsten Stadtstrände der Welt. **Am Tag darauf fliegen Sie ins muslimisch geprägte** **13 Hyderabad** → S. 90, das heute als „Cyberabad" mit Bangalore um den Ruf der Hightechmetropole wetteifert. **Wiederum per Flugzeug gelangen Sie an Tag 17 nach** **14 Kolkata** → S. 109, der einstigen Kapitale des britisch-indischen Kolonialreichs, heute Boomtown und Ziel immer neuer Einwanderer.

Bei der nächsten Etappe ist **Zugfahren** Pflicht – es geht in rund 20 Stunden nach **15 Darjeeling** → S. 106, wo Sie auch noch den darauffolgenden Tag verbringen. Sehen Sie in über 2000 m Höhe die Ernte des berühmten Tees – und erfahren Sie wahre Größe. Das Panorama des Himalaya ist atemberaubend. **Vom nächsten Flughafen aus, dem Bagdogra Airport 70 km südlich, sind es an Tag 20 fünf bis sechs Stunden Flug via New Delhi (oder Kolka-**

**TAG 6–11**

142 km
5 Mysore
353 km
6 Kochi
66 km
7 Backwaters
119 km
8 Strand von Varkala
141 km
9 Kanyakumari

**TAG 12–17**

625 km
10 Pondicherry
17 km
11 Auroville
224 km
12 Chennai
583 km
13 Hyderabad
1284 km
14 Kolkata

**TAG 18–22**

658 km
15 Darjeeling
1915 km

16 Varanasi

342 km

17 Khajuraho

TAG 23–28

533 km

18 New Delhi

789 km

19 Jaisalmer

296 km

20 Jodhpur

315 km

21 Jaipur

254 km

22 Taj Mahal

ta) nach 16 **Varanasi → S. 62**, wo Sie auch übernachten und am nächsten Morgen auf einer Ganges-Bootsfahrt zuschauen, wie die Morgensonne über den Ghats → S. 63 der heiligen Stadt aufgeht. Bequem zu erreichen ist die nächste Station, 17 **Khajuraho → S. 52**, **an Tag 22 nur mit dem Flieger (2,5 Std.)**: Dort besuchen Sie einzigartige Hindu-Tempel mit erotischen Darstellungen.

**Die nächste Flugreise bringt Sie nach** 18 **New Delhi → S. 43**, Stadt der Hindu-Herrscher, der muslimischen Mogulkaiser und britisch-kolonialer Regierungssitz. Heute steht Indiens Hauptstadt für die erkämpfte Unabhängigkeit. Hier verbringen Sie auch noch den nächsten Tag, um am Vorabend von Tag 25 **für einen Sprung nach** 19 **Jaisalmer → S. 79** am Ausläufer der Seidenstraße in der Wüste Thar **in einen Nachtzug zu steigen. Wiederum mit dem Zug machen Sie an Tag 26 die 3,5-stündige Tour zur „blauen Stadt"** 20 **Jodhpur → S. 80** und bummeln über ihren **Basar → S. 81** mit vielen Gewürzständen. **Die Fahrt durch Rajasthan beendet an Tag 27 nach vier Stunden Zugfahrt ein Besuch der „Pink City"** 21 **Jaipur → S. 75** mit dem Freiluft-Observatorium **Jantar Mantar → S. 76**. Eine Reise durch Indien wäre aber nicht perfekt, wenn Sie nicht an Tag 28 noch per Zug (3,5 Std.) über **Agra → S. 35** zum 22 **Taj Mahal → S. 37** fahren und es besichtigen würden.

# 2 RAJASTHAN, LAND DER RAJPUTEN UND TIGER

**START:** 1 Jaipur
**ZIEL:** 1 Jaipur

Strecke:
1280 km

**6 Tage**
reine Fahrzeit
23 Stunden

**KOSTEN:** Mietwagen mit Fahrer 360 Euro, Übernachtungen 375 Euro, Essen 150 Euro

**MITNEHMEN:** Sonnenschutz, leichtes und festes Schuhwerk, Fernglas, Proviant

**ACHTUNG:** Am komfortabelsten ist die Reise im klimatisierten Mietwagen mit Fahrer, sie bleibt aber anstrengend, denn die Etappen dauern viele Stunden. Die Rastmöglichkeiten unterwegs sind spärlich. In Bundi sind die Affen los! Tragen Sie beim Besuch des Forts keine Lebensmittel bzw. Kameras, Sonnenbrillen etc. offen bei sich.

**Diese Tour durch das Wüstenland im Westen Indiens führt von Palast zu Palast, von einem Highlight der Architektur, Kunst und Natur zum nächsten. Mit Nächten in zauberhaft romantischen Heritage-Hotels können Sie sich für die langen Fahrten entschädigen, ohne dass es Unsummen kostet.**

Sicher werden Sie ❶ **Jaipur → S. 75** nicht verlassen, bevor Sie sich in der Stadt der rosa Mauern umgesehen haben. **Bereits die Reise auf dem Highway Nr. 8 führt Sie dann durch Ausläufer der Wüste Thar → S. 80. Ihr erster Zwischenstopp ist ❷ Ajmer**, die Halbmillionenstadt mit Heiligtümern der Muslime und der Jains. Nicht weit entfernt von hier liegt der Ort ❸ **Pushkar → S. 83** mit seinem heiligen See, Devotionalien-Kitsch und kleinen Restaurants. Südlich davon ist Rajasthan grüner, **Sie folgen der NH8, bis Sie den Gomati-Fluss queren, und biegen dann nach Westen ab.** Am Abend erreichen Sie Ihre erste Unterkunft, in der Sie zwei Nächte verbringen werden: ❹ **Maharani Bagh → S. 85** nahe Ranakpur macht seinem Namen – „Königinnengarten" – alle Ehre. Natur und Landschaft sind vielfältig: Trockenwälder wechseln sich mit Felsen ab, und sobald Wasser aus dem Boden tritt sprießt frisches Grün hervor.

Vom Hotel aus unternehmen Sie einen Tagesausflug nach ❺ **Ranakpur → S. 85** mit seinen **Jain-Tempeln** und zur ge-

**TAG 1**

❶ Jaipur

129 km

❷ Ajmer

15 km

❸ Pushkar

234 km

❹ Maharani Bagh

**TAG 2**

2 km

❺ Ranakpur

50 km

6 Kumbhalgarh

waltigen Rajputenfestung 6 **Kumbhalgarh → S. 85** (mit dem Auto ca. 1 Std.). Beide Anlagen eignen sich für Wanderungen – Informationen dazu erhalten Sie in Maharani Bagh.

Feiner Fassadenschmuck am Stadtpalast von Udaipur

Am Vormittag von Tag 3 **gelangen Sie vom Hotel aus nach etwa zwei Stunden Fahrt in Richtung Udaipur nach** 7 **Molela**. In dem Keramikerdorf treffen Sie auf lebendige Handwerkskunst: Hier entstehen Götter- und Tierskulpturen, die in ganz Rajasthan verkauft werden. **Nach weiteren 60 km erreichen Sie** 8 **Udaipur → S. 83**. Der alte Stadtkern und die Basare im nördlichen Teil sind voller Verlockungen zum Einkaufen. Ruhe und Ursprünglichkeit erleben Sie **südöstlich von Udaipur** im Heritage-Hotel 9 **Karni Fort Bambora → S. 85**, eingerichtet in einem altehrwürdigen Fort, das liebevoll von der Familie der Fürsten wiederaufgebaut wurde.

TAG 3
102 km
7 Molela
60 km
8 Udaipur
54 km
9 Karni Fort Bambora
TAG 4
99 km
10 Chittorgarh
193 km
11 Kota
43 km
12 Bundi
TAG 5
136 km
13 Nationalpark Ranthambhore

**Vom Hotel brechen Sie in nordöstlicher Richtung auf und erreichen in etwa drei Stunden (99 km) die Ruinen auf der Hochfläche von** 10 **Chittorgarh → S. 84**, der mittelalterlichen Residenz der Mewar-Herrscher, wo Sie für einen Besuch Halt machen. **Danach geht die Fahrt 193 km weiter zur kaum vom Tourismus berührten Maharaja-Stadt** 11 **Kota**; der einstige Herrschaftssitz **Garh Palace** beherbergt heute ein Museum. Kotas Schwesterstadt 12 **Bundi** ist noch etwas pittoresker und nur rund 40 km entfernt – versäumen Sie nicht, den trutzigen **Palast** oberhalb der Stadt mit seinen farbigen Fresken zu besuchen, bevor Sie Ihre Unterkunft ansteuern: das Hotel **Haveli Braj Bhushanjee** *(24 Zi. | gegenüber dem Ayurvedic Hospital | Tel. 0747 2442322 | www.kiplingsbundi.com | €€)*.

**Auf halber Strecke von Bundi nach Jaipur (ca. 3 Std. Fahrtzeit) kommen Sie bei Sawai Madhopur zum** fast 400 km² großen 13 **Nationalpark Ranthambhore** *(Rundfahrten 2,5 Std. | Eintritt ca. 4 Euro, Busfahrt 3 Euro | im Forest and Project Tiger Office vorbestellen | etwa 500 m vom Bahnhof Sawai Madhopur | Tel. 0921 2777223 |*

*www.ranthamborenationalpark.com)* mit Wildtieren, auch Tigern. Die Nacht verbringen Sie in einem ehemaligen Jagdschloss: ⑭ **Jhoomar Baori Castle** *(12 Zi. und 2 Suiten | Ranthambhore Road | Sawai Madhopur | Tel. 0746 2 22 04 95 | www.rtdc.rajasthan.gov.in | €€).*

Die **Dörfer um Sawai Madhopur** sind bekannt für ihre handgefertigten Teppiche. Es ist eindrucksvoll, INSIDER TIPP den Weberinnen bei ihrer Arbeit zuzusehen. Fragen Sie dazu vorab bei ⑮ **Village Women Craft** *(hinter dem Hotel Ranthambore Bagh (Ranthambore Road) | Sawai Madhopur | Tel. 0941 4 07 81 81 | www.villagewomencraft.com)* an. Sie bekommen dann einen Ort genannt und erhalten die Wegbeschreibung dorthin. **Nach diesem letzten Stopp gelangen Sie in nördlicher Richtung über die NH12 nach ca. 3,5 Stunden zurück zum Ausgangsort ① Jaipur.**

15 km
⑭ Jhoomar Baori Castle

TAG 6

3 km
⑮ Village Women Craft

146 km
① Jaipur

## 3 STRANDLEBEN UND JAINTEMPEL IN KATHIAWAR

TAXI

**START:** ① Ahmedabad
**ZIEL:** ① Ahmedabad

Strecke:
916 km

**6 Tage**
reine Fahrzeit
19,5 Stunden

**KOSTEN:** Mietwagen mit Fahrer 300 Euro, Übernachtungen 260 Euro, Essen 70 Euro, Fahrradverleih in Diu 3,50 Euro/Tag
**MITNEHMEN:** Badesachen, Fernglas, festes Schuhwerk, Sonnenschutz, Proviant

**ACHTUNG:** Gujarat ist ein „Dry state", d. h. Verkauf, Ausschank und Konsum von Alkohol sind verboten. Ausnahmen gelten z. B. für die Bars gehobener Hotels. Straßenhändler bieten oft gesundheitsschädlichen Fusel an, abgefüllt in Flaschen namhafter Marken.
In vielen Jain-Heiligtümern ist das Tragen von Leder (Gürtel, Kamera- und Handytaschen usw.) untersagt.

**Kathiawar, die Halbinsel im Bundesstaat Gujarat, birgt einige der Juwelen unter Indiens Reisezielen. Entdecken Sie das muslimisch geprägte Ahmedabad, jahrtausendealte Kulturdenkmäler, einen wunderschönen Nationalpark und machen Sie Strandurlaub in der früheren portugiesischen Kolonie Diu.**

Sie betreten Kathiawar durch das *Gateway of Gujarat*, ① **Ahmedabad** → S. 66. Nehmen Sie an einem **Heritage**

TAG 1
① Ahmedabad

**Walk der Ahmedabad Municipal Corporation** *(1,50 Euro | Tel. 093 27 02 16 86 | www.gujarattourism.com)*, einem Spaziergang durch die Altstadt, teil, der Sie auch in reich verzierte Hinterhöfe altehrwürdiger Herrenhäuser führt. Im **Sabarmati Ashram** **→ S. 68** begeben Sie sich auf die Spuren Gandhis und verfolgen den außergewöhnlichen Weg Indiens in die Unabhängigkeit. **The House of MG** **→ S. 69** steuern Sie am Abend zum Übernachten an.

**TAG 2**

332 km

**❷ Junagadh**

**Auf dem Highway 8A gelangen Sie über Rajkot nach ❷ Junagadh. Etwa 2 km westlich von Damodar Kund beginnt der Anstieg auf den heiligen Berg Girnar** der Jains. Nach 10 000 Stufen erwarten Sie ein phantastischer Blick und Höhlen mit Verzierungen aus dem 3./4. Jh. Besuchen Sie auch die wunderschönen Mausoleen der einstigen Herrscher der Stadt Junagadh. Übernachtet wird im **Relief Hotel** *(14 Zi. | Chitta Khana Chawk | Tel. 0285 2 62 02 80 | www.reliefhotel.com | €)*.

**TAG 3**

91 km

**❸ Gir Nationalpark**

**Weiter geht es zum ❸ Gir Nationalpark**. Hier leben die letzten Löwen Asiens in freier Wildbahn – allerdings gehört auch Glück dazu, eines der etwa 300 Tiere zu Gesicht zu bekommen. Die Nacht verbringen Sie im **The Gateway Hotel Gir Forest** *(28 Zi. | Tel. 2877 28 55 51 | www.thegatewayhotels.com | €€€)*.

Im Gir Nationalpark haben die letzten frei lebenden asiatischen Löwen ihre Heimat

**Außerhalb Gujarats, in rund 90 km Entfernung am südlichen Ende von Kathiawar, liegt die Insel ④ Diu → S. 73.** Ab dem 16. Jh. war sie ein Schlüsselort des portugiesischen Kolonialreichs, heute erwartet Sie hier eine romantische Altstadt mit weißen Kirchen und Cafés. Zum Übernachten empfiehlt sich das Hotel **Samrat → S. 74**.

Mieten Sie sich am Vormittag ein Fahrrad oder einen Motorroller (6 Euro/Tag), um sich auf der nur 13 km langen Insel fortzubewegen. Mehrere Sandstrände laden zum Baden ein. **Am Abend führt Sie die Rückreise in Richtung Ahmedabad in die kleine Stadt ⑤ Palitana → S. 70**. Hier ist das **GTDC Hotel Sumeru → S. 70** Ihre Unterkunft der Wahl.

Heute heißt es früh aufstehen und viele Treppen steigen: Der 600 m hohe **Jain-Tempelberg** von Palitana erwartet Sie mit seinen scheinbar zahllosen Heiligtümern aus weißem Marmor. Am verzaubertsten wirkt er in der Stille der Morgendämmerung. **Zurück im Ort brechen Sie nach Nordosten in Richtung Ahmedabad auf (3 Std. Fahrt), halten aber unterwegs noch einmal in ⑥ INSIDER TIPP Lothal** *(Gelände geöffnet Sonnenauf- bis Sonnenuntergang | Museum Sa–Do 10–17 Uhr)*. Hier, nahe der Mündung des Sabarmati-Flusses, lag vor über 4000 Jahren ein Hafen der Indus-Kultur, heute ist dies eine der bedeutendsten Ausgrabungsstätten des Subkontinents. **Nach weiteren 79 km Fahrt gelangen Sie zurück nach ① Ahmedabad**.

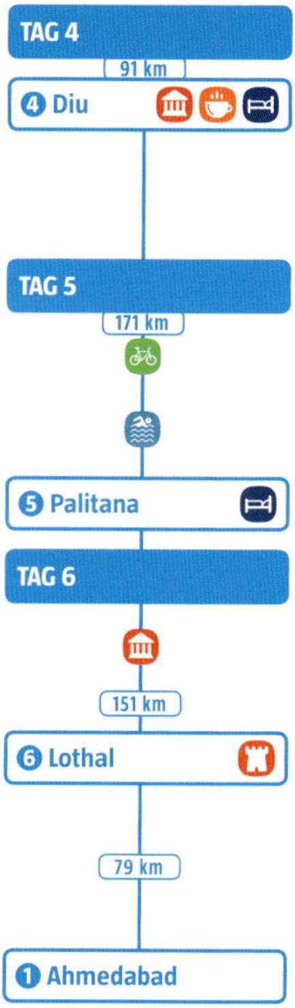

# 4 HEILIGE STÄTTEN DER HINDUS UND BUDDHISTEN

**START:** ❶ Varanasi
**ZIEL:** ❶ Varanasi

Strecke:
1358 km

**10 Tage**
reine Fahrzeit
23 Stunden

**KOSTEN:** ca. 1800 Euro inkl. Mietwagen mit Fahrer, Unterkünfte, Verpflegung, Eintritte, sonstige Ausgaben
**MITNEHMEN:** Sonnenschutz, Proviant

**Diese Tour führt von Varanasi über die Buddhastätten südlich und nördlich vom Ganges zu Tempelhainen und Bananenplantagen. Und es geht kontrastreich weiter: Von den Vorbergen des Himalaya nahe der Grenze zu Nepal gelangen Sie in die wenig von Touristen besuchten Millionenstädte Lucknow und Allahabad.**

**TAG 1–2**
❶ Varanasi
10 km
❷ Sarnath

Sie haben Indien nicht gesehen, wenn Sie nicht in ❶ **Varanasi** → S. 62 waren, dem Pilgerziel jedes frommen Hindus und an indischer Kultur interessierten Touristen – auch wenn es manchen vor den Verbrennungsstätten unter freiem Himmel schaudert. Planen Sie hier zwei Übernachtungen ein, denn nur **10 km nördlich von Varanasi, in** ❷ **Sarnath** → S. 65 predigte Buddha. Dorthin machen Sie am zweiten Tag einen Ausflug.

**TAG 3**
256 km
❸ Bodhgaya

**Über die Grand Trunk Road, die Nationalstraße Nr. 2 Richtung Kolkata, erreichen Sie an Tag 3 nach rund 250 km** ❸ **Bodhgaya** → S. 104, den Ort von Buddhas Erleuchtung. Es ist genug Zeit, sich die Tempel und heiligen Stätten anzusehen, denn Sie übernachten auch im Ort.

**TAG 4–5**
69 km
❹ Rajgir
22 km
❺ Nalanda
80 km
❻ Patna

**Von Bodhgaya geht es in Richtung Patna weiter. Zunächst besuchen Sie die Stätten von** ❹ **Rajgir** – u. a. den Baumpark **Venu Vana**, in dem Buddha mit seinen Schülern lebte. Er wird von Buddhisten aus aller Welt besucht. **Nächstes Ziel ist** ❺ **Nalanda** → S. 106 mit den Ruinen einer der bedeutendsten buddhistischen Universitäten des Mittelalters. **Nach diesem Stopp fahren Sie weiter nach** ❻ **Patna**, Bihars Hauptstadt, wo Sie für zwei Nächte im **Hotel Windsor** *(79 Zi. | Exhibition Road | Tel. 06122 203250 | www.hotelwindsorpatna | €)* einchecken. An Tag 5 besichtigen Sie die **Palastreste von Kumrahar** in Patna am Ganges. Diese werden dem Maurya-Kaiser Ashoka zugeschrieben, dem großen Förderer des Buddhismus, der im 3. Jh. v. Chr. über den Großteil Indiens herrschte.

**Über die Gangesbrücke von Patna,** mit 5575 m eine der längsten Brücken Indiens, kommen Sie in eine Landschaft tropischer Fülle mit Bananen- und Mangohainen. **Nach etwa einer Stunde Fahrt in Richtung Norden erreichen Sie 7 Vaishali**, wo mehrere buddhistische Stupas, eine Ashoka-Säule mit dem Löwensymbol und ein uraltes Shiva-Lingam mit vier Gesichtern erhalten sind. In Vaishali, so heißt es im uralten Epos *Ramayana*, habe ein erstes indisches Parlament getagt. **217 km weiter nordwestlich, schon nahe der Grenze zu Nepal, erreichen Sie am späten Nachmittag 8 Kushinagar**, wo Buddha ins Nirvana eingegangen sein soll. Der **Nirvana-Tempel** mit einer riesigen Statue des liegenden Buddha und die **Mukta-Bandhana-Statue** sind sehenswert. Wer zum Übernachten nicht das mittelpreisige **Lotus Nikko Hotel** *(52 Zi. | Buddha Marg | Tel. 05564 273026 | www.lotusnikkohotels.com | €€)* im Ort wählt, findet einfachere Unterkünfte im 50 km westlich gelegenen Gorakhpur.

**Auf der Nationalstraße 28 geht es nach Westen, in Richtung Lucknow. Nur 6 km entfernt von Faizabad liegt 9 Ayodhya**, der Legende nach der Geburtsort des Götter-

**TAG 6**

43 km

7 Vaishali

217 km

8 Kushinagar

**TAG 7–8**

189 km

9 Ayodhya

Zu *Kumbh Mela*, einem Pilgerfest, baden die Gläubigen in Allahabad im *Sangam*

helden Rama und deshalb einer der sieben heiligsten Pilgerorte Indiens. Er steht beispielhaft für die Rolle der Religion in der Gesellschaft und Politik Indiens: Eine Moschee, die an der überlieferten Stelle der Geburt erbaut worden war, wurde 1992 von radikalen Hindus zerstört. 2002 kam es zu neuen Ausschreitungen, auch in Gujarat. Vor allem bis dahin friedlich mit Hindu-Nachbarn lebende Muslime wurden zu Hunderten getötet. Die Polizei schritt zu spät ein. Indiens Premierminister Narendra Modi, damals Ministerpräsident Gujarats, steht bis heute wegen der Ausschreitungen in der Kritik.

135 km

⑩ Lucknow

**Tagesziel ist das ca. 130 km von Faizabad entfernte ⑩ Lucknow → S. 56**, wo Sie übernachten und auch noch den darauffolgenden Tag sowie die Nacht verbringen. Die Millionenstadt gehört zu den wenig besuchten, aber besonders interessanten Zielen Nordindiens. Sie war Residenz der reichen Nawabs von Oudh (Avadh) und Schauplatz des Aufstands von 1857 gegen die britischen Kolonialherren. Schlendern Sie über den **Janpath Market** *(MG Marg | Hazratganj)* und lernen Sie die lokaltypischen Waren kennen: reich bestickte *Chikan*-Hemden und den süßen Duft von *Attar* (mit destillierten Blüten verfeinertes Öl).

TAG 9–10

**Am Morgen brechen Sie auf in Richtung Varanasi. Südlich von Lucknow kreuzt die Straße den Ganges und trifft**

**wieder auf die Grand Trunk Road, auf der Sie nach rund 200 km in ⑪ INSIDER TIPP Allahabad eintreffen.** Nahe der Stadt fließt der Yamuna in den Ganges. Da beide Ströme heilig sind, streben Millionen von Hindus nach Allahabad zu einem Bad im *Sangam* (etwa: Zusammenfluss, aber auch Gemeinschaft). Selbst wenn zum Zeitpunkt Ihrer Reise kein Pilgerfest ansteht, ist die Stadt einen Besuch wert: Besichtigen Sie Tempel, das Heim der Nehru-Familie (Anand Bhavan), das Indira Gandhi 1970 dem Staat schenkte, Gärten sowie Museen. Um genügend Zeit zu haben, bleiben Sie über Nacht in Allahabad, z. B. im **Hotel Kanha Shyam** *(102 Zi. | Civil Lines | Tel. 05322 56 01 23 | www.hotelkanhashyam.com | €€–€€€)*, und legen an Tag 10 die restlichen 136 km nach ① **Varanasi** zurück.

201 km
⑪ Allahabad
136 km
① Varanasi

# 5 GOAS GRÜNES HINTERLAND

| | |
|---|---|
| START: ① Panaji (Panjim)<br>ZIEL: ① Panaji (Panjim) | **2 Tage**<br>reine Fahrzeit 6 Stunden, Wartezeit an den Fähren ca. 1 Stunde |
| Strecke: 103 km | |

**KOSTEN:** Motorroller 12 Euro, Essen 30 Euro, Übernachtung 25 Euro, Eintritte, Treetbootmiete & Fährkosten 15 Euro
**MITNEHMEN:** Badesachen, Sonnen- und Mückenschutz, festes Schuhwerk, Proviant

**ACHTUNG:** Der Flohmarkt von Anjuna ist nur mittwochs geöffnet. Die Straßenverhältnisse in Goa sind angenehm. Fahren Sie die Strecke dennoch nur mit einem Motorroller, wenn Sie mit dem indischen Straßenverkehr vertraut sind. Alternativ mieten Sie sich einen Wagen mit Fahrer (Kosten: 100 Euro).

**Gelassene Lebensart in Goa: Genießen Sie das Strandleben, ergattern Sie hübsche Souvenirs, wandern Sie an idyllischen Seen und zu Wasserfällen. Zugleich ist diese Reise eine durch die Zeit – von jahrhundertealten Hindu-Tempeln bis zur Kolonialarchitektur aus der 400-jährigen indo-portugiesischen Geschichte des Landes.**

**① Panaji (Panjim) → S. 129 ist der Ausgangsort dieser Route.** Goas Hauptstadt lohnt mindestens ein paar Stunden Aufenthalt: Das alte Viertel **Fontainhas** hat viele reizvolle Ecken, die Sie auf einem Streifzug zu Fuß erkunden. Eine Stärkung genießen Sie mit schönem Ausblick auf den Mandovi-Fluss im Dachrestaurant *(€–€€)* des **Hotel Manvins** → S. 131.

TAG 1
① Panaji (Panjim)
23 km

**2 Anjuna**

28 km

**3 Mayem Lake**

**TAG 2**

10 km

**4 Tempelanlage von Sanquelim**

4 km

**Gemütlich geht's auf der Küstenstraße Richtung Norden, vorbei an den Badeorten Candolim und Calangute, nach** **2 Anjuna** → **S. 130**. Der **Flohmarkt** der Stadt ist eine Institution. Die einstige Notgroschenquelle der Hippies hat sich zum bunten Besuchermagneten entwickelt: Sollten Sie noch ein Souvenir suchen, hier findet es Sie. Ein Besuch einer der benachbarten **Strände** ist ebenso immer empfehlenswert. Wenn Sie schon immer im warmen Meer auf einer Plastikbanane reiten wollten – jetzt haben Sie die Gelegenheit dazu. Andere Aktivitäten sind z. B. Windsurfen und Paragliding *(große Auswahl von Anbietern in den Badeorten | www.watersportscenter.com)*. Auf dem Flohmarkt können Sie Proviant für ein Picknick kaufen, alternativ gibt es am Strand fliegende Händler.

**Die nächste Station befindet sich 28 km östlich im Landesinneren: 5 km vor Bicholim liegt der** **3 Mayem Lake** umgeben von alten Bäumen. Hier übernachten Sie im **Mayem Lake View Resort** *(17 Zi. | Tel. 0832 2 36 21 44 | www.goa-tourism.com | €)*, lassen den Tag aber erst noch mit einer Tretbootfahrt ausklingen.

**Der zweite Tag führt Sie weiter in östlicher Richtung zur 10 km entfernten** **4 Tempelanlage von Sanquelim**. Auf einer Anhöhe über dem Fluss steht hier der **Vithalla-Tempel**, der deutliche Züge nordindischer Architektur trägt. Erbaut wurde er von einer Herrscherfamilie mit Wurzeln in Rajasthan. **Wenige Kilometer weiter erreichen Sie den öst-**

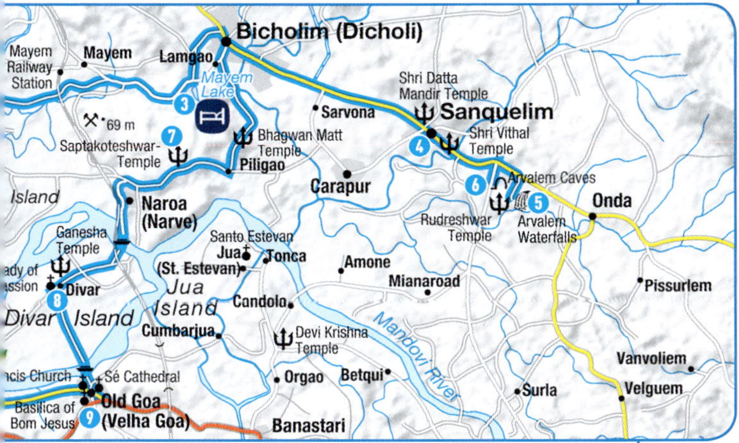


**lichsten Punkt der Route,** die 25 m hohen 5 INSIDER TIPP **Wasserfälle von Arvalem**. Das Wasser am Fuß der Fälle lädt zum Eintauchen ein. Kunsthistorisch bedeutend sind die **nur gut 2 km westlich gelegenen** **6 Tempelgrotten**, die im 7. und 8. Jh. aus dem Fels gehauen wurden.

**Weiter geht es zurück über die NH1, bei Bicholim biegen Sie nach Süden ab und erreichen das Tal von Naroa (Narwe).** Dort ist der **7 Saptakoteshwar-Tempel** ein beliebtes Hindu-Pilgerziel. Das Heiligtum wurde 1668 vom Marathenherrscher Shivaji (Sanskrit-Inschrift über dem Eingang) erbaut, der darin verehrte Shiva-Lingam ist noch älter.

**Folgen Sie der Straße weiter zum Ufer des Mandovi und wechseln Sie per Fähre auf die Insel** **8 Divar**. Vorbei an vielen Feldern und freier Natur, zwei weißen Kirchen am Wegesrand und einigen hübschen Häusern im Dorf Divar **fahren Sie über das idyllische Eiland, biegen nach einer Runde durch den Ort zur Fähre ab und setzen dann nochmals über den Fluss, um nach** **9 Velha Goa (Old Goa)** → S. 129 zu gelangen. Schlendern Sie zwischen den Ruinen und Kirchen der einstigen portugiesischen Kolonialkapitale entlang, **bevor Sie von hier aus auf der Straße am Mandovi-Ufer entlang und über die Ponte de Linhares nach** **1 Panaji** **(11 km) zurückkehren.** Belohnen Sie sich zum Abschluss der Tour mit einem Punjabi-Festmahl im **Sher-e-Punjab** *(12/84 Kudlip Plaza | 18th June Road | Tel. 0832 2 22 79 75 | €€)*.

5 Wasserfälle von Arvalem
2 km
6 Tempelgrotten
16 km
7 Saptakoteshwar-Tempel
6 km
8 Divar
3 km
9 Velha Goa (Old Goa)
11 km
1 Panaji

# SPORT & WELLNESS

**Wegen der geografischen und klimatischen Besonderheiten spielt der Sport in Indien eine andere Rolle als in der westlichen Welt. Einer aufstrebenden oberen Mittelschicht ist er sozusagen Statussymbol. Es gilt als schick zu joggen, auch wenn die gesunde Umgebung dafür fehlt.**

Für die Heimat von Yoga, Ayurveda und Meditation ist Wellness-Tourismus nichts Neues: Schon im vergangenen Jahrhundert kamen viele Gäste aus Europa und den USA in Indiens Ashrams, um ihr Befinden zu verbessern und Abstand von Stress und Arbeitsalltag zu nehmen. Heute steht bei der Mehrzahl der Angebote der spirituelle Aspekt nicht unbedingt im Vordergrund. Hotels, Resorts und Spas, oft eigens für diese Art des Urlaubs eröffnet, werben um Gäste mit Stichworten wie ausgewogenem Essen, ganzheitlicher Gesundheit, Naturverbundenheit, Fitness, Stressbewältigung – und natürlich Yoga und Meditation.

Beliebt in Indien ist Kricket. Verliert die indische Nationalmannschaft bei internationalen Meisterschaften, wird dies von vielen als nationale Katastrophe empfunden. Menschen, die nicht im Bannkreis der britischen Kultur aufgewachsen sind, werden die Begeisterung für dieses Ballspiel allerdings vermutlich kaum teilen können – schon wegen der Spieldauer, die vier bis sechs Stunden oder gar sechs Tage betragen kann.

Polo wurde als hockeyähnliches Reiterspiel in Indien und Persien erfunden und gelangte von dort nach Europa. Daher


Bild: Kameltrekking in Sam bei Jaisalmer

## Kein Sport in der Hitzeperiode vor dem Monsun und während der Regenzeit, ansonsten locken Trekking, Wintersport und Reiten

wird Polo in Indien oft als Nationalsport bezeichnet, obwohl ihm weniger Aufmerksamkeit als Kricket zukommt. Das Spiel besteht aus kurzen, spannenden Abschnitten und hat ästhetisch schöne Augenblicke. Spiele finden vor allem in Delhi und Jodhpur statt.
Insgesamt werden auf dem Subkontinent immer mehr im Westen verbreitete Sportarten populär, so etwa Gleitschirmfliegen. Im Himalaya, in den Western Ghats und im Nilgiri-Gebirge im Süden des Landes gibt es dafür geeignete Gelände.

### KAMELREITEN

Spezielles Vergnügen in der *Wüste Thar.* Angeboten werden mehrtägige Ausflüge mit Besuchen von Wüstendörfern, Übernachtungen im Zelt, Verpflegung und Lagerfeuer. Gegen die brennende Sonne tagsüber sind eine Kopfbedeckung und Bekleidung, die Schultern und Oberarme schützt, sowie Sonnencreme unerlässlich. Von September bis April sollten Sie wegen der sehr kalten Nächte Wintersachen und Decken mitnehmen. Ausgangsorte:

Jaisalmer *(Aravali Safari | nahe Patwonki Gali | Tel. 02992 25 26 32)* und Bikaner *(INSIDER TIPP Rajasthan Safaris and Treks | Tel. über Tourist Reception Center 0151 2 54 41 25 | zudem Jeeptouren in die Wüste)*. Auch die staatlichen Tourist Offices vermitteln Kamelritte.

## RAFTING

Bei diesen Schlauchbootpartien auf den wilden Bergflüssen in den Tälern des Himalaya werden Sie bestimmt pudelnass! Gute Raftinganbieter halten Schwimmwesten und Helme für die Teilnehmer bereit. Über die oft hohen Schwierigkeitsgrade wissen die lokalen Anbieter am besten Bescheid.

Zu empfehlen ist das Rafting auf dem jungen Ganges in Rishikesh *(Himalayan River Runners | März–Mai und Sept.–Okt. | www.hrrindia.com)*. In Sikkim wird Rafting auf den Gebirgsflüssen Teesta und Ranjit angeboten. Anfänger probieren die landschaftlich schöne Strecke bei Pemayantse (2 Std.). Auskunft in Gangtok bei der *Sikkim Tourism Development Corporation (M. G. Marg | Tel. 03592 22 34 25 | www.sikkiminfo.net)*.

## REITERSAFARIS

Reiter können vor allem in Rajasthan auf Safari gehen, z. B. in Nawalgarh in der Region Shekawati, angeboten vom *Roop Nivas Palace (Tel. 015954 2 41 52)*. Auch das *Rohet Garh Heritage Hotel (Tel. 02936 26 82 31 | www.rohetgarh.com)*, 50 km südlich von Jodhpur, bietet Reitersafaris an.

## TREKKING

In den Himalaya-Bundesstaaten Himachal Pradesh, Uttaranchal, West Bengal Himalayas und Sikkim wird organisiertes Trekking und Wandern immer beliebter. Beste Zeit dafür ist im Herbst, doch auch April/Mai werden empfohlen. In großen Höhen ist unbedingt eine Ein-

Eine Trekkingtour im Himalaya sollten Sie nur mit Führer unternehmen

gewöhnungszeit nötig! Meist fehlt die Infrastruktur für Trekking auf eigene Faust (z. B. Wegweiser), daher ist vom Wandern ohne Guide sehr abzuraten. Man kann in den Dörfern am Startpunkt der Tour Träger für das Gepäck *(Porter)* anheuern, die auch Zelte aufstellen und Feuer zum Kochen machen. Auskunft und Rat geben lokale Touristenbüros in vielen Bergorten *(hill stations)* und folgende Organisationen: *Garhwal Mandal (Vikas Nigam | Lakshman Jhula Road | Rishikesh | Tel. 01364 2431793), Himalayan Mountaineering Institute (HMI) (auf dem Gelände des Zoological Park | Darjeeling | Tel. 0354 2254087 | www.hmi-darjeeling.com), Nainital Mountaineering Club (Mallitall | Naini Tal | Tel. 05942 235051).*

## WASSERSPORT

Gelegenheiten zum Schwimmen gibt es an den zahlreichen Stränden, jedoch sind die Gewässer nicht überall sicher. Besonders an der Ostküste wird bei *Puri* vor gefährlichen Strömungen gewarnt. Aber auch im Süden, an mehreren Stränden Keralas und Tamil Nadus, treten starke Unterströmungen auf. Beachten Sie also unbedingt die örtlichen Warnungen.

Tauchen ist besonders beliebt in einigen Buchten in Goa (Vainguinim und Bogmalo) und wegen der kristallklaren Gewässer um die Lakkadiven (Bangaram) und Andamanen-Inseln (Havelock Island und Marine National Park). Auskunft über Tauchkurse gibt *PADI Europe (Oberwilerstr. 3 | CH-8442 Hettlingen | Tel. 0041 523041414 | www.padi.com).*

In Kerala, Goa und an einigen anderen Stränden können Sie in der Saison mit örtlichen Fischern raus aufs Meer fahren. Bei über 7000 km Küste überrascht es nicht, dass Indien auch einige gute Surfspots zu bieten hat. Allerdings sind viele davon nur schwer zu erreichen. In den vergangenen Jahren haben sich an manchen Stränden, z. B. in Arambol in Goa, Covelong in Tamil Nadu oder Varkala in Kerala, Surf-Anbieter etabliert, die auch Bretter verleihen. Surfing Swami, mit bürgerlichem Namen Jack Hebnar aus Boston, USA, gründete im südlichen Karnataka den *Ashram Surf Retreat (4 Zi. | 6-64, Kolachikambla | Mulki, Mangalore | Karnataka | Tel. 0091 9663141146 | www.surfingindia.net)*, dem auch drei zertifizierte Surflehrer angehören. Gäste verzichten auf Alkohol, Fleisch und Zigaretten, der Ashram-Alltag dreht sich um Yoga, Meditation, gutes Essen, Surfen – und um andere Wassersportarten vom Schnorcheln bis zum Stand-up-Paddeln.

## YOGA

Yoga (Anspannung) ist mehr als körperliches Training, es ist ein Weg zur geistigen Konzentration und seelischen Befreiung, letztlich zur völligen Beherrschung des Korpers und der Organe, die dem Willen normalerweise entzogen sind. Aus der buddhistischen Tradition und anderen altindischen Überlieferungen heraus wird ein achtstufiger Heilsweg empfohlen. Der Erfolg des Schülers auf dem Weg zu diesen Zielen hängt maßgeblich von der Wahl des richtigen Lehrers ab. Es gilt also, sich Zeit zu nehmen und zu suchen. Viele Ashrams, Yogazentren sowie Hotels in großen und kleineren Städten überall in Indien bieten Kurse an, die einige Tage, Wochen oder gar Monate dauern können. Wer im Yoga eher Training und Kräftigung für den Körper sucht, probiert die anspruchsvollen Übungen des Hatha-Yoga. Eine besondere Adresse für Yoga und Meditation ist Rishikesh. Dort findet jedes Jahr Anfang Februar eine Internationale Yogawoche mit Kursen unter freiem Himmel statt; viele Hotels vermitteln aber auch das ganze Jahr über Yogaunterricht.

# MIT KINDERN UNTERWEGS

Manche Indienkenner raten generell davon ab, mit Kindern Urlaub in dem Land zu machen. So weit muss man nicht gehen, man sollte aber einige Dinge beachten. Das Klima, der Staub und die Bakterien können bei kleinen Kindern Infektionen auslösen, die sich stärker als auf Erwachsene auswirken. Ein Alltag, der sich vom Gewohnten deutlich unterscheidet, Begegnungen mit Armut oder der Anblick von Kranken auf offener Straße können verstören. Schließlich ist die touristische Infrastruktur des Subkontinents normalerweise nicht auf Kleinkinder ausgelegt – Hotels der unteren bis mittleren Preiskategorie beispielsweise mögen ein extra Klappbett bereithalten, nicht aber ein Babybett mit hohen Wänden. Kinderbetreuung oder Kinderclubs sind selten und nur in der oberen Luxusklasse zu erwarten. Empfehlenswert sind z. B. die Hotels der ökologisch orientierten *cgh Earth Group* in Kerala: Sie sind großzügig angelegt, naturnah und komfortabel.

## VORBEREITUNG

All dies schließt eine Indienreise mit Kindern nicht aus – im Gegenteil, mit seinen Farben, den Naturparks, exotischen Tieren auf den Straßen, Ritterburgen und Maharajas kann Indien auf den Nachwuchs wie ein Märchenland wirken. Von Vorteil ist es allerdings, wenn man als Eltern das Land schon zuvor bereist und somit eine Vorstellung von den Bedingungen hat. Zumindest sollte eine intensive und frühzeitige Vorbereitung möglich sein, die auch Gespräche und Spiele mit den Kindern zu Themen wie dem Umgang mit Bettlern einschließt. Berücksichtigt man, dass die Reisedauer im Verhältnis zum Aufwand stehen sollte und ein höheres Budget für die Reise angebracht ist, kann man auf einer Indienreise mit Kindern im Alter von über etwa zehn Jahren nahezu alles in diesem Buch Beschriebene unternehmen – vielleicht sogar mit dem Zugewinn an Entdeckungen, die nur Kinderaugen sehen.

## GESUNDHEIT

Der Hausarzt oder die Beratungen der tropenhygienischen Institute helfen bei der Wahl auch gesundheitlich geeigneter Reiseregionen und der Zusammenstellung einer guten Reiseapotheke. Rechtzeitige Impfungen gegen Tetanus, Diphterie, Polio und asiatische Hirnhautentzündung sind unerlässlich. Wichtig sind Gesundheitsvorkehrungen

## Eine Reise mit Kindern nach Indien bedarf einer besonderen Vorbereitung, damit Tiger und Ritterburgen spannend bleiben

während der Reise: Die empfindliche Kinderhaut muss vor Sonnenstrahlen geschützt werden. Neben Sonnenschutzmittel mit hohem Lichtschutzfaktor sind dabei langärmlige Oberteile sowie lange Hosen nützlich – diese geben zusätzlich Sicherheit vor Insektenstichen (Malaria). Sandalen sollten vorn geschlossen sein und fest sitzen. Kinder müssen sehr viel trinken, doch Wasser sollte nur aus originalverschlossenen Flaschen genossen werden. Achten Sie noch mehr als sonst auf persönliche Hygiene: Sorgen Sie dafür, dass die Fingernägel Ihrer Kleinen kurz bleiben und dass vor ausnahmslos jeder Nahrungsaufnahme die Hände gesäubert werden (Tuch mit Desinfizierflüssigkeit mitnehmen)!

### ORIENTIERUNG

Vielstündige Busfahrten auf Schlaglochpisten sollten auf jeden Fall für Kleinkinder tabu sein. Wer aber in Delhi landet und im bequemen Wagen die gut ausgebaute Autobahn nach Jaipur nimmt, kann schon mit Dreijährigen Rajasthan bereisen – sofern man ortsfest bleibt und die Ausflüge nicht zu anstrengend werden. Gleiches gilt für einen Urlaub an Indiens langen Stränden, besonders in Diu im Norden sowie Kerala und Goa im Süden. *Hill stations* wie Ooty, Mount Abu, Shimla oder Darjeeling , einst von den Briten wegen des milden Klimas und der schönen Natur eingerichtet, eignen sich aus denselben Gründen auch für Kinder, zumal es dort heute noch etwas entspannter als in den großen Städten zugeht.

### AKTUELLE EVENTS

Delhi bietet – wie auch die anderen Riesenstädte Indiens – eine reiche Auswahl von unregelmäßigen Veranstaltungen, die auch Kinder unterhalten. Informationen über aktuelle Events und Ausflugsziele kann man der Stadtzeitschrift *Time Out Delhi (www.timeoutdelhi.net)* entnehmen, die auch eine „Kids"-Rubrik hat.

# EVENTS, FESTE & MEHR

Die Termine für Indiens volkstümliche Feste wechseln von Jahr zu Jahr, zudem finden sie oft in mehreren Orten an verschiedenen Tagen statt. Nicht nur religiöse Feste werden nach dem Mondkalender festgesetzt, der unterschiedlich angewendet wird. Genaue Daten, die oft erst kurz vorher feststehen, nennt das Indische Fremdenverkehrsamt *(www.india-tourism.com* oder *www.incredibleindia.org)*. Fast alle Feste haben einen religiösen Hintergrund. Sie werden bunt, lustig und laut mit Feuerwerk und geschmückten Elefanten gefeiert.

## FEIERTAGE UND FESTE

### JANUAR

***Pongal (Makar Sankranti)*** – Das Erntefest wird indienweit drei Tage lang gefeiert, vor allem in Tamil Nadu, Karnataka und Andhra Pradesh. Frisch geernteter Reis wird mit Zucker, Milch und *dal* aufgekocht. Auch das geschmückte Vieh darf kosten.

### FEBRUAR/MÄRZ

● ***Desert Fair Festival, Jaisalmer*** – Dreitägiges Wüstenfest mit Kamelpolo, Akrobaten und Schwerttanz, gänzlich kostenlos

***Vasant Panchami*** – Frühlingsfest mit Gesang und Tanz, vor allem in Ostindien

***Shivaratri*** – Nächtelang Musik und Gesänge zur Erinnerung an Shivas kosmischen Tanz, prächtig in Mumbai und Khajuraho

★ ***Holi*** – Indiens buntestes Fest: Zur Frühlingsfeier bespritzt man einander freundschaftlich mit gefärbtem Wasser (vor allem in Nordindien).

### APRIL

***Gangaur Festival*** – Fest der Frauen. Zu Ehren Parvatis, der Begleiterin Shivas, beten unverheiratete Mädchen, dass sie den Richtigen finden, Verheiratete fasten für eine gute Ehe. Das Fest beginnt am Tag nach Holi und dauert 18 Tage, gefeiert wird in ganz Rajasthan. Die Gauri-Prozession in Jaipur ist prächtig.

### JULI/AUGUST

***Teej*** – In Rajasthan werden Schaukeln an Bäumen befestigt, auf denen junge Frauen schwingen. Das soll den Monsun anlocken. Auch Elefantenprozessionen

### AUGUST/SEPTEMBER

***Onam*** – Farbenprächtiges Kerala-Fest mit Schlangenbootrennen, Elefantenprozessionen und Tanz

INSIDER TIPP ***Ganesh Chaturthi*** – Gefeiert wird in ganz Indien, besonders aber in Maharashtra, mit Feuerwerk und Ganesh-

Lehmstatuen, die in einem Gewässer versenkt werden.

***Jammashtami*** – Krishnas Geburtstag, gefeiert wird vielerorts, besonders in Agra, Mumbai, Mathura und in Vrindaban

## SEPTEMBER/OKTOBER

★ ***Dussehra/Durga Puja*** – Knallbunte Götter- und Dämonenstatuen aus Pappmaché werden am Ende des neun- bis zehntägigen Fests verbrannt oder im Wasser versenkt. Besonders in Bengalen wird die mächtige Durga in vielen Gestalten als Siegesgöttin verehrt.

## OKTOBER/NOVEMBER

***Muharram*** – Vor allem in Hyderabad und Lucknow gedenken die Schiiten mit Umzügen und geschmückten Nachbildungen des Grabmals des gewaltsamen Tods Hussains, des Enkels Mohammeds.

***Deepawali (Diwali)*** – Mehrtägiges Familien- und Lichterfest zu Ehren Ramas, der aus dem Exil heimkehrte, zudem Hindu-Neujahr; Schwestern malen Brüdern ein *tikka* (Zeichen der Verehrung) auf die Stirn.

## NOVEMBER/DEZEMBER

***Pushkar Fair*** – Riesiger Kamel- und Rindermarkt in Pushkar/Rajasthan, Kamelrennen

***Id-ul-Fitr*** – Für Muslime das Fest zum Ende des Fastenmonats Ramadan

***Nanak Jayanti*** – Geburtsfest des Gründers der Sikh-Religion Guru Nanak. Die Sikhs feiern mit Umzügen und der Darbietung ihres heiligen Buchs *Granth Sahib* sowie vielstündigen Rezitationen.

***Christmas*** – 25. Dez.: Weihnachtsbäume, vor allem in Mumbai, Goa, Tamil Nadu und Kerala. In den Bundesstaaten ohne nennenswerte christliche Bevölkerung spielt das Fest nur eine geringe Rolle.

## FEIERTAGE

Genannt sind die landesweit geltenden, offiziellen Feiertage mit festem Datum. Alle anderen Feiertage gelten entweder nicht in ganz Indien oder sie richten sich nach anderen Kalendern wie dem Hindu- oder dem Mondkalender.

| | |
|---|---|
| 26. Januar | *Republic Day* (Tag der Republik) |
| 15. August | *Independence Day* (Unabhängigkeitstag) |
| 2. Okt. | *Gandhi Jayanti* (Geburtstag Mahatma Gandhis) |

# LINKS, BLOGS, APPS & CO.

LINKS & BLOGS

www.marcopolo.de/indien Alles auf einen Blick zu Ihrem Reiseziel: Interaktive Karten inklusive Planungsfunktion, Impressionen aus der Community, aktuelle News und Angebote …

short.travel/ind1 Die Ghats von Varanasi gehörten zu den ersten Orten, die als 360-Grad-Panoramen online präsentiert wurden. Die in Stufen gefassten Ufer lassen sich in den Rundum-Ansichten spektakulär erkunden. Auch in Google Earth sind die Panoramen verlinkt

molodezhnaja.ch/bollywood.htm Kritiken, Porträts der Stars, Screenshots und ein Forum für die Filme aus Bollywood – alles auf Deutsch

www.seat61.com/India.htm Der Mann von Platz 61 gilt als die verlässlichste unabhängige Informationsquelle für Fragen zu Zugreisen in Indien

www.indiawildliferesorts.com Die Informationen dieser Website sind auf touristische Bedürfnisse zugeschneidert und gut geeignet, um sich einen Überblick zu verschaffen

www.travellerspoint.com/guide/India Auf der Seite der englischsprachigen Reisecommunity helfen sich Blogger gegenseitig. Praktisch für das eigene Reisetagebuch ist die Kartenfunktion

www.indiamike.com Welche Frage auch zu Reisen nach Indien gestellt werden mag – es scheint fast so, als sei sie auf indiamike schon einmal gepostet worden

www.indien-aktuell.de Das deutschsprachige Onlinemagazin berichtet über alles, was mit Indien zu tun hat, dazu bietet es Reiseinformationen und ein äußerst lebendiges Forum

www.tagesschau.de/videoblog/dilli_dilli Die Korrespondenten der ARD in Indien bloggen – natürlich im Videoformat. Sehr professionell, sehr kurzweilig

**Egal, ob für Ihre Reisevorbereitung oder vor Ort: Diese Adressen bereichern Ihren Urlaub. Da manche sehr lang sind, führt Sie der short.travel-Code direkt auf die beschriebenen Websites. Falls bei der Eingabe der Codes eine Fehlermeldung erscheint, könnte das an Ihren Einstellungen zum anonymen Surfen liegen**

short.travel/ind3 Bikaner ist einer der besten Orte Rajasthans, um eine Kamelsafari durch die Wüste Thar zu planen – und die Adressen auf der Seite gehören zu den bewährten in der Stadt

nosianai.blog.de Aufmerksam-kritisch beäugt eine Deutsche in Indien das tägliche Leben. Ihre eigene Sicht auf die Dinge hat sie sich auch nach zehn Jahren in Mumbai erhalten

thrillophilia.com/blog „Travel Inspiration" lautet der Untertitel dieses Blogs eines indischen Reiseanbieters mit Best-of-Listen für das Land. Achtung, Fernwehgefahr!

VIDEOS & MUSIK

short.travel/ind2, www.facebook.com/bringhomestories „Bring home stories" präsentiert Informationen und Videos über das Leben in der Metropole Delhi, zu aktuellen Ausstellungen, Shopping-Möglichkeiten sowie zu vielen Trends. Obwohl eigentlich vor allem für Dehliwallahs (Einwohner der Stadt) gedacht, ist das Projekt auch für Touristen eine wahre Fundgrube

www.indiavideo.org Viele Videos zu allen Bereichen des indischen Lebens, von Ayurveda bis hin zum Dorfleben in Zainabad. 2007 ging das Projekt in Zusammenarbeit mit der Unesco online

short.travel/ind5 Die Beatles auf Indisch. Vollkommen verrückt und nicht besonders tiefsinnig, aber durchaus unterhaltsam

APPS

Zomato Kritiken, Speisekarten, Adressen und Telefonnummern von Restaurants, Bars und Clubs der großen Metropolen. Sortiert nach Örtlichkeit und angebotener Küche der hauptsächlich hochpreisigen Lokale. Praktisch ist die Verbindung mit dem GPS-Modul des Smartphones – für alle Betriebssysteme

Navmii GPS Indien Kostenfreie Navigations-App für iOS und Android. Zur Eingabe des Zielorts ist eine Onlineverbindung notwendig, unterwegs sollen keine Roaming-Kosten anfallen. Das Kartenmaterial stammt von OpenMaps

Indian Rail Info Zum Planen von Bahnfahrten: Sitzplatzverfügbarkeit, Zugnummern und Verspätungen sind mit der inoffiziellen App für iOS und Android schnell ermittelt

# PRAKTISCHE HINWEISE

## ANREISE

Direktflüge von Europa landen in Mumbai oder Delhi (7,5 Std.). Gelegentlich fliegen Chartermaschinen auch Goa im Süden an. Günstige Angebote liegen zwischen 500 und 600 Euro in der Hochsaison im Winter. Ein Linienflug mit der Möglichkeit des Umbuchens ist normalerweise um einige hundert Euro teurer. Vergessen Sie nicht, 72 Stunden vor dem Rückflug die *reconfirmation* (Rückbestätigung) Ihres Tickets!

## AUSKUNFT

**INDISCHES FREMDENVERKEHRSAMT**
*Baseler Str. 48 | 60329 Frankfurt | Tel. 069 2 42 94 90 | www.incredibleindia.org*

## GRÜN & FAIR REISEN

Auf Reisen können auch Sie viel bewirken. Behalten Sie nicht nur die $CO_2$-Bilanz für Hin- und Rückreise im Hinterkopf *(www.atmosfair.de; de.myclimate.org)* – etwa indem Sie Ihre Route umweltgerecht planen *(www.routerank.com)* –, sondern achten Sie auch Natur und Kultur im Reiseland *(www.gate-tourismus.de; www.ecotrans.de)*. Gerade als Tourist ist es wichtig, auf Aspekte wie Naturschutz *(www.nabu.de; www.wwf.de)*, regionale Produkte, wenig Autofahren, Wassersparen und vieles mehr zu achten. Wenn Sie mehr über ökologischen Tourismus erfahren wollen: europaweit *www.oete.de*; weltweit *www.germanwatch.org*

## BAHN

Sehr nützlich ist das Heft „Trains at a Glance" (an Zeitungskiosken am Bahnhof erhätlich). Es gibt verschiedene Schalter für die 1., 2. und 3. Zugklasse, meist auch extra einen für Touristen sowie speziell für Frauen *(Ladies Ticket Office)*. Viele Informationen finden Sie auf der Website der indischen Bahn *(www.indianrail.gov.in)*, Nicht-Indern werden Onlinebuchungen leider erschwert. Auch wenn angeblich alles ausgebucht ist, kann fragen nicht schaden: Vielleicht ist noch ein Platz der VIP-Quote zu haben oder einer der Touristenquote (am Touristenschalter, wenn vorhanden). Reservieren ist sehr wichtig und für viele Fernzüge obligatorisch. Der *Indrail Pass* erleichtert die Reservierungen, bietet aber preislich meist keinen großen Vorteil. Er ist in US-Dollar zu bezahlen und kann auch in Europa gekauft werden (Auskunft bei Reisebüros).

## BANKEN & KREDITKARTEN

Die Rupie ist zur begrenzt konvertierbaren Währung geworden, darf aber weder ein- noch ausgeführt werden. Daher sind Devisen unerlässlich. US-Dollar und Euro werden oft bevorzugt. Beträge im Wert von mehr als 10 000 Dollar müssen bei der Einreise deklariert werden (wegen Rücktausch). Nehmen Sie genug Geld oder Kreditkarten (Visa, American Express) mit. Geldautomaten (ATM) sind in den Städten üblich, in der Provinz noch nicht überall. Die *Andhra-Bank* oder die *Bank of Baroda* wechseln Geld per Kreditkarte. Die *State Bank of India* ist eine verlässliche, kommissionsfreie Adresse. Wechseln in großen Hotels geht schneller als in Banken. Akzeptieren Sie keine angerissenen Scheine.

## BUSSE

Mal reist man effizient mit ihnen, mal wird es nervig bis gefährlich: Überlandbusse. Die Qualität der staatlichen Busunternehmen ist abhängig vom jeweiligen Landesteil – positiv sticht z. B. *KSRTC* in Kerala hervor. Vorteile der Staatsbusse sind ihre Verlässlichkeit und die Möglichkeit, sehr früh im Voraus zu buchen. Private Anbieter sind oft noch günstiger, stehen aber im Ruf, Risiken einzugehen. „Super Deluxe Video Coach" bedeutet oft Hindi-Pop-Beschallung auf der Fahrt – also Ohrstöpsel nicht vergessen!

## DIPLOMATISCHE VERTRETUNGEN

**INDISCHE BOTSCHAFT IN DEUTSCHLAND, KONSULARABTEILUNG**
*Tiergartenstr. 17 | 10785 Berlin | Tel. 0049 30 25 79 56 11 | www.indianembassy.de*

**INDISCHE BOTSCHAFT IN ÖSTERREICH**
*Kärntnerring 2 | A-1010 Wien | Tel. 0043 1 50 58 66 6*

**INDISCHE BOTSCHAFT IN DER SCHWEIZ**
*Kirchenfeldstr. 28 | CH-3005 Bern | Tel. 0041 3 13 51 11 10*

**DEUTSCHE BOTSCHAFT IN INDIEN**
*P.O. Box 613 | No. 6/50G Shantipath | Chanakyapuri | New Delhi 110021 | Tel. 0091 11 44 19 91 99 | www.new-delhi.diplo.de*

**ÖSTERREICHISCHE BOTSCHAFT IN INDIEN**
*Chandragupta Marg | Chanakyapuri | New Delhi 110021 | Tel. 0091 11 24 19 27 00*

**SCHWEIZER BOTSCHAFT IN INDIEN**
*Nyaya Marg | Chanakyapuri | New Delhi 110021 | Tel. 0091 11 49 95 95 00*

## WAS KOSTET WIE VIEL?

| | |
|---|---|
| Banane | ab 2 Cent<br>*in Südindien* |
| Tee | ab 15 Cent<br>*für ein Glas* |
| Bier | 1,40–2 Euro<br>*für eine Flasche (0,7 l)* |
| Kino | 60–90 Cent<br>*für eine Karte* |
| Taxi | 70 Cent–1,10 Euro<br>*für 3 km per Dreirad-Taxi* |
| Bahnfahrt | 9,50 Euro<br>*für die Strecke Delhi–Bangalore im Liegewagen* |

## EIN- & AUSREISE

Ein Touristenvisum ist für eine Indienreise unerlässlich. Es ist maximal ein Jahr lang gültig. Visa-Anträge können – je nach Wohnort – bei Büros in Berlin, München, Hamburg und Frankfurt/Main gestellt werden. Die Adressen und die Zuständigkeiten der Büros sind auf *www.indianembassy.de* angegeben (über die Website gelangen Sie auch zum Visa-Formular). Dem Antrag müssen der mindestens noch ein Jahr lang gültige Reisepass sowie ein biometrisches Passfoto beiliegen.

## EINTRITTSPREISE

Eintrittspreise für Museen und archäologische Stätten sind für ausländische Besucher den internationalen – d. h. für Inder unbezahlbaren – Standards angeglichen worden. Sie werden an den Monumenten in Dollar erhoben und betragen meist zwischen ca. 1 bis 6 Euro, in Ausnahmefällen (Taj Mahal!) deutlich mehr. In diesem Band werden nur Eintrittspreise genannt, die ca. 3 Euro oder mehr betragen.

## GESUNDHEIT

In den ersten Tagen ist Vorsicht angebracht: Essen und trinken Sie nur in guten, sauberen Restaurants (gekochte Speisen, Tee und abgefüllte Markengetränke), Mineralwasser nur aus originalverschlossenen Flaschen verzehren. Putzen Sie auch Ihre Zähne mit Mineralwasser und lassen Sie das sogenannte gefilterte Wasser der Hotels und Restaurants lieber ungenutzt. Trinken Sie viel, mehr als Sie Durst haben! Der Wasserverlust muss in heißer Umgebung ersetzt werden. Gegen den Mineralverlust ist salzige Nahrung zu empfehlen. Gründliche persönliche Hygiene (Händewaschen) ist wichtig. Nach ca. zehn Tagen können Sie etwas großzügiger sein, dann sind auch geschältes Obst und Gemüse verträglich.

Empfohlen werden Impfungen gegen Hepatitis A und B, Typhus, ggf. gegen Cholera und gegen die asiatische Hirnhautentzündung (Japanenzephalitis). Impfschutz gegen Polio und Tetanus sollte ebenfalls bestehen. Vorbeugung gegen Malaria ist dringend anzuraten, wenn Sie in heiße und feuchte Gebiete reisen. Da reichen ein Moskitonetz und insektenabweisende Einreibung (Repellent) nicht aus.

Gute Kopfbedeckungen gegen Sonnenbrand und Sonnenstich sind wichtig. Nehmen Sie Verbandszeug, Mittel zur Desinfektion kleiner Wunden, gegen Insektenstiche und Sonnenbrand mit, außerdem einfache Schmerz- und Erkältungsmedikamente sowie Mittel gegen Magen-Darm-Störungen. Auch eine steril verpackte Einwegspritze sollte man einpacken. Die besseren Hotels nennen Adressen von Ärzten, auch wenn man nicht dort übernachtet. Es gibt in Indien gute Ärzte, meist mit Englischkenntnissen. Privatkliniken sind oft besser ausgerüstet als öffentliche Krankenhäuser. Eine Auslandskrankenversicherung ist ein Muss für jeden Indienreisenden!

## WÄHRUNGSRECHNER

| € | INR | INR | € |
|---|---|---|---|
| 1 | 73,78 | 1 | 0,01 |
| 2 | 147,55 | 5 | 0,07 |
| 5 | 368,88 | 10 | 0,14 |
| 15 | 1106,63 | 25 | 0,34 |
| 30 | 2213,26 | 50 | 0,68 |
| 50 | 3688,77 | 125 | 1,59 |
| 75 | 5533,16 | 300 | 4,06 |
| 100 | 7377,55 | 750 | 10,14 |
| 125 | 9221,93 | 1000 | 13,52 |

## HOTELS & UNTERKÜNFTE

Zu den Hotelpreisen kommen je nach Bundesstaat unterschiedlich hohe Steuern. Unzählige Maharajas haben ihre Schlösser und Forts in Hotels verwandelt, viele verbinden internationale Komfortstandards mit dem Ambiente von Tausendundeiner Nacht. Diese *Heritage-Hotels* sind aber keineswegs alle Luxusherbergen, manche sind deutlich einfacher ausgestattet und preisgünstig. Das Angebot an modernen Mittelklassehotels wächst, z. B. mit den *Trident*-Hotels der Oberoi-Gruppe und im Süden mit den *cgh Earth*-Hotels. Billighotels, in denen man für umgerechnet wenige Euro ein Zimmer oder einen Platz im *dormitory* (Schlafsaal) bekommt, vor dem Buchen in Augenschein nehmen. Empfehlenswerter sind oft die Privatquartiere für *paying guests* (vor allem in Rajasthan, Vermittlung in den Tourist Offices).

## INLANDSFLÜGE

Neben Indian Airlines fliegen private Linien wie *Jet-Airways* und *Kingfisher Airline* auf innerindischen Strecken. Fluggerät wie in Europa. Buchen Sie am besten Tage im Voraus und achten Sie auf die *reconfirmation* vor Rückflügen. Es wird ein „Discover India Ticket" für 21 oder ein „India Wonderfares" für sieben Tage angeboten. Verspätungen sind viel seltener geworden.

## INTERNET & WLAN

Internet- und Cybercenter gibt es viele. Sie sind sehr preiswert, aber die Rechner oft langsam, die Kabinen winzig und Stromausfälle häufig. Die Alternative: große Hotels oder Reiseagenturen. WLAN – in Indien heißt es Wi-Fi – gibt es noch immer nur vereinzelt. Manche Flughäfen und Bahnhöfe bieten kostenfreie Hotspots, oft wird ein Mobiltelefon zur Registrierung benötigt. In den großen und größeren Hotels ist die Nutzung teuer (ca. 5 Euro pro halbe Stunde). In den Internetcafés wird WLAN selten angeboten und ist dann oft sehr unzuverlässig.

## KLEIDUNG

Gut ausgerüstet sind Sie mit leichter, nicht zu eng geschnittener Kleidung aus Baumwolle oder modernen Kunststofffasern. Wegen der Klimaanlagen und in kühleren Regionen (in den Wintermonaten) brauchen Sie zudem Pullover. Manche Jain-Tempel dürfen nicht mit Lederkleidung bzw. -utensilien betreten werden.

## KLIMA & REISEZEIT

Nur Südindien hat tropisches Klima, Nordindien liegt im subtropischen Bereich, der Himalaya hat alpines Klima ähnlich wie bei uns zu Hause – nur heißer im Sommer und schneereicher im Winter. Im Westen (Rajasthan) ist es schon im April mittags glühend heiß, doch nachts sehr kalt. Der Monsun beginnt im Juni mit heftigem Regen in Südindien und rückt Woche um Woche langsam nach Norden. Im Oktober wird es trocken und kühler, im Himalaya setzt ein frostiger Winter ein. Auf dem Subkontinent ist von Oktober bis März die beste Reisezeit.

## MIETWAGEN

Es ist üblich, Mietwagen mit Fahrern zu nehmen, weil der Verkehr fast jeden Touristen überfordert. Verlässliche indische Agenturen bieten gute Leistung zu sehr günstigen Preisen, auf dem Land bereits ab etwa 15 Euro, in den Großstädten mit Verhandlungsgeschick ab etwa 50 Euro pro Tag und 200 km, alles inklusive. Maut- oder Parkplatzgebühren werden von Ihnen beglichen, ebenso der Rücktransfer des Wagens zum Ausgangsort, sollte dieser nicht auch wieder Ihr Zielort sein. Vergewissern Sie sich, dass Ihr Fahrer Englisch spricht, und lassen Sie sich vom Hotel eine Agentur empfehlen. Seit Jahrzehnten als zuverlässig bewährt hat sich *Metropole Tourist Service (224, Defence Colony Flyover Market | New Delhi | Tel. 011 24 31 03 13 | www.metrovista.co.in)*.

## ÖFFNUNGSZEITEN

Tempel, Museen, Geschäfte und Büros werden zwischen 8 und 10 Uhr geöffnet. Die Mittagsruhe dauert zwischen 12 und 13 Uhr bis 16 oder 17 Uhr. Museen, die nachmittags öffnen, können Sie schon ab

13 oder 14 Uhr und bis 16 oder 17 Uhr besuchen. Tempel haben meist bis Sonnenuntergang, Läden oft bis 20 Uhr oder länger geöffnet. Einige Restaurants öffnen gegen Mittag und schließen nachmittags für einige Stunden. Viele sind aber von morgens bis in die Nacht für ihre Gäste da.

## POST

*Öffnungszeiten: Mo–Fr 10–17, Sa 10–13 Uhr,* Hauptpostämter oft rund um die Uhr. Post nach Europa ist ca. eine Woche (von Großstädten) bis einige Monate unterwegs.

## SICHERHEIT

Touristen werden in Indien nur selten Opfer von kriminellen Angriffen. Trotzdem sollten Sie vorsichtig sein. Gegen Diebstahl schützt man sein Geld am besten in einem Geldgürtel, der unter der Kleidung nicht sichtbar ist und den man auch bei Nachtfahrten in der Bahn und ähnlichen unkontrollierbaren Situationen nicht ablegt. In guten Hotels ist der Hotelsafe der richtige Aufbewahrungsort für Wertsachen. Dazu gehören außer Geld der Pass mit Visum und Reiseschecks. Am besten Fotokopien machen. Absolute Vorsicht ist angezeigt, wenn zweifelhafte Angebote zum Drogenkonsum, Kauf oder Transport gemacht werden. Die Kontrollen sind genau, die Strafen drakonisch (mindestes mehrjährige Haft). Es kann gefährlich sein, unterwegs in der Eisenbahn von Fremden Essen oder Trinken anzunehmen – die Behörden warnen vor Betäubungsmitteln; nach dem Tiefschlaf fehlen dem Opfer dann Gepäck und Wertsachen.

## WETTER IN MUMBAI

| | Jan. | Feb. | März | April | Mai | Juni | Juli | Aug. | Sept. | Okt. | Nov. | Dez. |
|---|---|---|---|---|---|---|---|---|---|---|---|---|
| Tagestemperaturen in °C | 28 | 28 | 30 | 32 | 33 | 31 | 30 | 29 | 30 | 32 | 32 | 30 |
| Nachttemperaturen in °C | 19 | 20 | 22 | 24 | 27 | 26 | 25 | 24 | 24 | 24 | 23 | 21 |
| Sonnenschein Stunden/Tag | 9 | 9 | 9 | 9 | 9 | 5 | 3 | 2 | 5 | 8 | 10 | 10 |
| Niederschlag Tage/Monat | 0 | 0 | 0 | 0 | 0 | 16 | 26 | 20 | 14 | 3 | 1 | 0 |
| Wassertemperaturen in °C | 25 | 26 | 26 | 27 | 28 | 29 | 28 | 27 | 27 | 27 | 27 | 26 |

 Sonnenschein Stunden/Tag Niederschlag Tage/Monat Wassertemperaturen in °C

Alleinreisende Frauen sollten Reisegemeinschaften bilden, Angebote wie Frauenabteile in Zügen nutzen und sich vor Ort informieren, ob bestimmte Ziele besondere Vorsicht erfordern. Zurückhaltendes Auftreten ist immer angebracht.

## STROM

Es herrscht 220 V/50 Hz Wechselstrom. Die Steckdosen haben normalerweise eine runde Form mit drei Polen. Sie nehmen Euro-Stecker problemlos, Schuko-Stecker manchmal nur mit leichtem Druck auf. Ein Adapter ist nicht nötig, hilft aber bei ausgeleierten Buchsen, Wackelkontakte zu vermeiden. Mit Stromausfällen, -sperren und -schwankungen muss man rechnen. Zusatzakkus oder Powerbars für wichtige elektronische Geräte helfen, längere Zeiten ohne Strom zu überbrücken.

## TAXI

Normal ist neben dem Pkw-Taxi die dreirädrige Autorikscha, auch *Threewheeler* oder *Tuk-tuk* genannt. Am einfachsten ist es, ein Taxi an einem Stand zu chartern, üblich ist aber auch, eines heranzuwinken. Private Unternehmen wie *Uber* oder *Ola* stellen ihre Fahrzeuge zudem per App zur Verfügung, jedoch nicht landesweit. In ganz Indien sind in beiden Fahrzeugtypen Taxameter vorgeschrieben, aber es herrschen große Unterschiede, wie diese Pflicht vor Ort umgesetzt wird. Prüfen Sie vor Fahrtantritt, ob das Gerät funktioniert und der Fahrer es eingeschaltet hat. Im Fall von Schwierigkeiten haben die Taxiunternehmen der meisten Städte kostenfreie Beschwerde-Hotlines. Nicht ungewöhnlich sind Extra-Gebühren, etwa für Sperrgepäck oder Nachttarife. Wenn kein Taxameter läuft, einigen Sie sich vor Fahrtantritt auf einen Preis – Geschick und Geduld beim Handeln sind dann gefragt.

## TELEFON & HANDY

Telefonieren, auch ins Ausland, können Sie am besten von den privaten Telefonagenturen aus, die es in Städten und größeren Dörfern gibt (PCO-STD-ISD). Telefonnummern ändern sich wegen des größer werdenden Netzes ständig. *Vorwahl* von Indien nach Deutschland: 0049, nach Österreich 0043, Schweiz 0041. *Vorwahl* von Deutschland nach Indien: 0091. Europäische Handys funktionieren auch in Indien und können preisgünstig mit der Prepaid-Karte eines indischen Netzbetreibers ausgestattet werden – für ca. 3 Euro. Günstig sind SMS. Hohe Kosten kann die Abfrage der Mailbox verursachen: noch zu Hause abschalten!

## TRINKGELD

Viele Angestellte sind auf Trinkgelder angewiesen: Für einfache Dienste ist ein *tip* von umgerechnet 50 Cent üblich.

## ZEIT

Im Winter ist es 4,5 Stunden später als in Deutschland, während der Sommerzeit sind es nur 3,5 Stunden.

## ZOLL

Bei der Einreise sind alle persönlichen Gegenstände zollfrei, für Personen über 17 Jahre außerdem 200 Zigaretten (oder 250 g Tabak), eine angemessene Menge Parfüm und 2 l Alkohol über 22 Vol.-%. Waren bis zum Wert von 250 Euro dürfen eingeführt werden. Die Ausfuhr von Gegenständen, die älter als 100 Jahre sind, ist nicht erlaubt! Bei der Heimreise dürfen Sie in die EU zollfrei einführen: Waren im Wert von max. 430 Euro, 200 Zigaretten und 1 l Spirituosen. Für die Schweiz gelten andere Obergrenzen *(www.ezv.admin.ch)*.

# SPRACHFÜHRER ENGLISCH

## AUSSPRACHE

Zur Erleichterung der Aussprache sind alle englischen Wörter mit einer einfachen Aussprache (in eckigen Klammern) versehen. Folgende Zeichen sind Sonderzeichen:

θ hartes [s] (gesprochen mit Zungenspitze an der oberen Zahnreihe, zischend)

D weiches [s] (gesprochen mit Zungenspitze an der oberen Zahnreihe, summend)

' nachfolgende Silbe wird betont

ə angedeutetes [e] (wie in „Bitte")

### AUF EINEN BLICK

| | |
|---|---|
| ja/nein/vielleicht | yes [jäs]/no [nəu]/maybe [mäibi] |
| bitte/danke | please [plihs]/thank you [θänkju] |
| Entschuldige! | Sorry! [Sori] |
| Entschuldigen Sie! | Excuse me! [Iks'kjuhs mi] |
| Wie bitte? | Pardon? ['pahdn?] |
| Ich möchte .../Haben Sie ...? | I would like to ...[ai wudd 'laik tə ...]/ Have you got ...? ['Həw ju got ...?] |
| Wie viel kostet ...? | How much is ...? ['hau matsch is ...] |
| Das gefällt mir (nicht). | I (don't) like this. [Ai (dəunt) laik Dis] |
| gut/schlecht | good [gud]/bad [bäd] |
| offen/geschlossen | open ['oupän]/closed ['klousd] |
| kaputt/funktioniert nicht | broken ['brəukən]/doesn't work ['dasənd wörk] |
| Hilfe!/Achtung!/Vorsicht! | Help! [hälp]/Attention! [ə'tänschən]/Caution! ['koschən] |
| Krankenwagen | ambulance ['ämbjulənts] |
| Polizei/Feuerwehr | police [po'lihs]/fire brigade [faiə brigäid] |
| Gefahr/gefährlich | danger [deinschər]/dangerous ['deinschərəss] |
| Guten Morgen!/Tag! Abend!/Nacht! | Good morning! [gud 'mohning]/afternoon! [aftə'nuhn]/evening! [ihwning]/night! [nait] |
| Hallo!/Auf Wiedersehen! | Hello! [hə'ləu]/Goodbye! [gud'bai] |
| Tschüss! | Bye! [bai] |
| Ich heiße ... | My name is ... [mai näim is ...] |
| Wie heißen Sie/heißt Du? | What's your name? [wots jur näim?] |
| Ich komme aus ... | I'm from ... [Aim from ...] |
| heute/morgen/gestern | today [tə'däi]/tomorrow [tə'morəu]/yesterday ['jästədäi] |

# Do you speak English?

**„Sprichst du Englisch?“ Dieser Sprachführer hilft Ihnen, die wichtigsten Wörter und Sätze auf Englisch zu sagen**

| | |
|---|---|
| Stunde/Minute | hour ['auər]/minutes ['minəts] |
| Tag/Nacht/Woche | day [däi]/night [nait]/week [wihk] |
| Monat/Jahr | month [manθ]/year [jiər] |
| Ich habe ein Zimmer reserviert. | I have booked a room. [ai häw buckt ə ruhm] |
| nach vorne/zum Meer | forward [fohwəd]/to the sea [tu Də sih] |
| Schlüssel/Zimmerkarte | key [ki]/room card ['ruhm kahd] |
| Gepäck/Koffer/Tasche | luggage ['laggətsch]/ suitcase ['sjutkäis]/bag [bäg] |
| Wie viel Uhr ist es? | What time is it? [wot 'taim is it?] |
| Es ist drei Uhr. | It's three o'clock. [its θrih əklok] |

| UNTERWEGS | |
|---|---|
| links/rechts | left [läft]/right [rait] |
| geradeaus/zurück | straight ahead [streit ə'hät]/back [bäk] |
| nah/weit | near [niə]/far [fahr] |
| Eingang/Einfahrt | entrance ['äntrənts]/driveway ['draifwäi] |

# HINDI

Viele der folgenden Wörter sind typisch für den Sprachgebrauch von Hindus und können Muslimen gegenüber unpassend wirken.

| | | |
|---|---|---|
| Ja./Nein. | Dschi haa./Dschi nahi. | जी हाँ / जी नहीं |
| Ja. (gut, ich verstehe) | Atschaa. | अच्छा. |
| Bitte./Danke. | Krpaja./Thän·kyuu. | कृपया. / धन्यवाद. |
| Verzeihen Sie. | Maaf kii·ji·ye. | मुझे खेद है! |
| Guten Tag!/Guten Abend! | Namastee! | नमस्ते! |
| Auf Wiedersehen! | Namastee! | नमस्ते! |
| Ich heiße ... | Mera namm ... hä. | मेरा नाम ... है. |
| Ich komme aus ... | Mä ... | मैं... |
| ... Deutschland. | ... dscharmani ... | ...जर्मनी... |
| ... Österreich./Schweiz. | ... ostria ... /switserland se hu. | ...औस्ट्रिअ / स्विट्ज़र्लन्द... |
| Wie viel kostet es? | Ye kitne paisse hä? | ये कितने पैसे हैं? |
| Bitte, wo ist ...? | Dschi, kaha ... hä? | जी, कहाँ ... है? |

| | | | | | | | | |
|---|---|---|---|---|---|---|---|---|
| 1 | ek | १ (एक) | 5 | pantsch | ५ (पाँच) | 9 | no | ८ (नौ) |
| 2 | do | २ (दो) | 6 | tschä | ६ (छह) | 10 | das | १० (दस) |
| 3 | tin | ३ (तीन) | 7 | ssaath | ७ (सात) | 20 | bis | २० (बीस) |
| 4 | tschar | ४ (चार) | 8 | aath | ८ (उाठ) | 100 | ssoh | १०० (सौ) |

| | |
|---|---|
| Abfahrt/Abflug/Ankunft | departure [dih'pahtschə]/departure [dih'pahtschə]/ arrival [ə'raiwəl] |
| Darf ich Sie fotografieren? | May I take a picture of you? [mäi ai täik ə 'piktscha of ju?] |
| Wo ist ...?/Wo sind ...? | Where is ...? ['weə is...?]/Where are ...? ['weə ahr ...?] |
| Toiletten/Damen/Herren | toilets ['toilət] (auch: restrooms [restruhms])/ladies ['läidihs]/gentlemen ['dschäntlmən] |
| Bus/Straßenbahn | bus [bas]/tram [träm] |
| U-Bahn/Taxi | underground ['andəgraunt]/taxi ['tägsi] |
| Bahnhof/Hafen | (train) station [(träin) stäischən]/harbour [hahbə] |
| Flughafen | airport ['eəpohrt] |
| Fahrplan/Fahrschein | schedule ['skädjuhl]/ticket ['tikət] |
| Zug/Gleis | train [träin]/track [träk] |
| einfach/hin und zurück | single ['singəl]/return [ri'törn] |
| Ich möchte ... mieten. | I would like to rent ... [Ai wud laik tə ränt ...] |
| ein Fahrrad | a bicycle [ə 'baisikl] |

## ESSEN & TRINKEN

| | |
|---|---|
| Reservieren Sie uns bitte für heute Abend einen Tisch für vier Personen. | Could you please book a table for tonight for four? [kudd juh 'plihs buck ə 'täibəl for tunait for fohr?] |
| Die Speisekarte, bitte. | The menue, please. [Də 'mänjuh plihs] |
| Salz/Pfeffer/Zucker | salt [sohlt]/pepper ['päppə]/sugar ['schuggə] |
| mit/ohne Eis/Kohlensäure | with [wiD]/without ice [wiD'aut ais]/gas [gäs] |
| Vegetarier(in)/Allergie | vegetarian [wätschə'täriən]/allergy ['ällədschi] |
| Ich möchte zahlen, bitte. | May I have the bill, please? [mäi ai häw De bill plihs] |

## EINKAUFEN

| | |
|---|---|
| Wo finde ich ...? | Where can I find ...? [weə kän ai faind ...?] |
| Ich möchte .../Ich suche ... | I would like to ... [ai wudd laik tu]/I'm looking for ... [aim luckin foə] |
| Brennen Sie Fotos auf CD? | Do you burn photos on CD? [Du ju börn 'fəutəus on cidi?] |
| Bäckerei/Markt | bakery ['bäikəri]/market ['mahkit] |
| Lebensmittelgeschäft | grocery ['grəuscheri] |
| 100 Gramm/1 Kilo | 100 gram [won 'handrəd gräm]/1 kilo [won kiləu] |
| teuer/billig/Preis | expensive [iks'pänsif]/cheap [tschihp]/price [prais] |
| mehr/weniger | more [mor]/less [läss] |

## GESUNDHEIT

| | |
|---|---|
| Arzt/Zahnarzt/Kinderarzt | doctor ['doktər]/dentist ['däntist]/pediatrician [pidiə'trischən] |
| Krankenhaus | hospital ['hospitəl] |
| Fieber/Schmerzen | fever ['fihwər]/pain [päin] |
| Durchfall/Übelkeit | diarrhoea [daiə'riə]/nausea ['nohsiə] |

| | |
|---|---|
| Sonnenbrand | sunburn ['sanböhrn] |
| entzündet/verletzt | inflamed [in'fläimd]/injured ['indschəd] |
| Apotheke/Drogerie | pharmacy ['farməssi]/chemist ['kemist] |
| Schmerzmittel/Tablette | pain reliever [päin re'lihwər]/tablet ['täblət] |

## BANKEN & GELD

| | |
|---|---|
| Bank/Geldautomat | bank [bänk]/ATM [äi ti äm]/cash machine ['käschməschin] |
| Geheimzahl | pin [pin] |
| Ich möchte ... Euro wechseln. | I'd like to change ... Euro. [aid laik tu tschäindsch ... iuhro] |
| bar/ec-Karte/Kreditkarte | cash [käsch]/ATM card [äi ti äm kahrd]/credit card [krädit kahrd] |
| Banknote/Münze | note [nout]/coin [koin] |
| Wechselgeld | change [tschäindsch] |

## TELEKOMMUNIKATION & MEDIEN

| | |
|---|---|
| Ich suche eine Prepaid-karte. | I'm looking for a prepaid card. [aim 'lucking fohr ə 'pripäid kahd] |
| Wo finde ich einen Internetzugang? | Where can I find internet access? [wär känn ai faind 'internet 'äkzäss?] |
| Brauche ich eine spezielle Vorwahl? | Do I need a special area code? [du ai nihd ə 'späschəl 'äria koud?] |
| Computer/Batterie/Akku | computer [komp'jutə]/battery ['bättəri]/rechargeable battery [ri'tschahdschəbəl 'bättəri] |
| At-Zeichen („Klammeraffe") | at symbol [ät 'simbəl] |
| Internetanschluss/WLAN | internet connection ['internet kə'näktschən]/Wifi [waifai] (auch: Wireless LAN ['waərläss lan]) |
| E-Mail/Datei/ausdrucken | email ['imäil]/file [fail]/ print [print] |

## ZAHLEN

| | | | |
|---|---|---|---|
| 0 | zero ['sirou] | 13 | thirteen [θör'tihn] |
| 1 | one [wan] | 14 | fourteen [fohr'tihn] |
| 2 | two [tuh] | 15 | fifteen [fif'tihn] |
| 3 | three [θri] | 16 | sixteen [siks'tihn] |
| 4 | four [fohr] | 17 | seventeen ['säwəntihn] |
| 5 | five [faiw] | 18 | eighteen [äi'tihn] |
| 6 | six [siks] | 19 | nineteen [nain'tihn] |
| 7 | seven ['säwən] | 20 | twenty ['twänti] |
| 8 | eight [äit] | 100 | (one) hundred [('wan) 'handrəd] |
| 9 | nine [nain] | 1000 | (one) thousand [('wan) θausənd] |
| 10 | ten [tän] | 10000 | ten thousand ['tän θausənd] |
| 11 | eleven [i'läwn] | 1/2 | a/one half [ə/wan 'hahf] |
| 12 | twelve [twälw] | 1/4 | a/one quarter [ə/wan 'kwohtə] |

# REISEATLAS

Verlauf der Erlebnistour „Perfekt im Überblick"
Verlauf der Erlebnistouren

Der Gesamtverlauf aller Touren ist auch in der herausnehmbaren Faltkarte eingetragen

 Bild: Blick ins Tal des Indus vom Kloster Thikse aus

# Unterwegs in Indien

**Die Seiteneinteilung für den Reiseatlas finden Sie auf dem hinteren Umschlag dieses Reiseführers**

A
B
C
1
2
3
4
5
6
AFGHANISTAN
Khyber
Frontier
Konar
Jammu
and
PĀKISTĀN
Punjab
Rajasthan
Thār Desert
Thal
Desert
Salt Range
Pir Panchal Range
+4,5h Gr.Time
+5h Gr.Time
+5h30 Gr.Time
Cease Fire
Gilgit
Bunji
Sind (Indus)
Rondu
Skardu
Nanga Parbat 8126
Bābusar Pass (4145)
Chilas
Thalpar
Sāzin
Dāsū
Besal
Naran
Kāgān
Ustui Pass
Drosh
Lawarai-Pass (3200)
Kalām
Astivay
Kāmdēs
Barikot
Asmār
Dir
Madyan
Shangla Pass
Besham
Pēč
Asadabad
Čavki
Konar Hass
Timargarha
Khwazakhela
Shingerdar Stupa
MINGAORA
SAIDU
(MINGORA)
Chakdara
Bat Khela
Mālākand Pass
Mālākand
Manjakot
Bālākot
Machiara Nat. P.
Muzaffarābād
Kupwara
Handwara
Sopore
Gandarbat
Baltal
Baramula
Gulmarg
SRINAGAR
Aru
Bijbehara
Martand
Pulwama
Anantnag
Daksum
Kishtwar
Nāder-Šāh Kot
Takht-i-Bahi
Tangi
Shabqadar
CHĀRSADDA
MARDĀN
Swābi
Mānsehra
Tarbela Res.
Abbottābād
Nathia Gali
Haveliān
Murree
Rawalakot
Uri
Punch
Landi Kotal
Khyber Pass
PESHĀWAR
Zhargun Khel
Nowshera
Risālpur
Attock
Hazro
WAH CANTONMENT
Haripur
ISLĀMĀBĀD
RĀWALPINDI
Kohāt Pass
Kohāt
Campbellpore
Taxila
Basāl
Fatehjang
Kahuta
Riwat
Hangu
Doāba
Kushalgarh
Lāchi
Jand
Khaur
Mangla Reservoir
Chak Swari
Saria
Mandra
Chakri
Gūjar Khān
Jhamat
Pindi Gheb
Soān
Talagang
Chakwāl
Mulawa
Dīna
New Mirpur
Rohtas Fort
Kalabagh
Dāūd Khel
Isa Khel
Bhaun
Kallar Kahār
JHELUM
Khāriān
Lāla Mūsa
GUJRĀT
Akhnoor
Udhampur
Ramnagar
Domel
JAMMU
Samba
Kathua
Gambila
Lakki
Bilāwal
Mūsa Khel
Pail
Pind Dādan Khān
Khewra
Dinga
Jalālpur
Sambrial
Mianwāli
Jaba
Lilla
Miāni
Mandi Bahāuddīn
Shādiwāl
SIALKOT
Zafarwāl
Pasrur
Shakargarh
Pathānkot
Jauharābād
Bhera
Malakwāl
Rasūlnagar
Wazīrābād
Daska
GUJRĀNWĀLA
Piplān
Kalūr Kot
Quaidabad
Khushāb
Bhalwāl
Bhairowāl
Akālgarh
Qila Didār Singh
Nārowāl
Gurdāspur
Pahārpur
Mitha Tiwānā
Shāhpur
Kot Mūmin
Lilliāni
Dera Ismāīl Khan
Sahiwāl
SARGODHA
Hāfizābād
Emīnābād
Kāmoke
Dera Nanak
Mukeriān
Darya Khan
Nūrpur
Rabwah
Pindi Bhattiān
Khāngah Dogrān
Chuhar Kāna
Dullewāla
Sillānwāli
Satiwāla
CHINIOT
Sāngla Hill
Muridke
Mirowāl
Batala
Bhakkar
Khiu
Jhelum
Chenāb
SHEKHUPURA
SHADARA
AMRITSAR
Hoshiārpur
Kot Shākir
Chund
Bhawāna
Chak Jhumra
Shāh Kot
Sharqpur
Nankāna Sāhib
LAHORE
Mankera
JHANG
FAISALĀBĀD (LYALLPUR)
Jarānwāla
Kahna Nau
JALANDHAR (JULLUNDUR)
Garhshankar
Karor
Fatehpur
Athārān Hazāri
Gojra
Haveli Baladur Shah
Bucheke
Raiwind
Bhāi Pheru
Tāndliānwāla
Pattoki
KASŪR
Leiah
Khunaniwāla
Chaubara
Samundri
Toba Tek Singh
Mustafābād
Khudiān
Makhu
Shorkot
OKĀRA
Chūniān
Firozpur
LUDHIANA
Munda
Ahmadpur Siāl
Kamālia
Hujra Shāh Meqeem
Faridkot
Kot Kapūra
Khanna
Kot Addu
Abdul Hakim
Kabīrwāla
Talamba
Harappa
SĀHIWĀL (MONTGOMERY)
Dipālpur
Muktsar
Barnāla
Qādir Purrān
Miān Channūn
Chīchāwatni
Haveli
Pākpattan
KHĀNEWĀL
Ārifwāla
Malaut
Bathinda
Sangrūr
MULTĀN
Vihāri
MANDI BUREWĀLA
Minchinābād
Abohar
Muzaffargarh
Khāngarh
Tibba
Chistiān Mandy
Bahāwalnagar
GANGANAGAR
Basti Maluk
Mānsa
Shujaābād
Dunyāpur
Kahror Pakka
Mailsi
Karanpur
Chautāla
Shahar Sultān
Jalālpur Pirwāla
Hāsilpur
Dunga Bunga
Tohāna
Lodhrān
Khairpur (Tamewali)
Hārūnābād
Hanumāngarh
Sirsa
Fatehābād
Uklāna
Sutlej
Uch
Lat-Sūhanra Nat.Park
Kalibangan
Badopal
BAHĀWALPUR
Sūratgarh
Ahmadpur East
Yazmān
Chak
Fort Abbās
Hisār
Hānsi
Dera Nawāb Sahib
Anūpgarh
Nohar
Derāwar Fort
Toshām
Bhiwāni
Chattargarh
Lūnkaransa
Charkhi Dādri
Nawa Kot
Siasar
Rājgarh
Sardārshahr
Ranhal
Churu
Bissau
Pilāni
Birsilpur
Jārwāli
Ramgarh
Mandawa
Jhunjhunūn
Nārnaul
BĪKĀNER
Ratangarh
Gajner Nat. Park
Indira Gandhi Nahar
Sri Dungargarh
Fatehpur
Mukundgarh
Dundlod
Kolāyat
Chhāpar
Lachhmangarh
Nawalgarh
Pātan
Bāhla
Nim Ka Thāna
100 km
62.1 mi
Nāchna
Nokha
Sīkar
Dīdwāna
Shāhpur
Phalodi
Chādi
Nāwa
Chomūn
Nahargarh
189

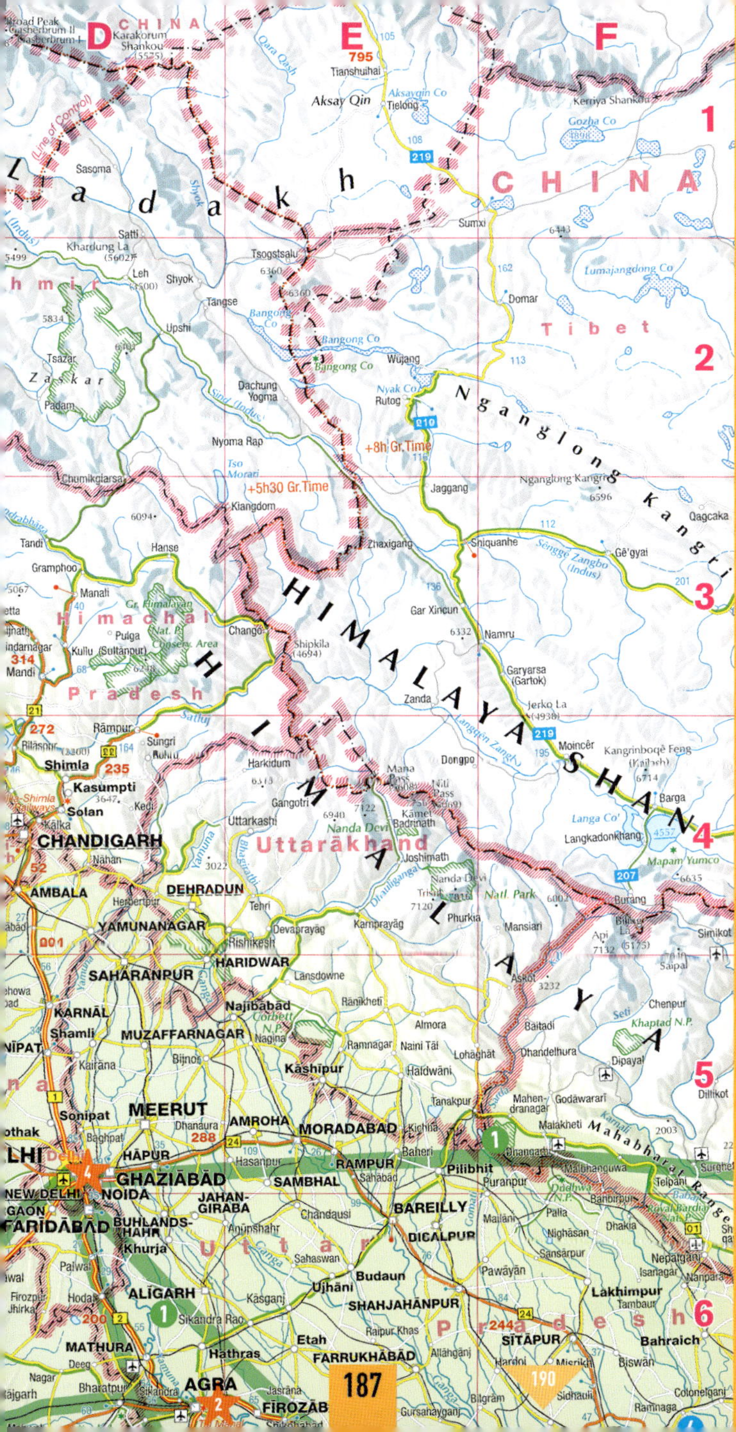

D
E
F
CHINA
Karakorum
Shankou
(5575)
Broad Peak
Gasherbrum II
Gasherbrum I
(Line of Control)
795
Tianshuihai
Qara Qash
Aksay Qin
Aksayqin Co
Tielong
219
Kerriya Shankou
Gozha Co
1
L a d a k h
Sasoma
Shyok
CHINA
Sumxi
6443
Satti
Khardung La
(5602)
Leh
(3500)
Shyok
Tsogstsalu
6360
Lumajangdong Co
Domar
Tangse
Bangong Co
Bangong Co
Upshi
T i b e t
Wujang
2
Zaskar
Tsazar
Padam
Dachung
Yogma
Sind (Indus)
Nyak Co
Rutog
N g a n g l o n g K a n g r i
Nyoma Rap
+8h Gr.Time
Tso Morari
+5h30 Gr.Time
Chumikglarsa
Jaggang
Ngangiong Kangri
6596
Kiangdom
Qagcaka
6094
Tandi
Hanse
Zhaxigang
Shiquanhe
Sênggê Zangbo
(Indus)
Gê'gyai
Gramphoo
Manali
Gr. Himalayan Nat. P. Conserv. Area
H I M A L A Y A
Gar Xincun
3
Himachal Pradesh
Pulga
Kullu
(Sultanpur)
Chango
Shipkila
(4694)
6332
Namru
Mandi
314
Garyarsa
(Gartok)
Zanda
Jerko La
(4938)
219
Rampur
272
Satluj
Sungri
Shimla
235
Kasumpti
Solan
Kalka
CHANDIGARH
Harkidum
Moincêr
Kangrinboqê Feng
(Kailash)
6714
Dongpo
Langqên Zangbo
S H A N
Mana
Niti Pass
Barga
Langa Co
Langkadonkhang
4557
4
Mapam Yumco
Gangotri
Nanda Devi
Kamet
Badrinath
Uttarkashi
Uttarākhand
Joshimath
Nahan
Yamuna
207
AMBALA
DEHRADUN
Tehri
Nanda Devi Natl. Park
Trisul
7120
Phurkia
Mansiari
Burang
YAMUNANAGAR
Devaprayag
Karnprayag
Rishikesh
Api
7132
Simikot
HARIDWAR
SAHARANPUR
Lansdowne
Ranikheti
Askot
3232
Saipal
KARNAL
Najibabad
Corbett N.P.
Almora
Baitadi
Chenpur
Khaptad N.P.
Shamli
MUZAFFARNAGAR
Nagina
Ramnagar
Naini Tal
Lohaghat
Dhandelhura
Dipayal
Kairana
Bijnor
Kashipur
Haldwani
5
MEERUT
Tanakpur
Mahendranagar
Godawarari
Dillikot
Sonipat
Dhanaura
AMROHA
MORADABAD
Kichha
288
Baghpat
Malakheti
Mahabharat Range
HAPUR
Hasanpur
RAMPUR
Baheri
GHAZIABAD
SAMBHAL
Pilibhit
Dhangarhi
NEW DELHI
NOIDA
JAHAN-GIRABA
Puranpur
Dudhwa N.P.
Telpani
BULANDSHAHR
Chandausi
BAREILLY
Banbirpur
Royal Bardia Nat. P.
FARIDABAD
Anupshahr
Mailani
Palia
Dhakia
Khurja
DICALPUR
Nighasan
Palwal
Sahaswan
Budaun
Sansarpur
Nepalganj
Pawayan
Isanagar
Nanpara
ALIGARH
Hodal
Kasganj
Ujhani
SHAHJAHANPUR
Lakhimpur
Tambaur
6
Sikandra Rao
Uttar Pradesh
200
244
Raipur Khas
MATHURA
Hathras
Etah
SITAPUR
Bahraich
FARRUKHABAD
Allahganj
Hardoi
Misrikh
Biswan
Deeg
Bharatpur
AGRA
Jasrana
FIROZABAD
Bilgram
Sidhauli
Colonelganj
Ramnaga
Gursahayganj
190

A
B
C
Balūchistān
Thar Desert
PĀKISTĀN
Sind
Rajas
Rann of Kachchh
Gulf of Kachchh
Kāthiāwār Peninsula
Gujara
Gulf of Khambhat
Jacobābād
Shikārpur
Sukkur
Lārkāna
Khairpur
Nawābshāh
Hyderābād
Mīrpur Khās
Rahīmyār Khān
Khānpur
Sādiqābād
Jaisalmer
Jodhpur
Barmer
Pokaran
Phalodi
Bhuj
Gāndhidham
Kāndla
Jāmnagar
Rājkot
Porbandar
Jūnāgadh
Bhavnagar
Ahmadābād
Surat
Navsāri
Valsād
Mahuva
Verāval
Diu
Damān and Diu
Pālanpur
Mahesāna
Patan
Surendranagar
Morbi
Gondal
Amreli
Desert National Park
Sasan Gir Nat. Park
Mohenjo Daro
Rani-ki-Vav
+5h Gr.Time
+5h30 Gr.Time
1
2
3
4
5
6
100 km
62.1 mi


194

D
E
F
DELHI
NEW DELHI
GHAZIĀBĀD
NOIDA
GURGAON
FARIDĀBĀD
MEERUT
AMROHA
HĀPUR
Sonipat
Rothak
Haryana
Bhiwani
Charkhi Dādri
Jhajjar
Rewari
Churu
Rājgarh
Sardārshahr
Ratangarh
Sri Dungargarh
Fatehpur
Jhunjhunūn
Nārnaul
Bawal
Palwal
Khurja
BULANDSHAHR
JAHANGIRABA
Anūpshahr
ALĪGARH
Kāsgan
Hathras
MATHURA
AGRA
FIROZĀBĀD
Bharatpur
Deeg
Alwar
Sariska Nat.P.
Kot Pūtli
Nim Ka Thāna
Sīkar
Dīdwāna
Nāgaur
Mūndwa
JAIPUR
Nahargarh Nat.P.
Chomūn
Sanganer
Dausa
Hindaun
Karauli
Keoladeo Ghana Nat. Park
Fatehpur Sikri
Daulpur
Bāri
Morena
GWALIOR
Dabra
Ajmer
Pushkar
Kishangarh
Merta
Parvatsar
Dūdu
Mālpura
Tonk
Niwai
Sawai Madhopur
Ranthambore Nat.P.
Sabalgarh
Beāwar
Bāndanwāra
Kekri
Sojat
Bar
Devli
Khatoli
Indargarh
Lakheri
Sheopur
Shivpuri N.P.
Shivpuri
Karera
Pichor
Madhav Nat.P.
Devgarh
BHĪLWĀRA
Būndi
KOTA
National Chambal Wildl. Sanct.
Bāran
Lukwasa
Hill Forts of Rajasthan
Kumbalgarh
Gangāpur
Māndalgarh
Jawahar Sagar Wildlife Sanct.
Raj Samund
Chittaurgarh
Bhainsrorgarh
Sorsan Grasslands Bird Sanct.
Dara Wildl. Sanct.
Shergarh Wildl. Sanct.
Gandhi Sagar Colony
Jhālawār
Guna
Lalitpur
Chanderi
Ashoknagar
Nimbāhera
Bari Sadri
Dhebar Lake
Nīmach
Rāmpura
Gāndhi Sāgar
Bhenroadgarh Wildl. Sanct.
Bolia
Aklera
Mungaoli
Bina
Sironj
Salūmbar
Kherwara
Dūngarpur
Deolia
Mandsaur
Suwāsra
Khilchipur
Zirapur
Biaora
Maksudangarh
Basoda
Kurwai
Nārāyangarh
Narsinghgarh
Bānswāra
Jaora
Agar
Sārangpur
Berasia
Vidisha
Kalinjra
Saitāna
Nāgda
Ghosla
Sujālpur
Akodia
BHOPĀL
RATLAM
UJJAIN
Sehore
Ichhāwar
Rock Shelters of Bhimbetka
Obaidullaganj
Lunavada
Badnāwar
Dewās
Ashta
Hoshangābād
Piplod
Godhra
Dāhod
Jhābuz
Dhār
Depālpur
INDORE
Chaapra
Nāsrullāhganj
Khātegaon
Itārsi
Champaner-Pavagadh Archaeological Park
Kanas
Mhow
Satwās
Tawa Reservoir
Seoni Mālwa
VADODARA
Borjhar
Tānda
Balwāda
Gujri
Maheswar
Harda
Timurni
Ali Rājpur
Bāgh
Punāsa
Chhota Udepur
Kawant
Kukshi
Sanāwad
Harsūd
Dabhoi
Tilakvāda
Barwāni
Thikri
KHANDWA
Betūl
Narmada
Rājpipla
Julwānia
Asapur
Kheri
Sendhwa
Khargon
Pandhāna
Taloda
Harisal
Gudgaon
Shāhāda
Dharni
Chikalda
Nandurbār
Shirpur
BURHĀNPUR
Chopda
Yāval
BHUSĀWAL
Jālgaon
Akot
Achalpur
Dondaicha
Amalner
Edalābād
AMRAVATI
Navapur
Songir
Dharangaon
JALGAON
Pūrna
Daryāpur
Badnera
Sakri
Nāndura
AKOLA
DHULE
Malkāpur
Murtajāpur
Ahwa
Khakurdi
Pahur
Khāmgaon
Bhadgaon
Buldāna
Satāna
MĀLEGAON
Chālisgaon
Amdāpur
Chikhli
Mangrul Pir
Kāranja
Yavatmāl
Dārwha
Vindhya Range
Satpura Range
Madhya Pradesh
Maharashtra
Uttar Pradesh
BHĀRAT INDIA
Rajasthan
186
195

A
B
C
1
2
3
4
5
6
187
196
Sonipat
MEERUT
AMROHA
MORADABAD
Tanakpur
Mahendranagar
Godāwarāri
Dillikot
DELHI
Baghpat
Dhanaura
HAPUR
Kichha
Malakheti
NEW DELHI
NOIDA
GHAZIĀBĀD
RAMPUR
Sahabād
Baheri
Pilibhit
Puranpur
Surghet
GURGAON
FARIDABAD
BULANDSHAHR
SAMBHAL
JAHANGIRABAD
Chandausi
BAREILLY
BISALPUR
Dudhwa N.P.
Royal Bardia Nat. P.
Telpani
Banbirpur
Palia
Dhakia
Shamsherganj
Khurja
Anūpshahr
Uttar
Palwal
Hodal
Sahaswan
Budaun
Pawāyān
Nighāsan
Sansārpur
Nepalganj
ALĪGARH
Kāsganj
Ujhāni
SHAHJAHĀNPUR
Lakhimpur
Tambaur
Isanagar
Nanpara
Mahabharat R.
MATHURA
Sikandra Rao
Raipur Khas
Deeg
Hathras
Etah
SĪTĀPUR
Bahraich
Bharatpur
AGRA
FARRUKHĀBĀD
Allāhganj
Hardoi
Misrikh
Biswan
Ikauna
Sikandra
Jasrana
Mainpuri
Pradesh
Keoladeo Ghana Nat. Park
Taj Mahal
FIROZABAD
Shikohābād
Bhongaon
Bilgrām
Sidhauli
Colonelganj
Fatehpur Sikri
Rajakhera
Gursahayganj
Ramnaga
Gonda
Daulpur
Chambal
Sandila
Bāri
ETAWAH
Bela
LUCKNOW
Bara Banki
FAIZĀBĀD
Bhind
Auriya
KANPUR
Unnao
Haidargarh
Morena
Jagdispur
Sabalgarh
GWALIOR
Lahar
Bhognipur
Ghātampur
Bachhrāwan
Rae Bareli
Amethi
Dabra
Jalaun
Yamuna
Lālganj
Shivpuri N.P.
Konch
Orai
Hamirpur
Fatehpur
Bela
Pauri
Betwa
Rāth
Shivpuri
Karera
Chirgaon
JHANSI
Baberu
Palahana
Kabrai
Bānda
ALLAHĀBĀD
Madhav Nat.P.
Pichor
Babina
Mahoba
Chitrakūt
Maunath Bhanjan
Lukwasa
Mau Ranipur
Nowgong
Chandla
Naraini
Sohagi
Koraon
Sind
Chhatarpur
Khajuraho
Lalitpur
Tikamgarh
Panna
Mauganj
Guna
Chanderi
Satna
REWA
Mangawan
Ashoknagar
Mahrauni
Nāgod
Raipur
Kishangarh
Amānganj
Sidi
Mungaoli
Hirāpur
Maihar
BHĀR
Sironj
Bina
Ramnagor
Majholi
Maksudangarh
Korwai
Hatta
Rīthi
Beohari
Khurai
Banda
KATNI (MURWĀRA)
Bandhavgarh N.P.
Baghelk
Basoda
SĀGAR
Damoh
Abhāna
Rāhatgarh
Rehli
Piprod
Tāla
Berasia
Jaisinghnagar
Sanchi
Vidisha
Gourjhamar
Vindhya Range
Sihora
Umaria
Jaitpur
Ghairatganj
Katangi
Shahdol
Plat
BHOPĀL
Dehgaon
Tendūkheda
Pali
Rampur
Rock Shelters of Bhimbetka
Sultānpur
Narmada
JABALPUR
Kundam
Dhanpuri
Madhya Pradesh
Bareli
Narsimhapur
Dindori
Hoshangabād
Piparia
Harrai
Mandla
Amarkantak
Seoni Mālwa
Itārsi
Lakhnādon
Nainpur
Tawa Reservoir
Lotia
Satpura
Jāmai
Chikhli
Kanha N.P.
Pandaria
Kota
Chhindwāra
Seoni
Baihar
Chilpi
Mungeli
Betūl
Kawardha
Kheri
Multai
Bichhua
Katangi
Bālāghāt
Silheti
Nandghāt
Chhattisgarh
Gudgaon
Pench N.P.
Bemetāra
Simga
Warud
Tumsar
Khairāgarh
Saoner
Rāmtek
GONDIA
Morsi
Nawegaon N.P.
BHILAINAGAR
RAIPUR
Achalpur
Talegaon
NĀGPUR
Kamthi
Bhandāra
Dongargarh
AMRĀVATI
Arvi
Kardha
Deori
DURG
Mahāsamund
Rāj-Nāndgaon
Bori
Arjuni
Badnera
Wardha
Umrer
Maharashtra
Chhura
Murtajāpur
Deoli
Wardha
Pauni
Brahmapuri
Kurkhera
Kusumkasa
Balod
Santipur
Dhamtari
Jamb
Chimur
Gariāba
Kāranja
Yavatmāl
Tadoba N.P.
Malewara
Muramgaon
Boria Tibhu
Kānker
Sihāwā
Darwha
Warora

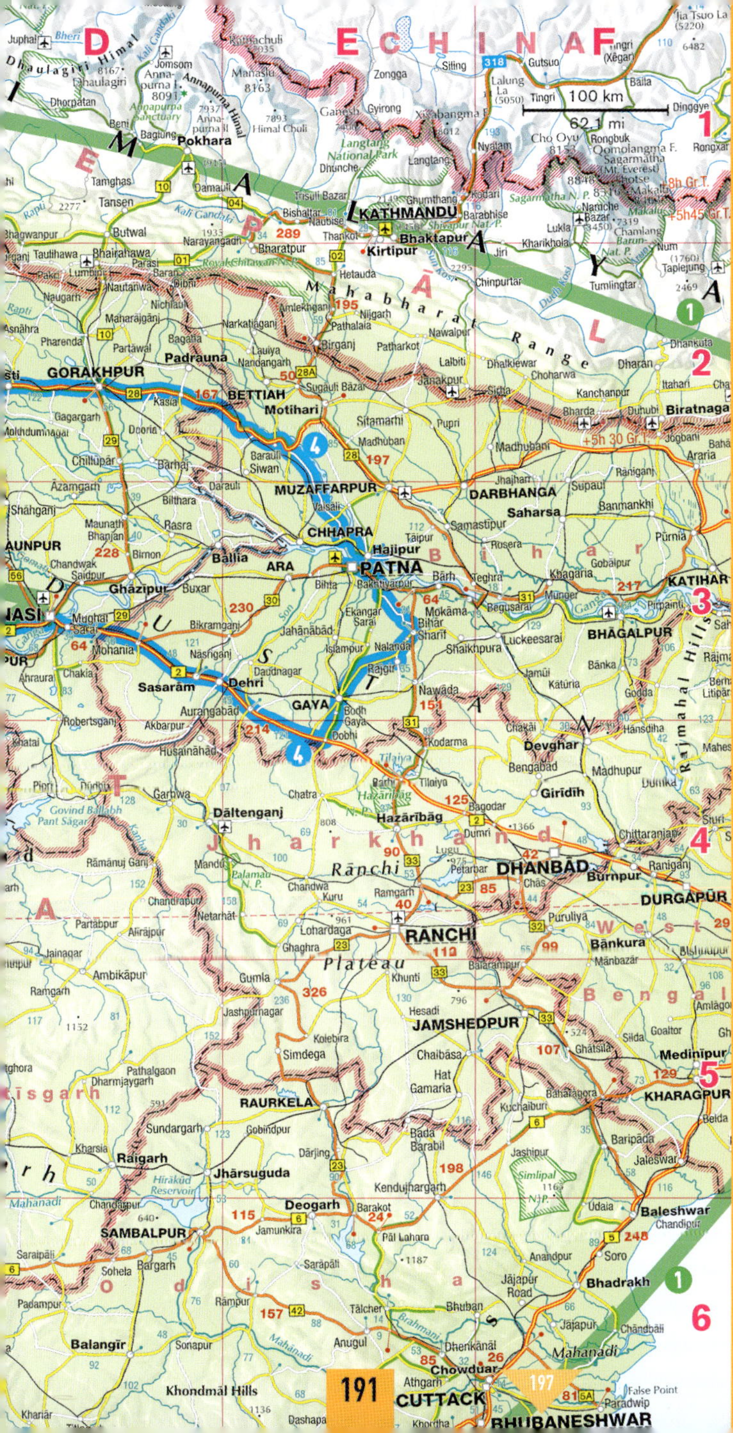

CHINA
NEPAL
INDIA
100 km
62.1 mi
KATHMANDU
Bhaktapur
Kirtipur
Pokhara
Dhaulagiri
Annapurna I
Manaslu
Cho Oyu
Qomolangma F.
Sagarmatha (Mt. Everest)
Makalu
Langtang National Park
Sagarmatha N. P.
Mahabharat Range
Hetauda
Birganj
Janakpur
Dharan
Biratnagar
Bhairahawa
Butwal
Tansen
Narayangadh
Bharatpur
Royal Chitawan N.P.
+5h45 Gr.T.
+5h 30 Gr.T.
+8h Gr.T.
GORAKHPUR
BETTIAH
Motihari
Padrauna
Sitamarhi
Madhubani
MUZAFFARPUR
DARBHANGA
Saharsa
Purnia
KATIHAR
CHHAPRA
Hajipur
PATNA
ARA
Ballia
Ghazipur
Buxar
Bihar
Begusarai
Munger
BHAGALPUR
Rajmahal Hills
Mokama
Bihar Sharif
Nalanda
Rajgir
Nawada
Jahanabad
GAYA
Bodh Gaya
Dehri
Sasaram
Aurangabad
Mughal Sarai
Mohania
Dobhi
Jamui
Deoghar
Giridih
Madhupur
Dumka
Kodarma
Hazaribag
Daltenganj
Chatra
Jharkhand
Ranchi Plateau
RANCHI
DHANBAD
Burnpur
Raniganj
DURGAPUR
Chittaranjan
Bankura
JAMSHEDPUR
Chaibasa
Medinipur
KHARAGPUR
West Bengal
Simdega
Gumla
Lohardaga
RAURKELA
Sundargarh
Raigarh
Jharsuguda
Hirakud Reservoir
SAMBALPUR
Deogarh
Kendujhargarh
Simlipal N.P.
Baripada
Baleshwar
Bhadrakh
Jajapur
Dhenkanal
Anugul
Talcher
CUTTACK
BHUBANESHWAR
Balangir
Khondmal Hills
Odisha
Mahanadi
Ganga
False Point
Paradwip
197

A
B
C
100 km
62.1 mi
1
2
3
4
5
6
LHASA
(3685)
Granden
Xigazê
Zhaxilhünbo Si
Dakelangsi
Namling
Margyang
Suge La
Maizho Kunggar
Dagzhuka
Dakeshi
Gyangzê
Baiju Si
Nagarzê
Karo La
(5010)
Qüxü
Gonggar
Zhanang
Zêtang
Qonggyai
Yamzho Yumco
Yarlung
Yarlung Zangbo Jiang
(Brahmaputra)
Lhazê
(4050)
Sangsang
Ngamring
Xeitongmoin
Jia Tsuo La
(5220)
Tingri
(Xêgar)
Baila
Dingjye
Dinggye
Kangmar
Daglung
Puma Yumco
Lhozag
Kula Kangri
H I M A L A Y A S H
Rongbuk
Rongxar
Qomolangma F.
Sagarmatha (Mt. Everest)
Lhotse
Makalu
Dinile
Gamba
Guru
Gala
Namche Bazar
Chamlang
Kanchanjunga
Kanchenjunga
Yumtang
Tang La
(5060)
Pagri
Jigme Dorje Nat. Park
D R U K Y U L
( B H U T A N )
Punakha
Thimphu
Paro
Wangdi Phodrang
Black Mountain Nat. Park
Tongsa
Jákar
Dungkhar
Lhuntshi
Tashigang
Jang
Tawang
Mongar
Shemgang
Gangkha
Thrumshing Nat. Park
Royal Manas Nat. Park
Dagana
Maigabo
Damphu
Chhukha
Phuentsholing
Geylegphug
Samdrup Jonkhar
+8h Gr.T.
+8h Gr.Time
+6h Gr.Time
+5h45 Gr.T.
+5h30 Gr.T.
Sikkim
Gangtok
(1800)
Yadong
Num
Taplejung
Tumlingtar
Darjiling
Kalimpang
Darjeeling Himalayan Railway
Dhankuta
Dharan
Jiam
Mal
SHILIGURI
Kanchanpur
Itahari
Chandragadi
Biratnagar
Duhubi
Bhadrapur
West Bengal
Jalpaiguri
Alipur Duar
Koch Bihar
Dinhata
DHUBURI
GOALPARA
Kokrajhar
Bangaon
BARPETA
Chhaygaon
Manas Wildl. Sanct.
Subankata
Sidli
Rangia
Jogbani
Bahadurganj
Araria
Raniganj
Islampur
Kishanganj
Thakurgaon
Banmankhi
Dalkola
SAIDPUR
RANGPUR
Kurigram
Purnia
Bihar
Raiganj
Dinajpur
KATIHAR
Phulbari
Chilmari
Tura
Meghalaya
SHILLONG
Khasi-Jaintia
Donmatia
Loharghat
Pirpainti
BHAGALPUR
Sahibganj
Rajmahal
Rajmahal Hills
Godda
Berhait
Litipara
Ingraj Bazar
Hilli
Palasbari
Gaibanda
Paharpur
Patnitola
Naogaon
Bogra
Burengapara
Baghmara
Kalama
Kanda
Sunamganj
Chhatak
Netrakona
Mohanganj
SYLHET
MYMENSINGH
Jamalpur
Gabargaon
Shamganj
Sherpur
B Ā M L Ā D E Ś
Hansdiha
Dhulian
Maheshpur
Jangipur
RAJSHAHI
Nator
Sirajganj
Ulapara
Madhupur
Bhaluka
Moulvi Bazar
Shahistaganj
Dumka
Jharkhand
Rampur Hat
Murshidabad
Baharampur
Ishurdi
PABNA
Tangail
Kaliakair
Fatepur
Bhairab Bazar
BRAMANBARIA
Itakhola
Siuri
Sainthiya
Kandi
Kashinatpur
Gazipur
Tongi
DHAKA
AGARTALA
Tripura
Raniganj
Shanti Niketan
DURGAPUR
Katoya
Meherpur
Sibalaya Aricha
Faridpur
Madanganj
Bhagyakul
Darsana
Jhenida
Krishnanagar
Magura
Kaliganj
COMILLA
Udaipur
BARDDHAMAN
Bishnupur
Memari
Kalna
Birnagar
Bongaon
JESSORE
Lohagara
Bhatiapara
Banga
Chandpur
Sonaimuri
Feni
CHUNCHURA
Navapara
Ganga Delta
Lakshimpur
Amlagora
Sheokhala
BHATPARA
KHULNA
(BANGLADESH)
Maijdi
Noakhali
Goaltor
Ghatal
HAORA
Barisal
Pirojpur
Medinipur
Hasnabad
Bagherhat
KOLKATA
(CALCUTTA)
Panskura
Tamluk
KHARAGPUR
Mongla
Patuakhali
Sandwip
CHITTAGONG
Hatia Is.
Diamond Harbour
Raidighi
Belda
Haldia
Egra
Jaleswar
Kanthi
Kakdwip
Sundarbans
Sundarbans Jungle
National Park
Kutubdia
Maheshkhali
Cox's Bazar
Chennai (Madras)
Port Blair
Mouths of the Ganga
+6h Gr.Time
+5h30 Gr.Time

D
E
F
1
2
3
4
5
6
CHINA
Gongbo'gyamda
Bayizhen
Nyingchi
Namjagbarwa F.
Bomi
Mêdok
Mêdok Z.B.
Rawu
Bruini
Zhowagoin
Zayü
Yarzhong
Mainling
Nang Xian
Gyaca
(Bramaputra)
Rarsing
Grage
Shimong
Angolin
Yapui
Lhünzê
Pangin
Pareng
Walung
Dong
Hkakabo Razi
+8h Gr.T.
+5h30 Gr.Time
+6h30 Gr.Time
Arunachal Pradesh
BHĀRAT
INDIA
Dapolinê
Kundil-Bazar
Luhit
Brahmakund
Saikhoa Ghāt
Lathan
Hkyenhpa
Kpungan Pass
Putao
Pemir
Sisi
Bargaon
Dum Duma
Ziro
Hapolio
DIBRUGARH
Digboi
Changphu
Ledo
Bordoloni
Jaipur
Kathang
Sarang
Yengil
Potin
North Lakhimpur
Itanagar
Sepon
Bhalukpong
Sibsagar
Simaluguri
Bhutiachang
Jorhāt
Kaziranga Wildl. Sanct.
Tezpur
Bokakhat
Numaligarh
Mariani
Mon
Shingbwiyang
Golaghāt
Pātkai Bum
Sela Nok
Tabong
Magaw
Nritu Ga
Maing Kwan
Kadung Ga
Kumon Taungdan
Brahmaputra
Nagaon
Garampani
Mokokchung
Nāgāland
Lawngngaw
Kawala
Hpawngtut
Layawung Ga
Lankapatti
Lumding
Diphu
Dimāpur
Tseminyu
Shirang
Mahkyetkawng
Saramati
Angpawing Bum
Hapakant
Hatikali
Kohima
Lauri
MYITKYINA
Nampagan
Mogaung
Somra
Sezin
Yebawmi
Indawgyi
Ukhrul
Manipur
Barail Range
Namtha
Hopin
Simbo
Tamenglong
Kawltang
Chindwin Myit
Silchar
Lakhipur
Kamjong
Mansi
Nalong
IMPHĀL
Ruins of Sampanago
Keibul-Lamjao N.P.
Moirang
Kakching
Pinkha
Banmauk
Mawhun
Gangaw Taung
Song-sang
Churachāndpur
Thaun-galut
Minya
Naungmo
Katha
Bhamo
Shuganu
Kolasib
Thingsat
Tamu
Pinlebu
Phaileng
Wayongon
Wuntho
Naihbawi
Pantha
Tawma
Aizawl
Seling
Hnahlān
Khampat
Lawtha
Yeshin
Kawlin
Mizoram
Mawlaik
Taungbon
Mabein
Si-u
Man-Na
Tuisen
Champhai
MYANMA PYE
Tagaung
Molo
Möng Mit
Serchip
Kanbalu
KALAMYO (KALE)
Kalewa
Pyingaing
Twingge
Nabu
Demagiri
Ywathit
Zigon
Thabeikkyin
MOGOK
Lunglei
Kaladan
Manipur
Mizo Hills
(BURMA)
Ye-u
Letkhokpin
Hsipaw
Haka
SHWEBO
Halin
Kyaukme
Kani
Wetlet
Nawnghkio
Saiha
Lawngtlai
Budalin
Bunglang
Zayat
Wingon
Madaya
Gangaw
MONYWA
MANDALAY
Lawngmasu
Siatlai
Chinbyit
Ondaw
MAYMYO
Sagaing
Amarapura
Ngazun
Kyawkku
Adaraw Taungdau
Natmadaung
Myotha
Ava
Kyaukse
Myitage
Ponna
Lindagadaw
Sabedaw
Indaw
Daletme
Myaing
MYINGYAN
Khreum
Mt. Victoria
Pauk
PAKOKKU
Myittha
Taungtha
Lawksawk
Shwedaung
Paletwa
Saw
Kaladan

PORBANDAR
A
B
C
188
Kutiyāna
Dhorāji
Jetpur
JŪNĀGADH
Amreli
BHAVNAGAR
Dāmnagar
Ghogha
Pālitāna
Alang
Keshod
Dhāri
Kundla
Sasan Gir Nat. Park
Māngrol
Verāval
Mahuva
Kodinār
Diu
Una
Jāfarābād
Damān and Diu
Gulf of Khambhat
BHARŪCH
Dehej
Hānsot
Ankleshwar
Rājpipla
Dediāpāda
Umbarpāda
SURAT
Māndvi
Bardoli
Valod
NAVSĀRI
Chikhli
Waghai
Valsād
Pardi
Damān
Dharampur
Vānsada
Damān and Diu
Wāpi
Silvassa
Dādra and Nagar Haveli
NĀSHIK
Tārāpur
Kāsa Khurd
Pālghar
Vāda
Shāhāpur
VASAI-VIRĀR
BHIWANDI
KALYĀN-DOMBIVLI
THANE
NAVI MUMBAI
MUMBAI (BOMBAY)
Mātheran
Elephanta Caves
Uran
Lonāvale
Pen
Dābhāde
Alībāg
PUNE
Roha
Murud
Māngaon
Māhad
Srīvardhan
Poladpur
Mahābaleshwar
Dāpoli
Khed
Dābhol
Guhāgar
Chiplūn
Ganpatipule
Sangameshwar
Ratnāgiri
Hatkamba
Belkar
Nate
Rājāpur
Vijayadurg
Mālvan
Kudāl
Vengurla
Māpuca
Calangute
Panaji
Marmagao
Cape Ram
Arabia, Africa
Arabian Sea
Arabia, Africa
INDIAN OCEAN
1
2
3
4
5
6
100 km
62.1 mi

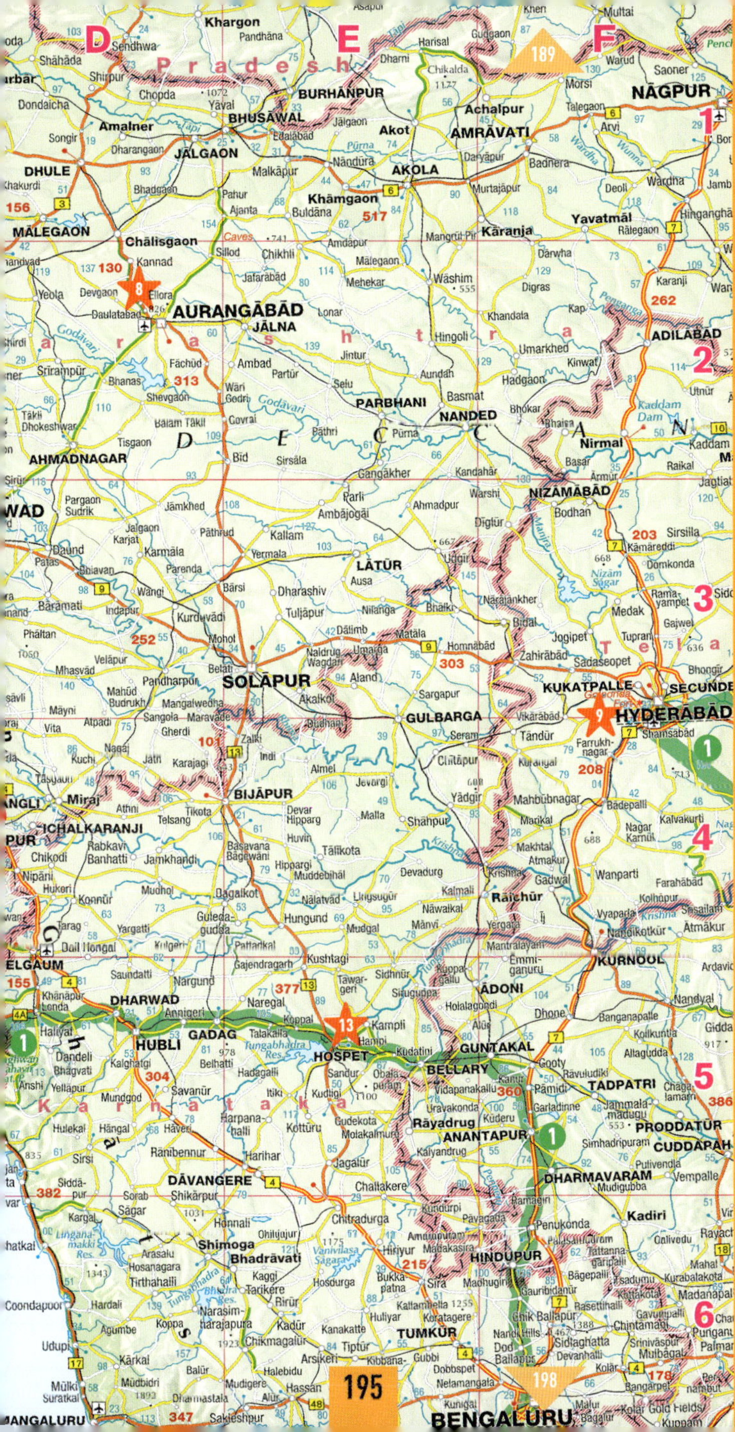

D
E
F
189
198
1
2
3
4
5
6
Pradesh
Khargon
Sendhwa
Pandhāna
Shāhāda
Shirpur
Chopda
Yāval
BURHĀNPUR
Dharni
Harisal
Chikalda
Gudgaon
Multai
Warud
Saoner
Morsi
NĀGPUR
Dondaicha
Amalner
BHUSĀWAL
Jalgaon
Akot
Achalpur
AMRĀVATI
Talegaon
Arvi
Songir
Dharangaon
JALGAON
Edalābād
Pūrna
Nāndūra
AKOLA
Daryāpur
Badnera
Wardha
DHULE
Malkāpur
Murtajāpur
Deoli
Bhadgaon
Pahur
Khāmgaon
Hinganghāt
Ajanta
Buldāna
Yavatmāl
Rālegaon
MĀLEGAON
Chālisgaon
Caves
Sillod
Chikhli
Amdāpur
Mangrūl Pīr
Kāranja
Dārwha
Kannad
Mālegaon
Jafarābād
Mehekar
Wāshim
Digras
Karanji
Yeola
Devgaon
Ellora
Daulatābād
AURANGĀBĀD
JĀLNA
Lonar
Khandala
Penganga
ADILABĀD
Godāvari
Hingoli
Umarkhed
Kinwat
Shrīrāmpur
Fāchūd
Ambad
Partūr
Jintūr
Aundah
Hadgaon
Utnūr
Bhānas
Shevgaon
Wāri Godri
Godāvari
Selu
PARBHANI
Basmat
Bhokar
Kaddam Dam
Tākli Dhokeshwar
Balam Tākli
Govrai
DECCAN
Pāthri
Pūrna
NANDED
Bhaisa
Nirmal
Kaddam
AHMADNAGAR
Tisgaon
Bīd
Sirsāla
Gangākher
Kandahār
Basar
Ārmūr
Raikal
Jagtiāl
WAD
Pargaon
Sudrik
Jāmkhed
Parli
Ambājogāi
Ahmadpur
Warshi
NIZĀMĀBĀD
Bodhan
Jalgaon
Karjat
Pāthrud
Kallam
Diglūr
Manjra
Sirsilla
Daund
Karmāla
Yermala
LĀTŪR
Udgīr
Kāmāreddi
Patas
Bhiavan
Parenda
Bārsi
Ausa
Domkonda
Nizām Sāgar
Bārāmati
Wāngi
Dharāshiv
Nilanga
Nārāyankher
Medak
Ramayampet
Indāpur
Kurduvādi
Tuljāpur
Bhālki
Phāltan
Dālimb
Matala
Bidar
Jogipet
Tupran
Gajwel
Mohol
Naldrug
Umarga
Homnābād
Zahirābād
Sadāseopet
Telangana
Mhasvād
Velāpur
Pandharpur
Belati
SOLĀPUR
Wagdari
Aland
Sargapur
KUKATPALLE
Golconda Fort
Bhongir
SECUNDERABAD
Mahūd Budrukh
Mangalwedha
Akalkot
HYDERĀBĀD
Māyni
Sangola
Maravade
Dudhani
GULBARGA
Vikārābād
Seram
Tāndūr
Shamsābād
Vita
Atpādi
Gherdi
Zalki
Farrukhnagar
Chitāpur
Kurangal
Nagaj
Jatri
Karajagi
Indi
Almel
Jevargi
Yādgīr
Kuchi
Tāsgaon
Miraj
BIJĀPUR
Mahbūbnagar
Bādepalli
SANGLI
Athni
Tikota
Devar Hipparg
Malla
Shāhpur
Marikal
Nagar Karnūl
Kalvakurti
ICHALKARANJI
Telsang
Makhtal
Atmakur
PUR
Rabkavi Banhatti
Basavana Bāgewāri
Huvin Hipparg
Tālikota
Krishna
Chikodi
Jamkhandi
Hippargi
Muddebihāl
Devadurg
Krishna
Gadwāl
Wanparti
Farahābād
Nipāni
Hukeri
Mudhol
Bāgalkot
Nālatvād
Lingsugūr
Kalmali
Raichūr
Kolhāpur
Srisailam
Konnūr
Guledagudda
Hungund
Mudgal
Nāwalkal
Mānvi
Vyāpara
Āmakūr
Nandikotkūr
Yargatti
Tarag
Doll Hongal
Kulgeri
Pattadkal
Yergara
Tungabhadra
Mantrālayam
KURNOOL
BELGAUM
Saundatti
Nargund
Gajendragarh
Kushtagi
Emmiganuru
Ardavi
Khānāpur
Londa
DHARWAD
Naregal
Tāwargeri
Sidhnūr
Kuppagallu
ĀDONI
Nandyal
Holalagondi
Haliyāl
Anniqeri
Koppal
Siruguppa
Dhone
Banganapalle
Giddal
HUBLI
GADAG
Tungabhadra Res.
Kampli
Hampi
Ālūr
GUNTAKAL
Koilkuntla
Dandeli
Bhagvati
Kalghatgi
Belhatti
HOSPET
Kudatini
Gooty
Allagudda
Anshi
Yellāpur
Hadagalli
Sandūr
Obalapuram
BELLARY
Kanur
Rāvulūdiki
Pāmidi
TADPATRI
Chagalamarri
Mundgod
Savanūr
Itiki
Kudligi
Vidapanakallu
Garladinne
Jammalamadugu
Karnātaka
Rāyadrug
Kūderu
Hulekal
Hāngal
Hāveri
Harpanahalli
Kottūru
Gudekota
Molakalmuru
ANANTAPUR
Simhadripuram
PRODDATUR
Kalyandrug
CUDDAPAH
Sirsi
Rānibennur
Harihar
Jagalūr
Pulivendla
Vempalle
Siddāpur
DĀVANGERE
Shikārpur
Challakere
DHARMAVARAM
Mudigubba
Sorab
Sāgar
Ramagiri
Kargal
Honnali
Chitradurga
Kundurpi
Pāvagada
Penukonda
Kadiri
Linganamakki Res.
Ohilyjajur
Amarapuram
Palasamudram
Rayachoti
Bhatkal
Arasalu
Hosanagara
Shimoga
Bhadrāvati
Vanivilasa Sagara
Hiriyur
Madakasira
HINDUPUR
Tattanna
Odlivedu
Tungabhadra
Kaggi
Hosdurga
Bukkapatna
Sīra
Madhugiri
Gauribidanūr
Bāgepalli
Kurabalakota
Madanapalle
Tirthahalli
Tarikere
Birūr
Coondapoor
Hardali
Narasimharajapura
Kadūr
Kallambella
Huliyar
Keratagere
Chik Ballāpur
Rasettihalli
Chintāmani
Agumbe
Koppa
Chikmagalūr
Kanakatte
TUMKŪR
Nandi Hills
Sidlaghatta
Srinivāspur
Udupi
Arsikeri
Tiptūr
Dod Ballāpur
Devanhalli
Mulbāgal
Kārkal
Balūr
Kibbanahalli
Gubbi
Dobbspet
Kolār
Mūlki
Suratkal
Mūdbidri
Mudigere
Halebidu
Hassan
Nelamangala
Bangarpet
Kunigal
Mālūr
Kolār Gold Fields
MANGALURU
Dharmastala
Sakleshpur
Alur
BENGALURU
Kuppam

A
B
C
1
2
3
4
5
6
190
199
Nāgpur
Gondia
Bhilai-Agar
Raipur
Durg
Rāj-Nāndgaon
Amrāvati
Achalpur
Badnera
Wardha
Yavatmāl
Kāranja
Hinganghāt
Bhandāra
Dongargarh
Dhamtari
Chandrapur
Gadchiroli
Kānker
Maharashtra
Chhattisgarh
Adilābād
Nirmal
Bhaisa
Kaddam Dam
Mancherāl
Nizāmābād
Bodhan
Kāmāreddi
Nizām Sāgar
Karimnagar
Peddapalli
Indravati Nat. P.
Kangerghati Nat. Park
Jagdalpur
Godāvari
Warangal
Medak
Siddipet
Telangana
Kukatpalle
Secunderabad
Hyderābād
Golconda Fort
Shamsābād
Mahbūbnagar
Nalgonda
Khammam
Kottagūdem
Bhadrāchalam
Rājahmundry
Elūru
Vijayawāda
Guntūr
Tenāli
Machilīpatnam
Bhimavaram
Krishna
Nāgārjuna Sāgar
Kurnool
Nandyāl
Ongole
Chirāla
Bāpatla
Kāvali
Nellore
Tadpatri
Anantapur
Proddatūr
Kadapa
Dharmavaram
Andhra Pradesh
Kadiri
Tirupati
Chittoor
Kanchipuram
Vellore
Chennai (Madras)
Pulicat
Port Blair
Kolar Gold Fields
Hosūr
Deccan
Eastern Ghats

D
E
F
1
2
3
4
5
6
Jhārsuguda
Hirākud Reservoir
Chandarpur
Mahānadi
SAMBALPUR
Deogarh
Barakot
Kendujhargarh
Simlipal
Udala
191
Baleshwar
Chandipur
Jamunkira
Pāl Lahara
Anandpur
Soro
Bhadrakh
Saraipāli
Sohela
Bargarh
Sarāpāli
Jājapur Road
Padampur
Rampur
Tālcher
Bhuban
Jājapur
Chāndbāli
Balangīr
Sonapur
Anugul
Brahmani
Dhenkānāl
Mahanadi
Chowduar
Kendrāpāra
Athgarh
False Point
Paradwip
Khondmāl Hills
CUTTACK
BHUBANESHWAR
Khariār
Titlagarh
Dashapalla
Khordha
Baliguda
Kalinga
Pipili
Delta
Māchgaon
Konārak
Bhawānipatna
Bhanjanagar
Banapur
Chilika
PURI
Junāgarh
Ashika
Bissamcuttack
Mohana
Chhatrapur
BRAHMAPUR
Hayagada
Mahendra Giri
Gunupur
Sompeta
Koraput
Pārvatipuram
Parlākimidi
Similiguḍha
Pālkonda
Bobbili
Tekkali
Rāmabhadrapuram
Narasannapeta
Srīkakulam
Srungavarapukota
Pāderu
VIZIANAGARAM
Chittivalasa
Chodavaram
Bhīmunipatnam
VISHĀKHAPATNAM
Kolkata (Calcutta)
Bay of Bengal
100 km
62.1 mi

A
B
C
195
1
2
3
4
5
6
Ankola
Mirjan
Kumta
382
Sirsi
Siddāpur
Hāngal
Rānibennur
Harihar
Kottūru
Molakalmuru
Rāyadrug
ANANTAPUR
Kalyandrug
DAVANGERE
Jagalūr
Challakere
Chitradurga
Karnataka
Western Ghats
Bhatkal
Sorab
Shikārpur
Kargal
Sāgar
Honnali
Chikjajur
Linganamakki Res.
Arasalu
Shimoga
Bhadrāvati
Vanivilasa Sāgara
Hiriyur
Amarapuram
Madakasira
HINDUPUR
Kundurpi
Pāvagada
Hosanagara
Tirthahalli
Kaggi
Tarikere
Hosdurga
Bukkapatna
Sira
215
Madhugiri
Coondapoor
Hardali
Birūr
Narasimharajapura
Koppa
Agumbe
Kadūr
Kanakatte
Huliyar
Kallambella
Koratagere
Udupi
Chikmagalūr
TUMKŪR
Nandi Hills
17
Kārkal
Balūr
Arsikeri
Tiptūr
Kibbanahalli
Gubbi
Dod Ballapur
Mūlki
Suratkal
Mūdbidri
Halebidu
Mudigere
Hassan
Dobbspet
Nelamangala
Dharmastala
Alūr
Channarāyapatna
MANGALURU
347
Sakleshpur
48
Nagamangala
Kunigal
BENGALURU
Ullāl
Puttur
Arkalgūd
Shravanabelagola
Krishnarajpet
Channapatna
Ariyadka
Subrahmanya
Pāndavapura
Kumbla
Kāsaragod
Kaveri
Madikeri
Krishnarājanagara
Maddūr
MANDYA
Shrirangapattana
Kanakapura
Hosdrug
Kallar
Malavalli
Piriyāpatna
Pulingom
Bannūr
399
Taliparamba
Hunsūr
MYSURU
Tirumakudal
Payyānnur
Hebbale
Nagarhole N.P.
Nanjangūd
Kollegal
Virajpet
Heggadadevankote
Rāmasamudram
Alikkod
Chāmrajnagar
KANNUR (CANNANORE)
Manantoddy
Bandipur N.P.
Tattakarai
Gundlupet
Guttaiyūr
Mahe
Vadakara
Devarshola
Satyamangalam
Puducherry
Valiyannur
Gudalur
Pataiya
Udagamandalam
Attāni
Quilandi
Mettupalaiyam
Gopichettipalaiyam
KOZHIKODE (CALICUT)
Ferokh
Manjeri
Karamadai
Nilgiri Mountain Railway
Silent Valley N.P.
Tirūrangani
Malappuram
47
TIRUPUR
Palladam
Trikkandiyur
Mannaarkkaad
COIMBATORE
Dhārapuram
Androth I.
Ponnāni
PALAKKAD
POLLACHI
Kavaratti, Lakshadweep
Lakshadweep
Shoranūr
Ālattur
Udumalaipettai
Chavakkad
TRISSUR
Anaimalai
Kerala
Kizhake
Chalakudi
Tamil
Kalpeni I.
VALPARAI
Angamali
Perumpavur
Parur
Indira Gandhi N.P.
ERNAKULAM
Kotamangalam
Allinagaram
KOCHI (COCHIN)
Mūvattupula
Munnar
Vaikam
Tiruppuvanam
Vembanad Lake
Gudalūr
298
Ettumanur
Thekkadi
Srivilliputtur
Kottayam
49
ALAPPUZHA
Kanjirapalli
Changanassery
Tiruvalla
Rajapalaiyam
Haripad
Chengannūr
Māvelikara
Puliyangudi
Kāyankulam
Adur
Punalūr
Sankarankovil
Kattarakara
Tenkasi
Kilikkolūr
Kundara
KOLLAM (QUILON)
Kolattupuzha
TIRUNELVELI
304
Attingal
Kallidaikurichchi
Agastya Malai
Nedumangad
Kovillur
THIRUVANANTHAPURAM
(TRIVANDRUM)
Neyyāttinkara
Kovalam
Padmanābhapuram
NĀGERCOIL
Malabar Coast
Laccadive Sea
Lakshadweep Sea
INDIAN OCEAN
100 km
62.1 mi
DIVEHI RĀJJĒ (MALDIVES)
Kuredu
Fadiffolu Atoll

D
E
F
196
1
2
3
4
5
6
Kolkata (Calcutta)
Port Blair
Coromandel Coast
PRODDATUR
CUDDAPAH
NELLORE
Kadiri
Gūdūr
Durgarajupatnam
Nāyudupeta
Venkatagiri
Sri Kalahasti
Sūlūru
Tirumala
TIRUPATI
Renigunta
Madanapalle
Punganuru
Palmaner
CHITTOOR
Pulicat
Ponneri
Tiruvattiyur
CHENNAI
(MADRAS)
Tāmbaram
Gudiyattam
VELLORE
Wālājāpet
KĀNCHIPURAM
Kelambakkam
Mamallapuram
Tirukkalukkunram
Madurāntakam
Chengalpattu
Uttaramerūr
Vandavāsi
Tindivanam
Cheyūr
Krishnagiri
Tiruppatūr
Tiruvannāmalai
Merkānam
PUDUCHCHERRY
(PONDICHERRY)
Puducherry
CUDDALORE
Villupuram
Kallakkurichchi
SALEM
Attur
Vriddhāchalam
Chidambaram
Sīrkazhi
Mayiladuturai
KUMBAKONAM
Kārikāl
Puducherry
Nagappattinam
TIRUCHCHIRAPPĀLLI
THANJAVUR
Mannārgudi
Tirutturaippūndi
Vedāranniyam
Kodikkarai
DINDIGUL
Pudukkottai
Pattukkottai
MADURAI
Devakottai
Sivaganga
Palk Strait
Point Pedro
Kankesanturai
JAFFNA
Chavakachcheri
Poonaryn
Paranthan
Palk Bay
Kilinochchi
Mullaittivu
+5h30 Gr.T.
+6h Gr.T.
Rāmanāthapuram
Rāmeswaram
Dhanushkodi
Pamban Island
Talaimannar
TUTICORIN
Gulf of Mannar
Vavuniya
Pulmoddai
Pigeon Island National Park
TRINCOMALEE
Wilpattu N.P.
Medawachchiya
Anuradhapura
Mihintale
Horowupotana
Kantalai
SRĪ LANKĀ
ILANKAI
Kalpitiya
Puttalam
Maradankadawala
Habarane
Polonnaruwa
Sigiriya
Dambulla
Valachchenai
Batticaloa
Kattankudi
Chilaw
Kurunegala
Matale
Mahā Oya
KALMUNAI
Samanturai
Amparai
NEGOMBO
KANDY
Badulla
Sangaman Kand
Lahugala-Kitulana
Pottuvil
(KOTTE)
SRI JAYEWARDENEPURA
COLOMBO
DEHIWALA-MOUNT LAVINIA
MORATUWA
Panadura
Ratnapura
Nuwara Eliya
Horton Plains N.P.
Adam's Peak
Wellawaya
Moneragala
Kumana (Yala-East)
Yala West N.P.
Beruwala
Bentota
Balapitiya
Hikkaduwa N.P.
Uda Walawe N.P.
Tissamaharama
Kirinda
Bundala N.P.
Hambantota
Galle
Matara
Tangalle
Weligama
Dondra Head
A
N
N

# KARTENLEGENDE

| | | |
|---|---|---|
| Autobahn, mehrspurige Straße - in Bau<br>Highway, multilane divided road - under construction | | Autoroute, route à plusieurs voies - en construction<br>Autosnelweg, weg met meer rijstroken - in aanleg |
| Fernverkehrsstraße - in Bau<br>Trunk road - under construction | | Route à grande circulation - en construction<br>Weg voor interlokaal verkeer - in aanleg |
| Hauptstraße<br>Principal highway | | Route principale<br>Hoofdweg |
| Nebenstraße<br>Secondary road | | Route secondaire<br>Overige verharde wegen |
| Fahrweg, Piste<br>Practicable road, track | | Chemin carrossable, piste<br>Weg, piste |
| Straßennummerierung<br>Road numbering | E20 11 70 26<br>5 40 9 | Numérotage des routes<br>Wegnummering |
| Entfernungen in Kilometer<br>Distances in kilometers | 259<br>130 129 | Distances en kilomètres<br>Afstand in kilometers |
| Höhe in Meter - Pass<br>Height in meters - Pass | 1365 | Altitude en mètres - Col<br>Hoogte in meters - Pas |
| Eisenbahn - Eisenbahnfähre<br>Railway - Railway ferry | | Chemin de fer - Ferry-boat<br>Spoorweg - Spoorpont |
| Autofähre - Schifffahrtslinie<br>Car ferry - Shipping route | | Bac autos - Ligne maritime<br>Autoveer - Scheepvaartlijn |
| Wichtiger internationaler Flughafen - Flughafen<br>Major international airport - Airport | | Aéroport importante international - Aéroport<br>Belangrijke internationale luchthaven - Luchthaven |
| Internationale Grenze - Provinzgrenze<br>International boundary - Province boundary | | Frontière internationale - Limite de Province<br>Internationale grens - Provinciale grens |
| Unbestimmte Grenze<br>Undefined boundary | | Frontière d'Etat non définie<br>Rijksgrens onbepaalt |
| Zeitzonengrenze<br>Time zone boundary | -4h Greenwich Time<br>-3h Greenwich Time | Limite de fuseau horaire<br>Tijdzone-grens |
| Hauptstadt eines souveränen Staates<br>National capital | MANILA | Capitale nationale<br>Hoofdstad van een souvereine staat |
| Hauptstadt eines Bundesstaates<br>Federal capital | Kuching | Capitale d'un état fédéral<br>Hoofdstad van een deelstat |
| Sperrgebiet<br>Restricted area | | Zone interdite<br>Verboden gebied |
| Nationalpark<br>National park | | Parc national<br>Nationaal park |
| Antikes Baudenkmal<br>Ancient monument | | Monument antiques<br>Antiek monument |
| Sehenswertes Kulturdenkmal<br>Interesting cultural monument | Angkor Wat | Monument culturel interéssant<br>Bezienswaardig cultuurmonument |
| Sehenswertes Naturdenkmal<br>Interesting natural monument | Ha Long Bay | Monument naturel interéssant<br>Bezienswaardig natuurmonument |
| Brunnen<br>Well | | Puits<br>Bron |
| MARCO POLO Erlebnistour 1<br>MARCO POLO Discovery Tour 1 | | MARCO POLO Tour d'aventure 1<br>MARCO POLO Avontuurlijke Routes 1 |
| MARCO POLO Erlebnistouren<br>MARCO POLO Discovery Tours | | MARCO POLO Tours d'aventure<br>MARCO POLO Avontuurlijke Routes |
| MARCO POLO Highlight | 1 | MARCO POLO Highlight |

# REGISTER

In diesem Register sind alle in diesem Führer erwähnten Orte, Ausflugsziele und Bundesstaaten verzeichnet. Gefettete Seitenzahlen verweisen auf den Haupteintrag

# SCHREIBEN SIE UNS!

Egal, was Ihnen Tolles im Urlaub begegnet oder Ihnen auf der Seele brennt, lassen Sie es uns wissen! Ob Lob, Kritik oder Ihr ganz persönlicher Tipp – die MARCO POLO Redaktion freut sich auf Ihre Infos.
Wir setzen alles dran, Ihnen möglichst aktuelle Informationen mit auf die Reise zu geben. Dennoch schleichen sich manchmal Fehler ein – trotz gründlicher Recherche unserer Autoren/innen. Sie haben sicherlich Verständnis, dass der Verlag dafür keine Haftung übernehmen kann.

MARCO POLO Redaktion
MAIRDUMONT
Postfach 31 51
73751 Ostfildern
info@marcopolo.de

**IMPRESSUM**
Titelbild: Holi-Fest (Look/age Fotostock)
Fotos: DuMont Bildarchiv: Huber (24, 96, 138, 170/171, 171), Krüger (50), Modrow (30 l., 46); J. Holz (7, 66/67, 81, 85, 154, 164/165, 170); huber- images: G. Cozzi (184/185); huber-images: Gräfenhain (Klappe r., 12/13, 38, 98), Schmid (118/119, 128, 131); © iStockphoto: Darryl Brooks (20 o.); G. Jung (55); O. Krüger (Klappe l., 5, 17, 19, 22/23, 26, 32/33, 34/35, 36, 41, 43, 49, 53, 56, 59, 60, 72, 76, 78, 94, 100/101, 102, 107, 111, 116, 123, 136, 140, 145, 148/149, 166, 168, 168/169, 169, 172 o., 173); Laif: Huber (4), Jonkmanns (120), D. Kruell (14), Modrow (32, 82); Look/age Fotostock (1 o.); K. Maeritz (28/29, 45, 63, 68, 70, 104, 124, 133, 134/135); mauritius images: D. Delimont (147), M. Harker (2), Kugler (33), J. Warburton-Lee (86/87); mauritius images/age (65, 108, 112); mauritius images/Alamy (6, 8, 9, 10, 20 M., 20 u., 21 u., 30 r., 31, 74, 91, 93, 114, 127, 160); mauritius images/Axiom Photographic (142); mauritius images/imagebroker: F. Bienewald (21 o.); mauritius images/Pixtal (157); mauritius images/Prisma (11); mauritius images/Rubberball (3); Gabriel A. Neumann (1 u.); D. Renckhoff (88, 172 u.);

**12. Auflage 2016**
**Komplett überarbeitet und neu gestaltet**

Chefredaktion: Marion Zorn
Autoren: Edda und Michael Neumann-Adrian, Gabriel A. Neumann; Redaktion: Franziska Kahl
Verlagsredaktion: Susanne Heimburger, Tamara Hub, Nikolai Michaelis, Kristin Schimpf, Martin Silbermann
Bildredaktion: Gabriele Forst
Im Trend: wunder media, München
Kartografie Reiseatlas: © MAIRDUMONT, Ostfildern; Kartografie Faltkarte: © MAIRDUMONT, Ostfildern
Gestaltung Cover, S. 1, S. 2/3, Faltkartencover: Karl Anders – Büro für Visual Stories, Hamburg; Gestaltung innen: milchhof:atelier, Berlin; Gestaltung Erlebnistouren: Susan Chaaban Dipl.-Des. (FH)
Sprachführer: in Zusammenarbeit mit Ernst Klett Sprachen GmbH, Stuttgart, Redaktion PONS Wörterbücher

Printed in Poland

FSC
MIX
Papier
FSC® C018236

# BLOSS NICHT

**Die Geduld und Toleranz der Inder hat auch ihre Grenzen**

## GEGEN REINHEITSGEBOTE VERSTOSSEN

Schuhe beim Betreten religiöser Orte anzubehalten, ist ein Reinheitsverstoß. Auch wenn der Gastgeber in einem indischen Haus die Schuhe auszieht, tun Sie es ihm nach!

## ALLES FOTOGRAFIEREN

Nicht alles, was bunt und bizarr ist, darf einfach fotografiert werden. Privatpersonen erwarten, dass man um Einverständnis bittet. Im Allerheiligsten von Tempeln und bei Leichenverbrennungen ist Fotografieren absolut tabu.

## ZÄRTLICHKEITEN IN DER ÖFFENTLICHKEIT

Küssen, Arm in Arm gehen und andere Zärtlichkeiten sind außerhalb von Privatzimmern unerwünscht und gelten als anstößig. Auch Nacktbaden wird nicht toleriert. An den Stränden kontrolliert die Polizei (in Zivilkleidung!).

## SICH VON JEDEM (AN-)FÜHREN LASSEN

Gehen Sie nicht auf Angebote ein, sich zum preisgünstigen Laden des Onkels, Bruders oder eines anderen Verwandten führen zu lassen. Der Käufer bezahlt die Schleppergebühr *(commission)* mit! Auch ist nicht jeder, der sich als *guide* anbietet, qualifiziert. Zumindest seine englische Aussprache sollte einwandfrei verständlich sein. Manche Führer sprechen auch Deutsch. Handeln Sie das Honorar *vor* der Führung aus!

## GELD GEBEN

Bettelnden Kindern niemals Geld geben, man fördert sonst die gewerbsmäßige Ausnutzung der Bettelei. Stattdessen etwas zu essen, Schreibstifte oder auch Seife schenken.

## MISSVERSTÄNDNISSE AUFKOMMEN LASSEN

Touristinnen sollten nicht mit fremden Indern flirten, wenn sie nicht wollen, dass Freundlichkeit als Aufforderung zu mehr verstanden wird. Männer fragen andere Männer nach dem Weg o. ä., wenden sich jedoch niemals an fremde Frauen (das gilt auch umgekehrt).

## SICH DROGEN ANDREHEN LASSEN

Die indischen Behörden kennen kein Erbarmen mit Dealern und Usern, und indische Gefängnisse sind schrecklich. Auch der Konsum oder der Besitz von Cannabis ist illegal und kann schnell bis zu sechs Monate Haft zur Folge haben. Alkohol ist zwar legal, aber Betrunkene werden unter Umständen festgenommen und können nicht mit Verständnis rechnen.

## NACKTE FÜSSE HOCHLEGEN

Zwar sind in Indien nackte Füße üblich, aber wenn Sie sie auf eine Bank oder einen Tisch hochlegen, gilt das als ein Verstoß gegen die guten Sitten. Besonders schlimm ist der Tabubruch, wenn die Füße auf ein Götterbild oder die indische Fahne weisen.